REAL ESTATE
ENTERPRISES

房地产企业
会计真账实操全图解

贾莉莉◎编著

中国铁道出版社
CHINA RAILWAY PUBLISHING HOUSE

图书在版编目(CIP)数据

房地产企业会计真账实操全图解 / 贾莉莉编著 . —北京：
中国铁道出版社，2017.5(2018.11 重印)

ISBN 978-7-113-22872-9

Ⅰ.①房… Ⅱ.①贾… Ⅲ.①房地产企业－会计－
图解 Ⅳ.①F293.33-64

中国版本图书馆 CIP 数据核字(2017)第 035617 号

书　　名：房地产企业会计真账实操全图解
作　　者：贾莉莉　编著

责任编辑：王淑艳　　　　电话：(010) 51873457　　　邮箱：wangsy20008@126.com
封面设计：王　岩
责任校对：王　杰
责任印制：赵星辰

出版发行：中国铁道出版社（100054，北京市西城区右安门西街 8 号）
网　　址：http://www.tdpress.com
印　　刷：三河市宏盛印务有限公司
版　　次：2017 年 5 月第 1 版　2018 年 11 月第 4 次印刷
开　　本：710 mm×1 000 mm　1/16　印张：22　字数：350 千
书　　号：ISBN 978-7-113-22872-9
定　　价：55.00 元

前 言
PREFACE

会计学是一门枯燥的学科，借贷关系、会计平衡等式、会计分录、会计科目等，往往令初学者畏惧。本套丛书由拥有丰富工作经验的一线会计人员编写，从一名会计实务入门者的角度，以企业的具体经济业务为主线，从建账开始，根据行业业务的特点，逐步讲解会计科目的运用与核算，有助于初学者尽早进入角色，适合会计岗位的工作。尽管所有企业均参照《企业会计制度》和《企业会计准则》进行会计核算，但不同行业根据自身业务的特点，在会计科目设置与核算上又有所区别。

《房地产企业会计真账实操全图解》通过大量的图解和案例展示了会计工作的每一个环节，把看似繁杂的会计工作用简明的方式表示出来，使整个会计体系变得一目了然。

本书具有如下几个方面的特点。

◆ 全面详尽。从多个层面详细讲解了会计的日常工作内容，相信读者在阅读完本书之后，一定会对会计工作有更充分的了解和认识，并能在具体的实际操作中游刃有余。

◆ 实战性强。从会计人员起步阶段的专业技术分别讲述，汇集房地产企业资深会计的宝贵经验。对相关内容进行技巧点拨，结合实例仿真操作，以帮助读者轻松理解、掌握会计实质内容，工作技能得以快速提高。本书针对工作的细节问题分类、分步骤详细介绍，以帮助读者熟悉房地产企业会计工作中的具体操作。

◆ 图义并茂。为了使读者能更容易地掌握会计工作的方法和技巧，本书力求避免单一的文字叙述，尽量将业务流程及法规采用图、表形式呈现，以便读者在阅读时一目了然。同时本书配用了大量的经典案例，使读者能直观了解具体的实战情形。

◆ 条理清晰。章节导读、内容重点一目了然，栏目与模块清晰流畅，读者能够随查随用，轻松阅读。

◆ 难易适度，深入浅出。在讲解财务工作实务时，尽量采用通俗易懂的语言，由表及里，深入浅出，为初学者拨开了财务工作的层层面纱，能快速掌握工作的方法和技巧。

本套丛书包括：

《房地产企业会计真账实操全图解》

《外贸企业会计真账实操全图解》

《建筑施工企业会计真账实操全图解》

《行政事业单位会计真账实操全图解》

《酒店企业会计真账实操全图解》

《商业企业会计真账实操全图解》

《工业企业会计真账实操全图解》

《餐饮企业会计真账实操全图解》

《物流企业会计真账实操全图解》

《银行会计真账实操全图解》

《小企业会计真账实操全图解》

《一般纳税人会计真账实操全图解》

虽然我们力求完美，但由于时间有限，编写过程中难免存在着一些不足和遗憾，希望广大读者多提宝贵意见。

编　者

目 录

CONTENTS

第 2 章　房地产开发企业税金的核算

第 *3* 章 房地产开发企业货币资金的核算

3.1 库存现金 / 72

3.1.1 房地产开发企业现金管理制度 / 72

3.1.2 库存现金的账务处理 / 73

3.2 银行存款 / 78

3.2.1 银行存款账户 / 78

3.2.2 银行存款账户的具体运用 / 79

3.2.3 银行存款的核算 / 81

3.3 银行其他结算方式 / 83

3.3.1 汇兑 / 83

3.3.2 托收承付 / 84

3.3.3 委托收款 / 85

3.3.4 国内信用证 / 86

3.3.5 网上支付 / 86

3.3.6 第三方支付 / 87

3.4 其他货币资金 / 88

3.5 外币业务 / 92

3.5.1 外币业务账户设置 / 92

3.5.2 外币业务核算 / 93

重要账务处理实例索引

第 *4* 章　房地产开发企业设立和获取土地阶段

重要账务处理实例索引

第 5 章 房地产开发企业开发建设阶段

第 6 章 转让及销售阶段业务核算

第 7 章　房地产合作开发的核算

第 8 章　投资性房地产

第 *9* 章 房地产企业投资业务的核算

第 *10* 章　*流动性负债*

第*11*章 非流动性负债

第*12*章 所有者权益

第 13 章　房地产开发企业财务报告

第 *14* 章　财务报表分析

CHAPTER
ONE

第 *1* 章

房地产开发企业基础知识

　　房产是指各种房屋财产，包括住宅、厂房、商铺以及文教、体育、办公用房等；地产是指土地财产。在我国，土地归国家和集体所有，企业只能取得土地使用权，所以企业的地产指的是对土地的使用权以及地下各种基础设施，如供水、供电、供气、供热、排水、排污等地下管线及地面道路等。

1.1 房地产开发企业的经营特点

房地产开发企业经营活动的主要业务是房地产，房地产是房产与地产的总称。房地产开发可将土地和房屋合在一起开发，也可将土地和房屋分开开发。房地产开发企业就是从事房地产开发和经营的企业，它既是房地产产品的生产者，又是房地产商品的经营者。房地产开发企业的生产经营与施工企业不同，其经营特点主要有以下几点：

1. 开发经营的计划性

企业征用的土地、建设的房屋、基础设施以及其他设施都应严格控制在国家计划范围之内，按照规划、征地、设计、施工、配套、管理"六统一"原则和企业的建设计划、销售计划进行开发经营。

2. 开发产品的商品性、单件性及不可移动性

房地产开发企业的产品全部都作为商品进入市场，按照供需双方合同协议规定的价格或市场价格作价转让或销售。

3. 开发经营业务的复杂性

所谓复杂性包括两个方面：

（1）经营业务内容复杂。企业除了土地和房屋开发外，还要建设相应的基础设施和公共配套设施。经营业务囊括了从征地、拆迁、勘察、设计、施工、销售到售后服务全过程。

（2）涉及面广，经济往来对象多。企业不仅因购销关系与设备、材料物资供应单位等发生经济往来，而且因工程的发包和招标与勘察设计单位、施工单位发生经济往来，还会因受托代建开发产品、出租开发产品等与委托单位和承租单位发生经济往来。

4. 开发建设周期长，投资数额大

开发产品要从规划设计开始，经过可行性研究、征地拆迁、安置补偿、七通一平、建筑安装、配套工程、绿化环卫工程等几个开发阶段，少则一年，多则数年才能全部完成。另外，上述每一个开发阶段都需要投入大量资金，加上开发产品本身的造价很高，需要不断地投入大量的资金。

5. 经营风险大

开发产品单位价值高，建设周期长、负债经营程度高、不确定因素多。一旦决策失误，销路不畅，将造成大量开发产品积压，使企业资金周转不灵，导致企业陷入困境。

1.2 房地产开发企业的经营流程和成本费用

1. 经营流程

一个房地产项目开发的流程大体上包括 10 个阶段，如图 1-1 所示。

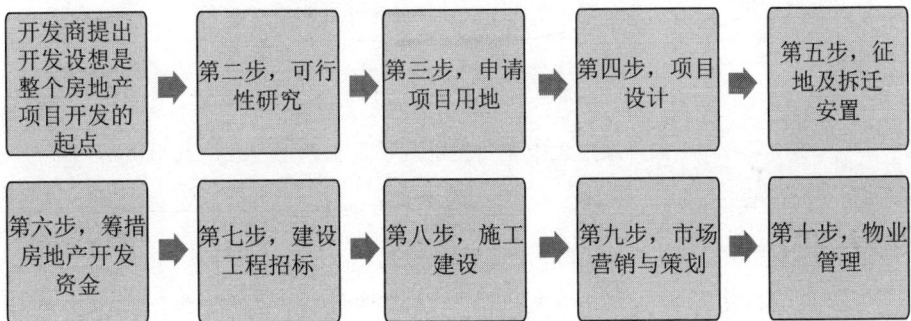

图 1-1 房地产项目开发的步骤

2. 开发费用

对于一般房地产开发项目而言，投资及成本费用由开发成本和开发费用两大部分组成。

（1）开发成本。

房地产开发成本是指房地产企业为开发一定数量的商品房所支出的全部费用。构成房地产开发企业产品的开发成本，相当于工业产品的制造成本和建筑安装工程的施工成本。具体内容见表 1-1。

表 1-1　　　　　　　　　　　　　开发成本的具体内容

项　　目	含　　义	
土地使用权出让金	国家以土地所有者身份，将一定年限内的土地使用权有偿出让给土地使用者	
土地征用及拆迁安置补偿费	土地征用费	主要包括土地补偿费、劳动力安置补助费、水利设施维修分摊、青苗补偿费、耕地占用税、耕地垦复基金、征地管理费等
	拆迁安置补偿费	实际上包括两部分费用，即拆迁安置费和拆迁补偿费
前期工程费	项目的规划、设计、可行性研究所需费用	通常规划及设计费为建安工程费的3%左右，水文地质勘探费可根据所需工作量结合有关收费标准估算
	"三通一平"等土地开发费用	主要包括地上原有建筑物、构筑物拆除费用、场地平整费和通水、通电、通路的费用等
建安工程费	是指直接用于建安工程建设的总成本费用	
基础设施费	包括供水、供电、供气、道路、绿化、排污、排洪、电讯、环卫等工程费用，通常采用单位指标估算法来计算	
公共配套设施费	主要包括不能有偿转让的开发小区内公共配套设施发生的支出	
不可预见费	包括基本预备费和涨价预备费。依据项目的复杂程度和前述各项费用估算的准确程度，以上述1～6项之和为基数，按3%～5%计算	
开发期间税费	在开发过程中所负担的各种税金和地方政府或有关部门征收的费用	

（2）开发费用。

开发费用是指与房地产开发项目有关的管理费用、销售费用和财务费用。

（3）投资与成本费用。

为了便于对房地产建设项目各项支出进行分析和比较，常把估算结果以汇总表的形式列出。

1.3　房地产开发企业会计核算的特点

房地产开发企业生产经营及其商品的特殊性决定了财务核算的特殊性。同其他行业相比，房地产开发企业的财务核算具有以下特点。

1. 开发产品收入的特殊性

房地产开发企业营业收入一般包括土地转让收入、商品房销售收入、配套设施转让收入、其他业务收入等。由于房地产开发产品价值高、开发周期长，需要大量的资金，销售往往采用预售办法。由于项目未完工，预售款项无法确认为收入，只能计入预收账款，造成收入与房屋交付期不一致。

一般来说，在房地产投资建设的初期往往面临资金投入大而收入较少的现象，但在建设后期资金投入相对较少而收入大量增加。

2. 开发产品成本的核算具有一定的特殊性

（1）核算难度大。房地产开发企业主要从事房地产开发建设活动，其生产成本主要指开发产品的成本，包括土地征用及拆迁补偿费、前期工程费、建筑安装工程费、基础设施建设费、公共配套设施费、开发间接费用及其他开发费用等。这些成本具备不同的特性、涉及不同的专业领域，从而导致成本核算难度大。

（2）核算时间跨度大。房地产项目开发的周期较长，少则1至2年，多则5年，使房地产成本费用核算的时间跨度很大。

（3）成本核算的差异较大。

3. 存货核算的特殊性

房地产开发企业的土地使用权是作为存货核算的，而其他企业拥有的土地使用权一般作为无形资产核算；房地产开发企业的存货借款费用可以资本化。

1.4　房地产开发企业会计核算对象及账户、账簿设置

1.4.1　房地产开发企业会计科目的设置

房地产开发企业在不违反会计准则中确认、计量和报告规定的前提下，可以根据本企业的实际情况自行增设、分拆、合并会计科目。见表1-2。

表 1-2 **房地产开发企业会计科目表**

序号	编号	会计科目名称	序号	编号	会计科目名称
		一、资产类	28	1531	长期应收款
1	1001	库存现金	29	1601	固定资产
2	1002	银行存款	30	1602	累计折旧
3	1012	其他货币资金	31	1603	固定资产减值准备
4	1101	交易性金融资产	32	1604	在建工程
5	1121	应收票据	33	1605	工程物资
6	1122	应收账款	34	1606	固定资产清理
7	1123	预付账款	35	1701	无形资产
8	1131	应收股利	36	1702	累计摊销
9	1132	应收利息	37	1703	无形资产减值准备
10	1221	其他应收款	38	1711	商誉
11	1231	坏账准备	39	1801	长期待摊费用
12	1401	材料采购	40	1811	递延所得税资产
13	1402	在途物资	41	1901	待处理财产损溢
14	1403	原材料			二、负债类
15	1404	材料成本差异	42	2001	短期借款
16	1405	开发产品	43	2101	交易性金融负债
17	1406	发出商品	44	2201	应付票据
18	1408	委托加工物资	45	2202	应付账款
19	1411	周转材料	46	2203	预收账款
20	1461	融资租赁资产	47	2211	应付职工薪酬
21	1471	存货跌价准备	48	2221	应交税费
22	1501	持有至到期投资	49	2231	应付利息
23	1502	持有至到期投资减值准备	50	2232	应付股利
24	1503	可供出售金融资产	51	2241	其他应付款
25	1511	长期股权投资	52	2401	递延收益
26	1512	长期股权投资减值准备	53	2501	长期借款
27	1521	投资性房地产	54	2502	应付债券
			55	2701	长期应付款

序号	编号	会计科目名称	序号	编号	会计科目名称
56	2801	预计负债	70	6051	其他业务收入
57	2901	递延所得税负债	71	6061	汇总损益
	三、所有者权益类		72	6101	公允价值变动损益
58	4001	实收资本	73	6111	投资收益
59	4002	资本公积	74	6301	营业外收入
60	4101	盈余公积	75	6401	主营业务成本
61	4103	本年利润	76	6402	其他业务成本
62	4104	利润分配	77	6403	税金及附加
	四、成本类		78	6411	利息支出
63	5001	开发成本	79	6601	销售费用
64	5101	开发间接费用	80	6602	管理费用
65	5301	研发支出	81	6603	财务费用
66	5401	工程施工	82	6701	资产减值损失
67	5402	工程结算	83	6711	营业外支出
68	5403	机械作业	84	6801	所得税费用
	五、损益类		85	6901	以前年度损益调整
69	6001	主营业务收入			

1.4.2 房地产开发企业会计基本假设（会计前提）

会计基本假设包括会计主体、持续经营、会计分期和货币计量。见表 1-3。

表 1-3　　　　　　　　会计基本假设

会计假设	含　义
会计主体	是指会计工作服务的特定对象，是企业会计确认、计量和报告的空间范围。明确会计主体，才能划定会计所要处理的各项交易或事项的范围
持续经营	是指在可以预见的将来，企业将会按当前的规模和状态继续经营下去，不会停业，也不会大规模削减业务

会计假设	含　义
会计分期	通常分为年度和中期。中期，是指短于一个完整的会计年度的报告期间（非年度，包括半年、季度、月度、前三个季度等）
货币计量	《企业会计准则——基本准则》规定，会计确认、计量和报告选择货币作为计量单位

企业会计的确认、计量和报告应当以权责发生制为基础。

1.4.3　房地产开发企业会计信息质量要求

会计信息质量要求主要包括可靠性、相关性、可理解性、可比性、实质重于形式、重要性、谨慎性和及时性等 8 项。

1. 可靠性（强调真实）

（1）以实际发生的交易或者事项为依据进行确认、计量，将符合会计要素定义及其确认条件的资产、负债、所有者权益、收入、费用和利润等如实反映在财务报表中，不得根据虚构的、没有发生的或者尚未发生的交易或者事项进行确认、计量和报告。

（2）在符合重要性和成本效益原则的前提下，保证会计信息的完整性，其中包括应当编报的报表及其附注内容等应当保持完整，不能随意遗漏或者减少应予披露的信息，与使用者决策相关的有用信息都应当充分披露。包括在财务报告中的会计信息应当是中立的、无偏的。如果企业在财务报告中为了达到事先设定的结果或效果，通过选择或列示有关会计信息以影响决策和判断的。这样的财务报告信息就不是中立的。

2. 相关性

（1）预测价值。如果一项信息能帮助决策者对过去、现在和未来事项的可能结果进行预测，则该项信息具有预测价值。

（2）反馈价值。一项信息如果能有助于决策者验证或修正过去的决策和实施方案，即具有反馈价值。把过去决策所产生的实际结果反馈给决策者，使其与当初的预期结果相比较，验证过去的决策是否正确，总结经验以防止今后再犯同样的错误。反馈价值有助于未来决策。

3. 可理解性

可理解性（清晰性）要求企业提供的会计信息应当清晰明了，便于财务报告使用者理解和使用。

4. 可比性

（1）同一企业不同时期可比（纵向可比）。

会计信息质量的可比性要求同一企业不同时期发生的相同或者相似的交易或者事项，应当采用一致的会计政策，不得随意变更。

（2）不同企业相同会计期间可比（横向可比）。

会计信息质量的可比性要求不同企业同一会计期间发生的相同或者相似的交易或者事项，应当采用规定的会计政策，确保会计信息口径一致、相互可比，以使不同企业按照一致的确认、计量和报告要求提供有关会计信息。

5. 实质重于形式

如果企业的会计核算仅按照交易或事项的法律形式进行，而这些形式又没有反映其经济实质和经济现实，那么，其最终结果将不仅不会有利于会计信息使用者的决策，反而会误导会计信息使用者的决策。

6. 重要性

在实务中，如果会计信息的省略或者错报会影响财务报告使用者据此作出决策的，该信息就具有重要性。重要性的应用需要依赖职业判断，企业应当根据其所处环境和实际情况，从项目的性质和金额大小两方面加以判断。

7. 谨慎性

谨慎性要求企业对交易或者事项进行会计确认、计量和报告应当保持应有的谨慎，不应高估资产或者收益、低估负债或者费用。

8. 及时性

在实务中，为了及时提供会计信息，可能需要在有关交易或者事项的信息全部获得之前即进行会计处理，这样就满足了会计信息的及时性要求，但可能会影响会计信息的可靠性；反之，如果企业等到与交易或者事项有关的全部信息获得之后再进行会计处理，这样的信息披露可能会由于时效性问题，对于投资者等财务报告使用者决策的有用性将大大降低。

1.4.4　房地产开发企业的会计要素

资产、负债和所有者权益要素侧重于反映企业的财务状况（与资产负债表有关），收入、费用和利润要素侧重于反映企业的经营成果（与利润表有关）。见表1-4。

表 1-4　　　　　　　　　　　房地产开发企业的会计要素

会计要素	特　征	确认条件
资产	（1）资产预期会给企业带来经济利益。 （2）资产应为企业拥有（有所有权）或者控制（没有所有权）的资源。 （3）资产是由企业过去的交易或事项形成的。企业预期在未来发生的交易或者事项不形成资产	（1）与该资源有关的经济利益很可能流入企业。 （2）该资源的成本或者价值能够可靠地计量
负债	（1）负债是企业承担的现时义务。 （2）负债预期会导致经济利益流出企业。 （3）负债是由企业过去的交易或者事项形成的	（1）与该义务有关的经济利益很可能流出企业。 （2）未来流出的经济利益的金额能够可靠地计量
所有者权益	所有者权益是企业资产扣除负债后，由所有者享有的剩余权益。公司的所有者权益又称为股东权益。所有者权益通常由股本（或实收资本）、资本公积（含股本溢价或资本溢价、其他资本公积）、盈余公积和未分配利润等构成	所有者权益体现的是所有者在企业中的剩余权益，其确认主要依赖于其他会计要素，尤其是资产和负债的确认；其金额的确定也主要取决于资产和负债的计量
收入	（1）收入是企业在日常活动中形成的（营业外收入不确认为收入，比如处置固定资产净收益不确认收入）； （2）收入是与所有者投入资本无关的经济利益的总流入； （3）收入（本身）会导致所有者权益的增加	（1）与收入相关的经济利益很可能流入企业； （2）经济利益流入企业的结果会导致企业资产的增加或者负债的减少； （3）经济利益的流入额能够可靠地计量
费用	（1）费用是企业在日常活动中形成的（营业外支出不确认为费用）； （2）费用是与向所有者分配利润无关的经济利益的总流出； （3）费用（本身）会导致所有者权益的减少	（1）与费用相关的经济利益应当很可能流出企业； （2）经济利益流出企业的结果会导致资产的减少或者负债的增加； （3）经济利益的流出额能够可靠计量

会计要素	特　征	确认条件
利润	利润包括收入减去费用后的净额、直接计入当期利润的利得和损失等。直接计入当期利润的利得和损失是应当计入当期损益	主要依赖于收入和费用以及利得和损失的确认，其金额的确定也主要取决于收入、费用、利得和损失金额的计量

1.5　房地产开发企业的建账流程

1.5.1　手工建账

新建单位和原有单位在年度开始时，会计人员均应根据核算工作的需要设置账簿，即平常所说的"建账"。设置的账簿要符合企业生产经营规模和经济业务的特点。

1. 选择账簿

不同企业单位所需用的账簿是不尽相同的。但不管账簿的格式如何，从其所起的作用看，大致可分为序时账簿、分类账簿与备查账簿。

（1）序时账簿。

序时账簿亦称日记账，是按经济业务发生时间的先后顺序，逐日逐笔登记的账簿。一般用于库存现金和银行存款账户，如图 1-2 所示。

现 金 日 记 账

年		凭证编号	摘　要	对应科目	借方									√	贷方									√	余额								
月	日				百	十	万	千	百	十	元	角	分		百	十	万	千	百	十	元	角	分		百	十	万	千	百	十	元	角	分

图 1-2　现金日记账

（2）分类账簿。

分类账簿包括总分类账簿和明细分类账簿。

①总分类账簿。

总分类账簿是根据总分类科目开设账户，用来登记全部经济业务，进行总分类核算，提供总括核算资料的分类账簿，又称"总分类账"，简称"总账"。总分类账的账页格式，一般采用"借方""贷方""余额"三栏式。如图1-3所示。

总 分 类 账

科目_____ 编码_____ _____年度

年	记账凭	摘	对方	借方										贷方										借或贷	余额									
月 日	证号数	要	科目	千	百	十	万	千	百	十	元	角	分	千	百	十	万	千	百	十	元	角	分		千	百	十	万	千	百	十	元	角	分

图 1-3   总分类账

②明细分类账。

明细分类账簿也称明细分类账，简称明细账。根据二级会计科目或明细子目开设账页，明细登记某一类经济业务的账簿，明细分类账簿是根据企业单位经营管理的需要由企业单位自主设置。一般说来，企业单位对各种财产物资、费用成本和收入成果、债权债务等往来款项，都应在有关总账科目下设置明细分类账，进行明细分类核算。按其账页格式，明细账一般分为三栏式明细分类账簿、数量金额式明细分类账簿和多栏式明细分类账簿三种。

a. 三栏式明细账。三栏式明细分类账簿的格式与三栏式总分类账簿的格式基本相同，设有"借、贷、余"三个基本栏次，适用于只需要进行金额核算，不需要进行数量核算的结算类科目的明细分类核算。例如对"应收账款""应收票据""预收账款""应付账款""预付账款"等总账科目的明细分类核算，就可采用三栏式明细账进行。如图 1-4 所示。

三栏式明细分类账

科目_____

年		记账凭证号数	摘要	对方科目	借方										贷方										借或贷	余额									
月	日				千	百	十	万	千	百	十	元	角	分	千	百	十	万	千	百	十	元	角	分		千	百	十	万	千	百	十	元	角	分

图 1-4　三栏式明细分类账

b. 数量金额式明细账。数量金额式明细分类账，一般在"收入、发出、结存"栏目下还分别设有"数量、单价、金额"等专栏，用来登记财产物资的收入、发出和结存的数量和金额。例如对"原材料""产成品""固定资产"等总账科目的明细分类核算，可采用数量金额式明细账。如图 1-5 所示。

本账页数	
本账页数	

最高储存量_____

数量金额式明细账

最低储存量_____

编号_____　　规格_____　　　　　　　　　　　单位_____　　名称_____

年		凭证		摘要	借方												贷方												借或贷	结存											
月	日	种类	号数		数量	单价	百	十	万	千	百	十	元	角	分	数量	单价	百	十	万	千	百	十	元	角	分		数量	单价	百	十	万	千	百	十	元	角	分

图 1-5　数量金额式明细账

c. 多栏式明细账。多栏式明细账适用于那些要求对金额进行分析的有关费用成本、收入成果类科目的明细分类核算，例如对"主营业务收入""管理费用""销售费用""生产成本"等总账科目的明细核算，可采用多栏式。如图 1-6 所示。

生产成本明细账

科目名称 _____
产品名称 _____

年		凭证		摘要	借方发生额							成本项目																												
月	日	种类	号数									直接材料								直接人工								制造费用								燃料、动力					
					百	十	万	千	百	十	元	角	分	百	十	万	千	百	十	元	角	分	百	十	万	千	百	十	元	角	分	百	十	万	千	百	十	元	角	分

图 1-6 多栏式明细账

总分类账簿和明细分类账簿虽然各有其登记的特点，但就其在核算上的作用来说，它们是相互补充的。

（3）备查账簿。

备查账簿亦称备查簿、备查登记簿或辅助账簿。备查账簿属于辅助性账簿，它可以为经营管理提供参考资料，如委托加工材料登记簿、租入固定资产登记簿等。

企业常用科目的账页格式，见表 1-5。

表 1-5　　　　　　　　　　　企业常用科目的账页格式

总账科目	明细分类账页格式	总账科目	明细分类账页格式
库存现金	日记账	其他应付款	三栏式
银行存款	日记账	长期借款	三栏式
其他货币资金	三栏式	实收资本	三栏式

总账科目	明细分类账页格式	总账科目	明细分类账页格式
应收票据	三栏式	资本公积	三栏式
应收账款	三栏式	盈余公积	三栏式
其他应收款	三栏式	本年利润	不设明细账
材料采购	三栏式（专用多栏式）	利润分配	三栏式
原材料	数量金额式	生产成本	专用多栏式
库存商品	数量金额式	制造费用	普通多栏式
长期待摊费用	三栏式	主营业务收入	普通多栏式
固定资产	卡片	其他业务收入	普通多栏式
累计折旧	不设明细账	营业外收入	普通多栏式
短期借款	三栏式	主营业务成本	普通多栏式
应付票据	三栏式	其他业务成本	普通多栏式
应付账款	三栏式	营业税金及附加	普通多栏式
其他应付款	三栏式	销售费用	普通多栏式
应付职工薪酬	三栏式	管理费用	普通多栏式
应交税费	应交增值税为专用多栏式	财务费用	普通多栏式
	其他明细账户为三栏式	营业外支出	普通多栏式
应付利息	三栏式	所得税费用	不设明细账
应付股利	三栏式		

（4）可跨年使用的账簿。

①卡片式账簿。如固定资产卡片等；

②数量金额式明细账。如仓库保管员登记的数量金额式材料明细账、库存商品明细账等；

③备查账。如租入固定资产备查账，受托加工材料物资备查账等。这些账簿主要记录跨年租赁业务或受托加工业务的会计信息，为便于管理，该类账簿可以连续使用；

④债权债务明细账（也称为往来明细账）。一些单位债权债务较多，如果更换一次新账，抄写一遍的工作量较大，可以跨年使用，不必每年更换。但是，如果债权债务尚未结算的部分较少，单位应及时将未结算的债权债务转

入下年新设"债权债务明细账"中。

2. 建立账簿

（1）建立总账账簿。

①按照会计科目表的顺序、名称，在总账账页上建立总账账户。所开账户应根据往年登记经济业务量的大小，保留足够数量用以登记经济业务的页码；

②各账户编列号码后，应填"账户目录"，将账户名称页次登入目录内；

③所开账户较多的单位，在所开各个账户首页的上面贴上"口取纸"，注明所开账户名称（会计科目），便于使用者翻阅并粘贴索引纸（账户标签），写明账户名称，以利检索。

（2）建立明细账账簿。

根据总账账户明细核算的要求，在各个所属明细账户上建立二三级明细账户。

①使用订本式账簿，应从第一页起到最后一页止顺序编定号码，不得跳页、缺号；

②使用活页式账簿，应按账户顺序编写本账户页次号码。

（3）启用账簿。

在账簿的"账簿启用登记表"上，写明单位名称、账簿名称、册数、起止页数、启用日期以及记账人员和会计主管人员姓名，并加盖名章和单位公章。记账人员或会计主管人员在本年度调动工作时，应注明交接日期、接办人员和监交人员姓名，并由交接双方签名或盖章，以明确经济责任。如图1-7所示。

账簿启用登记表

单位名称									印　鉴		
账簿名称											
册次及起讫页数		第　　册　自　　页　至　　页									
启用起讫日期		自　年　月　日起至　年　月　日止									
会计机构负责人		记账人员			接收日期			交出日期		
姓名	盖章	职名	姓名	盖章	年	月	日	年	月	日

图1-7　账簿启用表

1.5.2 电算化建账

电算化下的建账工作，主要就是进行会计科目设置，就是将企业会计核算中所使用的会计科目逐一地按系统要求描述给系统。

1. 预设会计科目

会计科目的设置必须满足会计报表编制的要求，大部分通用财务软件中已预设了一级会计科目，有的甚至还根据《企业会计制度》的规定，预设了少量二级科目，用户一般只需要结合本单位实际进一步设定其他明细科目。

以用友 EPR-U8 为例（下同），在创建账套时，在核算类型设置中，通过选择行业性质，可以对会计科目进行预设。选择行业类型如图 1-8 所示。

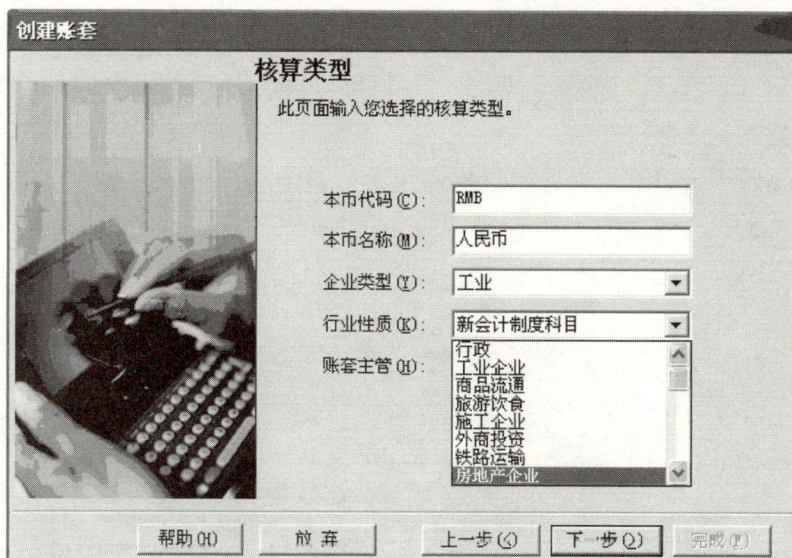

图 1-8　创建账套中选择行业类型

在行业性质中如果选择新会计制度科目，选择后生成科目编码为 4 位、科目名称为新会计制度下的预设会计科目，如图 1-9 所示。如果选择房地产企业、工业企业、商品流通、旅游饮食、施工企业、行政等行业类型，则按分行业会计制度生成科目编码为 3 位、科目名称为非新会计制度下的预设会计科目。

级次	科目编码	科目名称	外币币种	辅助核算
1	1001	库存现金		
1	1002	银行存款		
1	1009	其他货币资金		
2	100901	外埠存款		
2	100902	银行本票		
2	100903	银行汇票		
2	100904	信用卡		
2	100905	信用证保证金		
2	100906	存出投资款		

图 1-9　新会计制度下的预设会计科目

2. 科目编码级次维护

科目编码是在软件系统中为会计科目确定的统一并唯一的编码。系统设定了科目编码最大限制为 9 级 15 位，即最多设置 9 级科目，9 级科目的编码长度之和不能超过 15 位，且任何一级的最大长度都不得超过 9 位编码。例如，如果会计科目设置到 5 级，按照系统编码及其代码规则可以设置为"42222"，即会计科目共分 5 级，一级科目编码长度为 4 位，2～5 级会计科目代码长度均为 2 位。

在系统中可以利用设置科目编码级次，设定会计科目分级，每级的科目编码有位数，步骤如图 1-10 所示。

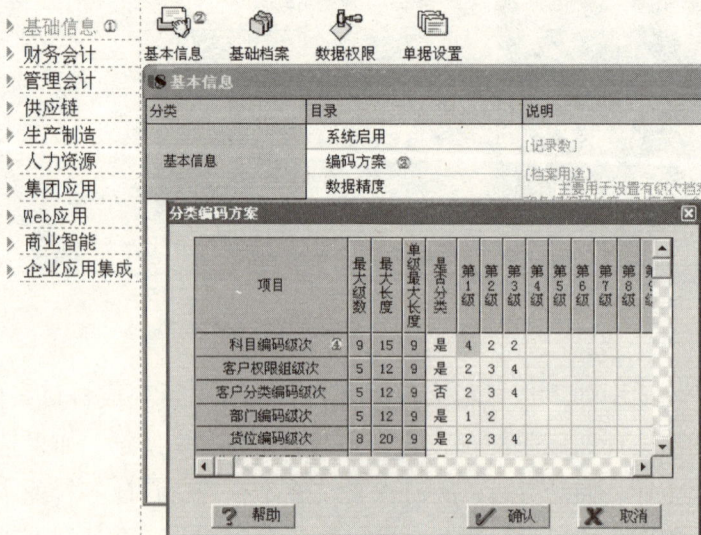

图 1-10　科目编码级次维护

（1）利用账套管理员身份登录企业门户后，打开【基础信息】菜单。

（2）双击【基本信息】，打开本信息窗口。

（3）双击【编码方案】，打开分类编码方案窗口。

（4）按照要求修改科目编码级次。

（5）单击【确认】按钮，保存退出。

3. 会计科目的维护

在我国，各企业间为了保证会计核算指标口径一致，便于按部门、行业、地区乃至全国范围内进行汇总，所以对于总分类科目国家都做了统一规定，规定了统一的科目代号、名称和核算内容。任何企业都要根据本企业的特点选择使用统一的会计科目。

（1）启动会计科目维护。

打开【设置】→【会计科目】菜单，进入"会计科目"窗口，如图1-11所示。

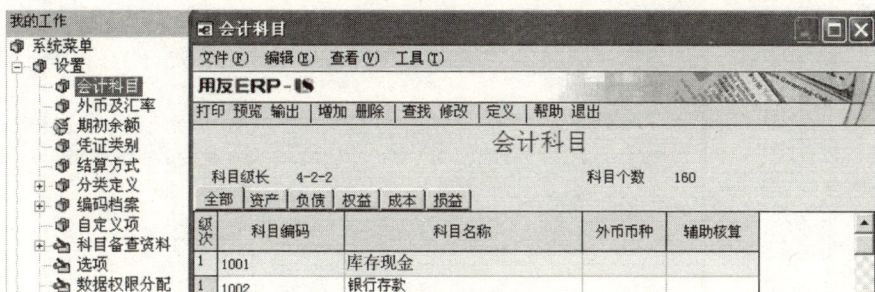

图1-11 会计科目设置

（2）新增会计科目。

新增会计科目的步骤，如图1-12所示。

① 在会计科目设置界面中，单击【增加】按钮，打开"会计科目＿新增"对话窗口。

② 在对应内容中输入科目编码、科目名称等内容。

③单击【确定】按钮保存。

（3）会计科目内容。

①科目编码。科目编码只能由数字（0～9），英文字母（A～Z及a～z）及减号（－）、正斜杠（\）表示，其他字符（如&、空格等）禁止使用。例

如，在"应交税费（2221）－应交增值税（01）－进项税额（01）"的科目设置中，"应交增值税"的完整编码为"222101"，进项税额的完整编码为"22210101"。其设置顺序为先增加"2221 应交税费"科目，再增加"222101 应交增值税"科目，最后增加"22210101 进项税额"科目。

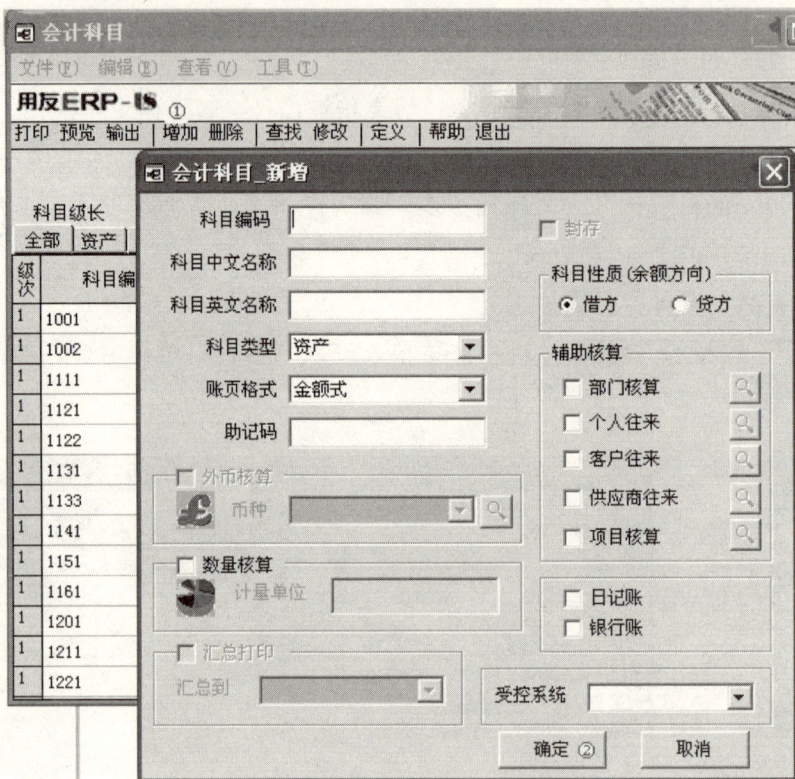

图 1-12　新增会计科目

②科目名称。分为科目中文名称和英文名称，可以是汉字、英文字母或数字，也可以是减号"－"、正斜杠"＼"，但不能输入其他字符。科目名称最多可以输入 10 个汉字，科目英文名称最多可输入 100 个英文字母。科目中文名称和英文名称不能同时为空。

③科目类型。行业类型为企业时，科目类型为资产、负债、所有者权益、成本和损益，没有成本类的可不设成本类科目。行业性质为行政单位或事业单位时，科目类型分为资产、负债、净资产、收入及支出。科目类型一般只在一级科目设置，下级科目的类型与其上一级的类型相同。

④账页格式。是指以此会计科目开设的账户的输出格式，系统提供了金额式、外币金额式、数量金额式、外币数量式4种账页格式供选择。

⑤助记码。用于帮助记忆科目，一般可由科目名称中各个汉字拼音的头一个字母组成。例如，"管理费用"的助记码可以写为glfy，这样在制单或查账中可以使用助记码glfy，系统可以自动将助记码转换成科目名称。

⑥辅助核算。也叫辅助账类，系统除完成一般的总账、明细账核算外，并提供部门核算、个人往来核算、客户往来核算、供应商往来核算、项目核算5种专项核算功能以供使用。一个科目可以同时使用两种专项核算，如"管理费用"，负责人既想核算各部门的使用情况，也想了解各项目的使用情况，那么，可以同时设置部门核算和项目核算。辅助核算必须设在末级科目，但为了查询或出账方便，有些科目也可以在末级和上级同时设辅助核算。只在上级设辅助核算，其末级不设，系统将不承认。也就是说当上级科目设有辅助核算时，其末级科目中必设有辅助核算。如果某会计科目设有辅助核算时，该科目将不再需要以科目编码方式设置下级明细科目，但不意味着不进行明细核算，而是将明细核算纳入了部门管理、个人往来、应收系统、应付系统、项目管理中进行明细核算。在设置辅助核算时请尽量慎重，因为如果科目已有数据，而要对科目的辅助核算进行修改，那么很可能会造成总账与辅助账对账不平。

⑦其他核算。用于说明本科目是否有其他要求，如银行账、日记账等。一般情况下，现金科目要设为日记账；银行存款科目要设为银行账和日记账。

⑧科目性质（余额方向）。增加记借方的科目，科目性质为借方；增加记贷方的科目，科目性质为贷方。一般情况下，只能在一级科目设置科目性质，下级科目的科目性质与其一级科目的相同。已有数据的科目不能再修改科目性质。

⑨外币核算。用于设定该科目是否有外币核算，以及核算的外币名称。一个科目只能核算一种外币，只有有外币核算要求的科目才允许也必须设定外币币名。

⑩数量核算。用于设定该科目是否有数量核算和数量计量单位。计量单位可以是任何汉字或字符，如公斤、件、吨等。

（4）修改会计科目。

当科目属性有错误时，可以对错误属性进行修改。但是如果某科目已被制过单或已录入期初余额，则不能修改该科目。如要修改该科目必须先删除有该科目的凭证，并将该科目及其下级科目余额清零，再修改，修改完毕后要将余额及凭证补上。已使用的科目不能增加下级。

如将"1002 银行存款"修改为有"日记账""银行账"辅助核算的科目，操作步骤如图 1-13 所示。

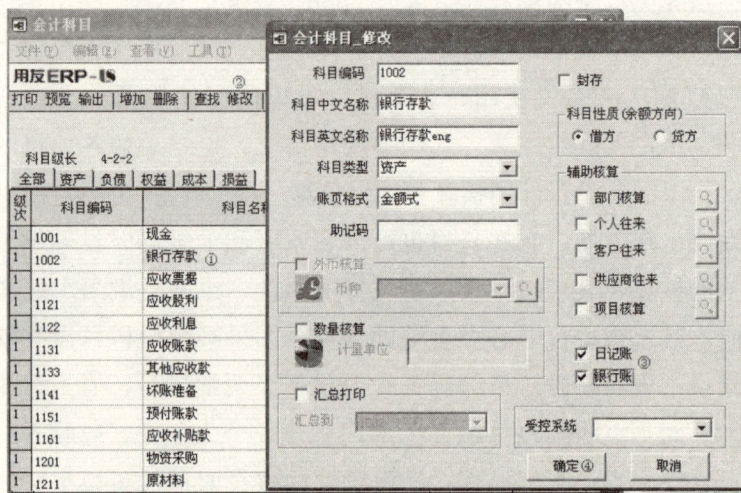

图 1-13　修改会计科目

①在会计科目设置界面中，单击选中"1002 银行存款"科目。

②单击【修改】按钮（或双击该会计科目），进入"会计科目_修改"对话窗口。

③单击【修改】按钮后，单击【日记账】、【银行账】选择框。

④单击【确定】按钮。

在修改后，如果要继续修改，可以单击【第一页】、【前页】、【后页】、【最后页】按钮，找到下一个需要修改的会计科目，单击【修改】按钮继续修改。否则单击【返回】按钮，退出修改对话窗口。

（5）删除会计科目。

如果某些会计科目目前暂时不需用或者不适合本企业科目体系的特点，可以在未使用之前将其删除。

例如，将"1161 应收补贴款"科目删除，操作步骤如图 1-14 所示：

①在会计科目设置界面中，单击选中"1161 应收补贴款"科目。

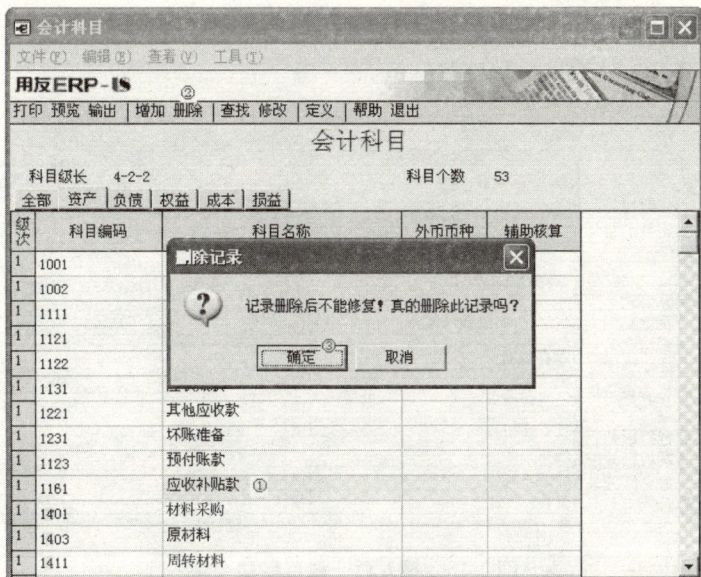

图 1-14　删除会计科目

②单击【删除】按钮，弹出"删除记录"对话框。

③单击【确定】按钮。

如果某一会计科目已经被使用，即该科目已经被制过单或已经录入了期初余额，则不能修改该科目的编码、类型、余额方向，也不能删除该科目。对于非末级科目也不能进行删除操作。如果该科目已经被使用，要修改或删除该科目，必须先删除所涉及该科目的凭证，并将该科目及其下级科目余额清零后才能进行修改或删除的操作。

4. 录入期初余额

（1）总账科目期初余额的录入。

在初次使用账务处理系统时，应将经过整理的手工账目的期初余额录入系统，如果是年中启用账务处理系统，应先将各账户此时的余额和年初时的借贷方累计发生额计算清楚，作为启用系统的期初数据录入到账务处理系统中，系统将自动计算年初余额；如果企业是在年初建账，或不反映启用日期以前的发生额，则期初余额就是年初数。

【**例 1-1**】录入"银行存款"科目期初借方 2 800 000 元，操作步骤如图 1-15 所示。

①在"系统菜单"中，单击【设置】下的【期初余额】菜单。

②在"银行存款"科目所在行期初余额中输入"2 800 000"。

③输入后单击【退出】按钮。

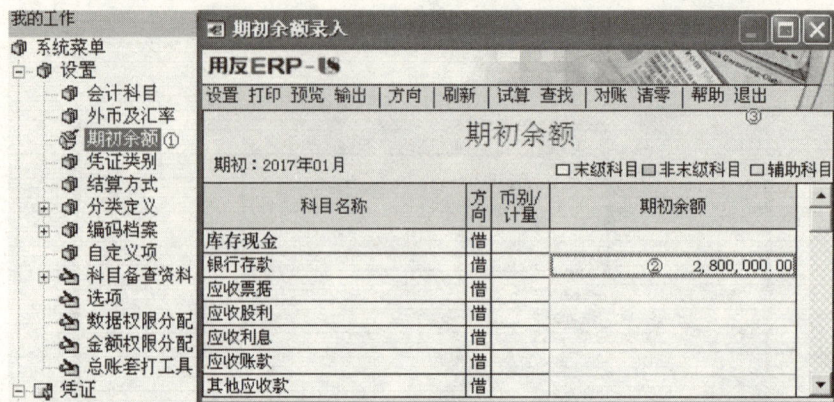

图 1-15　录入总账科目期初余额

在录入期初余额过程中，如果发现某个会计科目有错误，应在未录入余额的情况下，回到会计科目的功能中去修改；如果期初余额录入错误，可以在记账前直接修改。

（2）辅助账期初余额的录入。

在录入期初数据时，如果某一科目设置了辅助核算类别，系统会自动为该科目开设辅助账页，其余额不能直接输入。即在输入设置了辅助账的会计科目的期初余额时，应在系统调出辅助账后，输入辅助账的明细期初余额，由系统自动将辅助账的各项明细期初余额之和记入该科目的总账期初余额。

（3）录入往来单位科目余额。

录入单位往来期初余额时应分别不同情况进行处理。如果在总账系统的选项中设置了"在总账系统中进行客户及供应商往来单位核算"，则应在总账系统中录入往来科目的明细期初余额后，由系统自动汇总为总账科目余额；如果在总账系统的选项中设置了"使用应收应付系统进行客户及供应商往来核算"，则应该到应收应付系统中录入含客户、供应商账类的科目的明细期初余额，在总账系统中，只能录入这些科目的总余额。我们这里采用在总账中进行客户及国内供应商的往来核算。

【例 1-2】录入 2016 年 12 月 21 日记账 002 号记账凭证，摘要为应收"宏达物资经销处"形成的应收账款借方余额 2 200 元，操作步骤如图 1-16 所示。

①在"期初余额录入"界面下,双击"应收账款"科目的期初余额栏,打开"客户往来期初"对话窗口。

②单击"日期"栏参照按钮,选择"2016年12月21日"。

③单击"凭证号"栏参照按钮,选择类别"记 记账凭证",输入凭证号"2",单击【确定】。

④单击"客户"栏参照按钮,选择"宏达物资经销处"。

⑤在摘要栏中输入"销售产品"。

⑥在借方"金额"栏中输入"2 200"元。

⑦单击【退出】按钮。

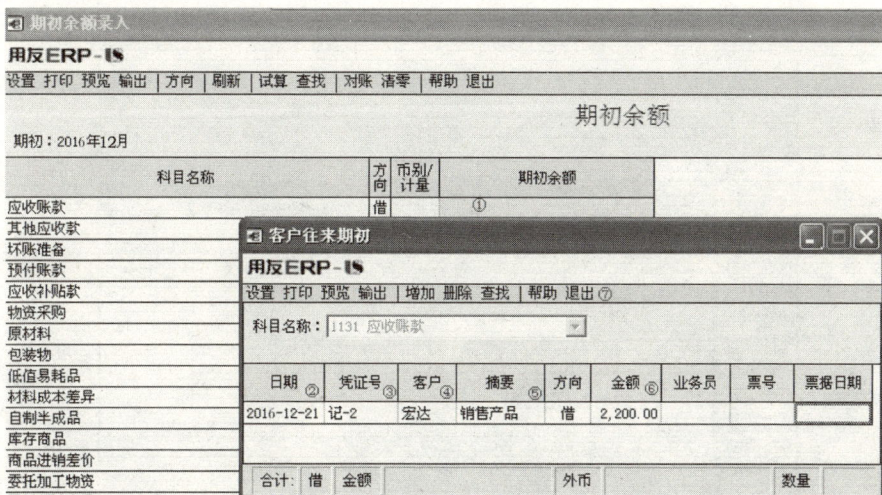

图 1-16 录入往来单位辅助账期初余额

(4) 录入个人往来科目余额。

如果某科目涉及个人往来辅助核算,则必须按辅助项录入期初余额。即在总账系统中的辅助账页中录入个人往来科目的明细期初余额后,由系统自动汇总为总账科目余额。

【例1-3】录入记账凭证第25号的"销售部张宇"在2016年12月25日因"联系销售业务"(摘要)形成的"122101 应收职工借款"科目,借方余额4 400元,操作步骤如图1-17所示。

①在"期初余额录入"界面下,双击"应收职工借款"科目的期初余额栏,打开"个人往来期初"对话窗口。

②单击"日期"栏参照按钮，选择"2016年12月31日"。

③单击"凭证号"栏参照按钮，选择类别，输入凭证号"25"，单击【确定】。

④单击"部门"栏参照按钮，选择"销售部"。

⑤单击"个人"栏参照按钮，选择"张宇"。

⑥在摘要栏中输入"联系销售业务"。

⑦在借方"金额"栏中输入"4 400"元。

⑧单击【退出】按钮。

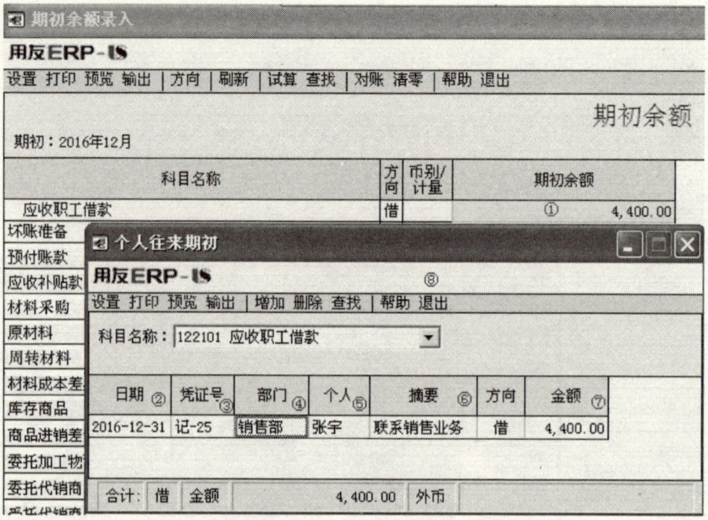

图 1-17　录入个人往来期初余额

（5）录入项目核算科目余额。

如果某项特定科目涉及项目辅助核算，则必须要按辅助项目录入期初余额。

【例1-4】录入项目核算科目的期初余额，见表1-5，步骤如图1-18所示。

表 1-5　　　　　　　　　　在建工程期初余额

科目名称	科目编码	级次	辅助核算	方向	期初金额
在建工程——办公楼	1604	1	是	借	10 000 000
合计				借	10 000 000

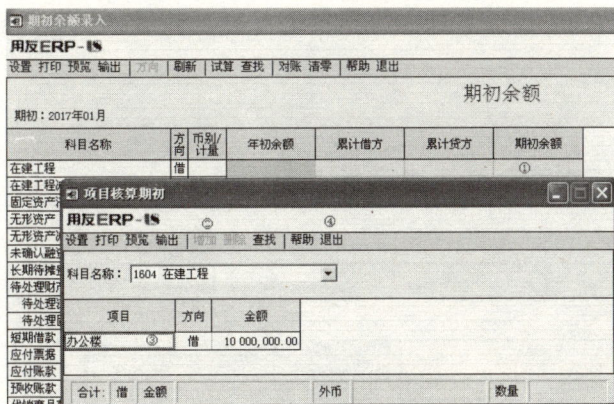

图 1-18　录入项目核算期初余额

①在"期初余额录入"界面下，双击"在建工程"科目的"期初余额"栏，打开"项目核算期初"对话窗口。

②单击【增加】按钮。

③单击"项目"栏参照按钮，选择"办公楼"，输入借方余额"10 000 000"元。

④单击【退出】按钮。

5. 调整余额方向

一般情况下，系统默认资产类科目余额方向为借方，负债及所有者权益类科目余额方向为贷方，但是实际工作中也有一部分会计科目与原有的系统设置的余额方向不相一致，并且没有在建立会计科目时对其进行相应的调整，在录入会计科目余额时，系统提供了调整余额方向的功能，即在还未录入会计科目余额时，如果发现会计科目的余额方向与系统设置的方向不一致时，可以利用余额方向调整功能将其余额方向调整为正确方向。

【**例 1-5**】将"累计折旧"的科目余额的方向由"借"调整为"贷"，操作步骤如图 1-19 所示。

（1）在"期初余额录入"界面下，"累计折旧"还未输入余额时，单击"累计折旧"所在行；

（2）单击【方向】按钮；

（3）"调整余额方向"提示对话框中，单击"是"。

6. 试算平衡

期初余额及累计发生额输入完成后，为了保证初始数据的正确性，必须依据"资产＝负债＋所有者权益"的静态平衡公式进行试算平衡,即进行期初余额平衡校验。

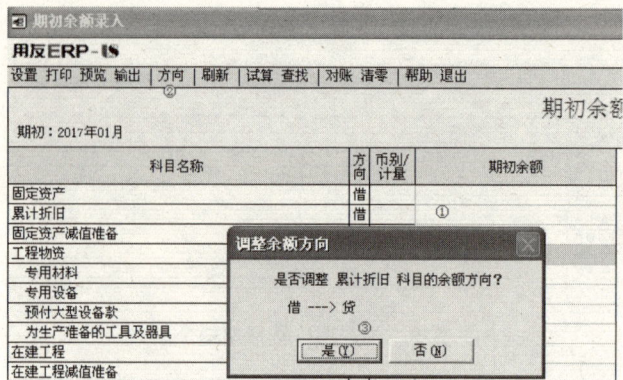

图 1-19　调整余额方向

校验工作由计算机自动完成,校验完成后系统会自动生成一个校验结果报告,如果试算结果不平衡,则应依次逐项进行检查、更正后,再次进行试算平衡,直至平衡为止。系统约定,期初余额不平衡可以进行日常业务处理中填制凭证的操作,但是不能记账。

【例 1-6】对录入的期初余额进行试算平衡,操作步骤如图 1-20 所示。

(1) 在"期初余额录入"界面下,单击【试算】按钮。

(2) 系统显示"期初试算平衡表",选择【打印】或【确认】。

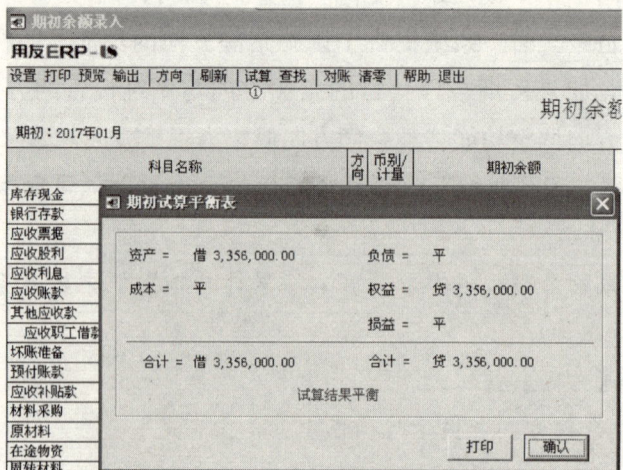

图 1-20　期初余额试算平衡

CHAPTER

TWO

第 2 章

房地产开发企业税金的核算

　　房地产开发企业税费的核算十分复杂，涉及的税种较多。本章从企业设立阶段、获取土地阶段、开发建设阶段、转让及销售阶段、房产持有阶段等涉及的税种，解析会计核算。

目前，我国房地产开发企业涉及的应纳税种较多，主要有增值税、城市维护建设税、教育费附加、房产税、城镇土地使用税、耕地占用税、印花税、土地增值税和企业所得税，房地产开发企业开发经营各阶段涉及的税种如图 2-1所示。

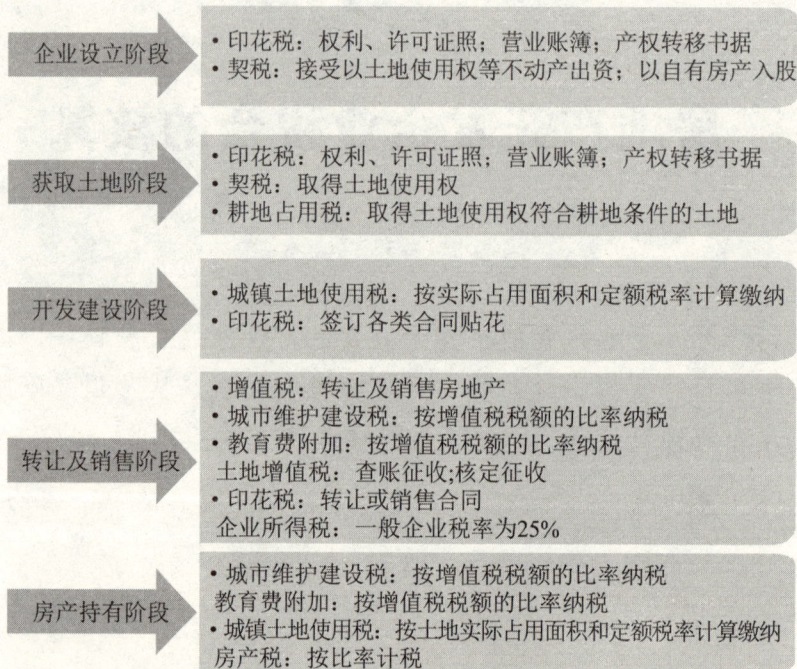

企业设立阶段	• 印花税：权利、许可证照；营业账簿；产权转移书据 • 契税：接受以土地使用权等不动产出资；以自有房产入股
获取土地阶段	• 印花税：权利、许可证照；营业账簿；产权转移书据 • 契税：取得土地使用权 • 耕地占用税：取得土地使用权符合耕地条件的土地
开发建设阶段	• 城镇土地使用税：按实际占用面积和定额税率计算缴纳 • 印花税：签订各类合同贴花
转让及销售阶段	• 增值税：转让及销售房地产 • 城市维护建设税：按增值税税额的比率纳税 • 教育费附加：按增值税税额的比率纳税 土地增值税：查账征收;核定征收 • 印花税：转让或销售合同 企业所得税：一般企业税率为25%
房产持有阶段	• 城市维护建设税：按增值税税额的比率纳税 教育费附加：按增值税税额的比率纳税 • 城镇土地使用税：按土地实际占用面积和定额税率计算缴纳 房产税：按比率计税

图 2-1　开发经营阶段应缴税种

2.1　增值税

根据财税〔2016〕36 号《关于全面推开营业税改征增值税试点的通知》，

自 2016 年 5 月 1 日起，在全国范围内全面推开"营改增"试点，建筑业、房地产业、金融业、生活服务业等全部营业税纳税人，纳入试点范围，由缴纳营业税改为缴纳增值税。

2.1.1 增值税的税率与会计科目的设置

"营改增"之前，房地产开发企业涉及的税种主要有营业税、房产税、土地增值税、耕地占用税、契税、城镇土地使用税、企业所得税、印花税、城市维护建设税、教育费附加、地方教育费附加等。"营改增"后，税种由营业税改为增值税，其他税种不变。一般纳税人税率由原来的营业税 5% 改为增值税 11%，小规模纳税人征收率 5%。根据财税〔2018〕32 号规定，纳税人原适用 17% 和 11% 税率的，分别调整为 6%、10%。

1. 税率

房地产开发企业的税率，具体规定见表 2-1。

表 2-1　　　　　　　　房地产开发企业过渡期增值税的规定

纳税人	项目情况	标准	计税方法	税率	计税基础	本地项目	异地项目
一般纳税人	老项目	（建筑工程施工许可证）注明的合同开工日期在 2016 年 5 月 1 日之前	简易计征	5%	全部价款和价外费用	不动产所在地预征 3%，向机构所在地申报	
			一般计税	10%	取得的全部价款和价外费用，扣除受让土地时向政府部门支付的土地价款	——	
	新项目	开工日期在 2016 年 5 月 1 日之后	一般计税	10%			
小规模纳税人	——	——	简易征税	5%	全部价款和价外费用		

2. "应交税费"科目的设置及运用

房地产开发企业应设置"应交税费"科目，反映各种税费的交纳情况。"应交税费"科目下设二级科目用于核算各个税种，主要包括：增值税、消费税、城市维护建设税、资源税、所得税、土地增值税、房产税、车船税、城镇土地使用税、教育费附加、矿产资源补偿费、保险保障基金、代扣代缴的个人所得税等。

主要的二级明细科目有"应交增值税""未交增值税""应交消费税""应交城市维护建设税""应交资源税""应交企业所得税""应交个人所得税""应交土地增值税""应交房产税"等。见表 2-2。

表 2-2   应交税费会计科目编码的设置

科目代码	总分类科目（一级科目）	明细分类科目	
		二级明细科目	三级明细科目
2221	应交税费		
222101	应交税费	应交增值税	
22210101	应交税费	应交增值税	销项税额
22210102	应交税费	应交增值税	进项税额
22210103	应交税费	应交增值税	已交税金
22210104	应交税费	应交增值税	减免税款
22210105	应交税费	应交增值税	转出未交增值税
22210106	应交税费		销项税额抵减
22210107	应交税费	应交增值税	出口抵减内销产品应纳税额
22210108	应交税费	应交增值税	已交税金
22210109	应交税费	应交增值税	减免税款
22210110	应交税费	应交增值税	转出未交增值税
22210111	应交税费	应交增值税	销项税额抵减
22210112	应交税费	应交增值税	进项税额转出
22210113	应交税费	应交增值税	出口退税
22210114	应交税费	应交增值税	转出多交增值税
222102	应交税费	预交增值税	
222103	应交税费	待抵扣进项税额	
222104	应交税费	未交增值税	
222105	应交税费	增值税留抵税额	
222106	应交税费	简易计税	
222107	应交税费	代扣代交增值税	
222108	应交税费	待认证进项税	
222109	应交税费	待转销项税额	
222110	应交税费	转让金融商品应交增值税	
222111	应交税费	应交企业所得税	
222112	应交税费	应交房产税	

科目代码	总分类科目 （一级科目）	明细分类科目	
		二级明细科目	三级明细科目
222113	应交税费	应交土地使用税	
222114	应交税费	应交车船使用税	
222115	应交税费	应交资源税	

2.1.2　销项税额的确认

销项税额，是指纳税人发生应税行为按照销售额和增值税税率计算的增值税额。销项税额计算公式：

$$销项税额＝不含税销售额×税率$$

一般情况下，如果没有合同约定，支付的价款是含增值税的，按照下列公式计算销售额：

$$不含税销售额＝含税销售额÷（1＋税率）$$

全面"营改增"后，"销项税额"专栏记录一般纳税人销售服务、无形资产或者不动产应收取的增值税额。一般纳税人销售服务、无形资产或者不动产应收取的销项税额，用蓝字登记；退回以及中止或者折让应冲销销项税额，用红字登记。

1. 建筑服务老项目

试点纳税人提供建筑服务适用简易计税方法的，以取得的全部价款和价外费用扣除支付的分包款后的余额为销售额。

$$销项税额＝（含税的全部价款＋价外费用－支付分包款）÷（1＋3\%）×3\%$$

2. 销售房地产开发新项目

房地产开发企业中的一般纳税人销售其开发的房地产项目（选择简易计税方法的房地产老项目除外），以取得的全部价款和价外费用，扣除受让土地时向政府部门支付的土地价款后的余额为销售额。

$$销项税额＝（含税的全部价款＋价外费用－受让土地使用权时向政府支付的土地价款）÷（1＋10\%）×10\%$$

3. 销售不动产老项目

一般纳税人销售其 2016 年 4 月 30 日前取得（不含自建）的不动产，可以选择适用简易计税方法，以取得的全部价款和价外费用减去该项不动产购置原价或者取得不动产时的作价后的余额为销售额。

小规模纳税人销售其取得（不含自建）的不动产（不含个体工商户销售购买的住房和其他个人销售不动产），应以取得的全部价款和价外费用减去该项不动产购置原价或者取得不动产时的作价后的余额为销售额。

销项税额＝（含税的全部价款＋价外费用－不动产原价或取得不动产时的
作价）÷（1＋5%）×5%

4. 以预收款方式取得的销售额

房地产开发企业采取预收款方式销售所开发的房地产项目，在收到预收款时按照 3% 的预征率预缴增值税，待产权发生转移时，再清算应纳税款，并扣除已预缴的增值税款。这里所指的"预收款"通常不包括签订房地产销售合同之前所收取的诚意金、认筹金和订金等。

根据财政部　税务总局《关于调整增值税税率通知》，房地产开发企业"营改增"的核心内容见表 2-3。

表 2-3　　　　　　　　　房地产开发企业"营改增"规定

纳税人	计税方法	税率或征收率	预缴税率	预缴税款的确认	销售额的确定	进项的抵扣	发票开具
一般纳税人	一般	10%	3%	应预缴税款＝预收款÷（1＋10%）×3%	销售额＝（全部价款和价外费用－当期允许扣除的土地价款）	（1）可以抵扣进项 （2）不得抵扣的进项税额＝当期无法划分的全部进项税额×（简易计税、免税房地产项目建设规模÷房地产项目总建设规模）	（1）自行开具增值税发票 （2）可以是专票也可以是普通发票
	简易	5%	3%	应预缴税款＝预收款÷（1＋5%）×3%	销售额＝以取得的全部价款＋价外费用	不得抵扣进项	（1）自行开具增值税发票 （2）可以是专票也可以是普通发票

纳税人	计税方法	税率或征收率	预缴税率	预缴税款的确认	销售额的确定	进项的抵扣	发票开具
小规模纳税人	简易	5％	3％	应预缴税款＝预收款÷（1＋5％）×3％	销售额＝以取得的全部价款＋价外费用	不得抵扣进项	（1）自行开具普票 （2）向税务机关申请开具专用发票

房地产开发企业销售自行开发的房地产项目，采取预收款方式销售，在收到预收款时按照规定预缴税款时，应填报《增值税预缴税款表》。具体见表 2-4（预缴表还适用于建筑工程项目、不动产租赁项目）。

表 2-4　　　　　　　　　增值税预缴税款表

税款所属时间：　　年　月　日至　年　月　日

纳税人识别号：□□□□□□□□□□□□□□□□□□□□

是否适用一般计税方法　是 □　否 □

纳税人名称：（公章）				金额单位：元（列至角分）	
项目编号			项目名称		
项目地址					
预征项目和栏次		销售额	扣除金额	预征率	预征税额
		1	2	3	4
建筑服务	1				
销售不动产	2				
出租不动产	3				
	4				
	5				
合计	6				
授权声明	如果你已委托代理人填报，请填写下列资料： 　为代理一切税务事宜，现授权（地址）＿＿＿＿为本次纳税人的代理填报人，任何与本表有关的往来文件，都可寄予此人。 授权人签字：		填表人申明	以上内容是真实的、可靠的、完整的。 纳税人签字：	

2.1.3 进项税额的确认

进项税额，是指纳税人购进货物、加工修理修配劳务、服务、无形资产或者不动产，支付或者负担的增值税额。只有增值税一般纳税人，才涉及进项税额的抵扣问题，增值税小规模纳税人不涉及进项税额问题。

进项税额主要看取得抵扣凭证上注明的金额。主要有：

（1）从销售方取得的增值税专用发票（含税控机动车销售统一发票，下同）上注明的增值税额。

（2）从海关取得的海关进口增值税专用缴款书上注明的增值税额。

（3）购进农产品，除取得增值税专用发票或者海关进口增值税专用缴款书外，按照农产品收购发票或者销售发票上注明的农产品买价和13%的扣除率计算的进项税额。计算公式为：

$$进项税额＝买价×扣除率$$

买价，是指纳税人购进农产品在农产品收购发票或者销售发票上注明的价款和按照规定缴纳的烟叶税。

购进农产品，按照《农产品增值税进项税额核定扣除试点实施办法》抵扣进项税额的除外。

（4）从境外单位或者个人购进服务、无形资产或者不动产，自税务机关或者扣缴义务人取得的解缴税款的完税凭证上注明的增值税额。

1. 进项税额抵扣的条件

"财税［2016］36号文"附件1第二十六条规定：

纳税人取得的增值税扣税凭证不符合法律、行政法规或者国家税务总局有关规定的，其进项税额不得从销项税额中抵扣。

准予从销项税额中抵扣的进项税额，应至少同时具备以下条件：

1. 发生允许从销项税额中抵扣进项税额的购进行为

2. 取得合法有效的增值税扣税凭证

3. 只有应税行为的代扣代缴税款可以凭完税凭证抵扣，且需要具备书面合同、付款证明和境外单位的对账单或者发票。否则，进项税额不得从销项税额中抵扣

2. 不得抵扣进项税额的其他情形

有下列情形之一者，应当按照销售额和增值税税率计算应纳税额，不得抵扣进项税额，也不得使用增值税专用发票：

① 一般纳税人会计核算不健全，或者不能够提供准确税务资料的。

② 应当办理一般纳税人资格登记而未办理的。

3. 无法划分抵扣进项税额的情况

适用一般计税方法的纳税人，兼营简易计税方法计税项目、免征增值税项目时，按规定对应的进项税额是不能够抵扣的，所以要注意以下几点：

第一，实务中，很多进项税额是可以划分清楚用途的，具体按以下公式处理：

不得抵扣的进项税额＝当期无法划分的全部进项税额×（当期简易计税方法计税项目销售额＋免征增值税项目销售额）÷当期全部销售额

第二，兼营行为是很常见，却经常出现进项税额不能准确划分的情形。比如耗用的水和电力，这种情况下，按照下面公式处理：

纳税人全部不得抵扣的进项税额＝当期可以直接划分的不得抵扣的进项税额＋当期无法划分的全部进项税额×（当期简易计税方法计税项目销售额＋免税增值税项目销售额）÷当期全部销售额

第三，按照销售额比例法进行换算是税收管理中常用的方法，与此同时还存在其他的划分方法。一般情况下，按照销售额的比例划分是较为简单的方法，操作性比较强，便于操作。当然，实务中可以采用产出量法、产值法、耗用成本配比法等方式处理。

第四，这种分摊进项税额的方法，全面"营改增"文件规定，主管税务机关是可以按照上述公式依据年度数据对不得抵扣的进项税额进行清算的。进项税额转出是按月进行的，但由于年度内取得进项税额的不均衡性，有可能会造成按月计算的进项转出与按年度计算的进项转出产生差异，既然税务机关可以清算，也说明了实务中我们可以以季度、年度、项目期等为单位来做进项税额转出处理。

2.1.4 应交增值税的账务处理

1. 一般计税方法下土地出让金

根据《房地产开发企业销售自行开发的房地产项目增值税征收管理暂行办法》（国家税务总局公告 2016 年第 18 号）第四条规定，房地产开发企业中的一般纳税人销售自行开发的房地产项目，适用一般计税方法计税，按照取得的全部价款和价外费用，扣除当期销售房地产项目对应的土地价款后的余额计算销售额。

但要注意，土地价款的扣除是在确认销售额的时候，也就是纳税义务产生的时候，并不是一定要在支付土地价款的时候同时进行相关增值税的处理。如图 2-2 所示。

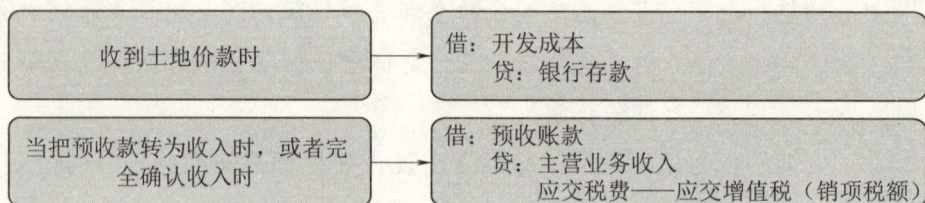

图 2-2　土地价款的增值税账务处理

2. 购买税控设备及服务费

（1）一般纳税人的处理。

按照《关于增值税税控系统专用设备和技术维护费用抵扣增值税税额有关政策的通知》（财税〔2012〕15 号）有关规定，增值税一般纳税人初次购买增值税税控系统专用设备支付的费用以及缴纳的技术维护费允许在增值税应纳税额中全额抵减的，应在"应交税费——应交增值税"科目下增设"减免税款"专栏，用于记录该企业按规定抵减的增值税应纳税额。会计处理如图 2-3 所示。

注意：①全额抵减的专用设备包括：金税卡、IC 卡、读卡器或金税盘和报税盘，不包括电脑、打印机等。全额递减的，不得再抵扣设备发票的进项税额，认证的要做进项税额转出处理。

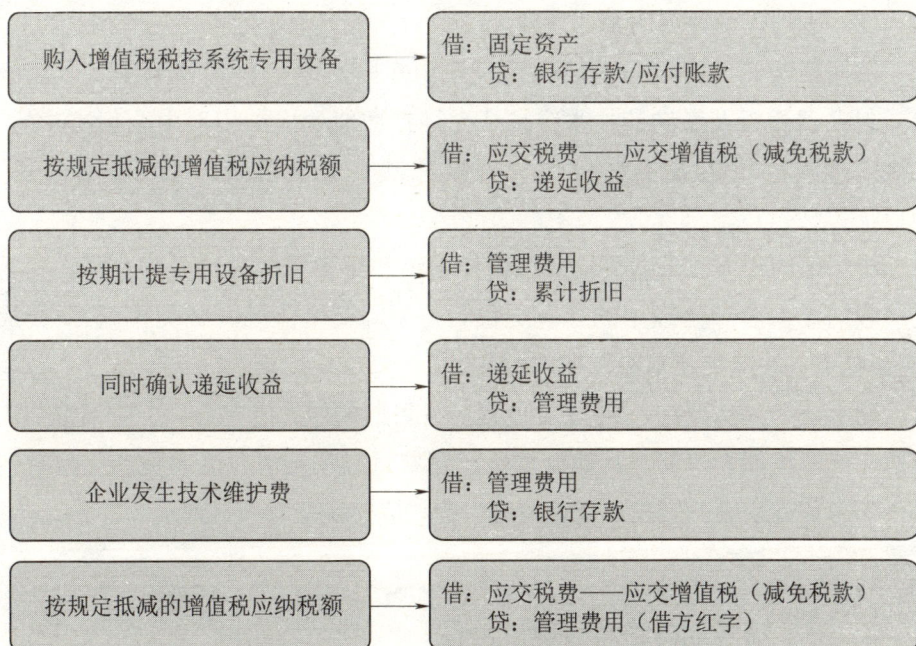

购入增值税税控系统专用设备	借：固定资产 　　贷：银行存款/应付账款
按规定抵减的增值税应纳税额	借：应交税费——应交增值税（减免税款） 　　贷：递延收益
按期计提专用设备折旧	借：管理费用 　　贷：累计折旧
同时确认递延收益	借：递延收益 　　贷：管理费用
企业发生技术维护费	借：管理费用 　　贷：银行存款
按规定抵减的增值税应纳税额	借：应交税费——应交增值税（减免税款） 　　贷：管理费用（借方红字）

图 2-3　购买税控设备及服务器的账务处理

②增值税纳税人非初次购买增值税税控系统专用设备支付的费用，由其自行负担，不得在增值税应纳税额中抵减。也就是非初次购买的，按照进项税额管理方式处理，认证专用发票且抵扣票面进项税额即可。

③如果企业打算一次性进费用，则可以按照非初次购买的方法处理，实务中也有按照发生技术维护费的方式处理的。

④企业发生技术维护费在以后年度都可以全额递减。

【例 2-1】申通公司是增值税一般纳税人，2016 年 6 月份缴纳 2016～2017 年度税控机技术维护费 5 460 元，账务处理如下：

（1）缴纳时。

借：管理费用　　　　　　　　　　　　　　　　　　5 460

　　贷：银行存款　　　　　　　　　　　　　　　　　　　5 460

（2）按规定抵减的增值税应纳税额。

借：应交税费——应交增值税（减免税款）　　　　　5 460

　　贷：管理费用　　　　　　　　　　　　　　　　　　　5 460

（2）小规模纳税人的会计处理。

按照税法有关规定，小规模纳税人初次购买增值税税控系统、专用设备支付的费用以及缴纳的技术维护费允许在增值税应纳税额中全额抵减的，按规定抵减的增值税应纳税额应直接冲减"应交税费——应交增值税"科目。

小规模纳税人有关购买增值税税控系统和维护费的会计处理相似，只是把一般纳税人会计处理中的"应交税费——应交增值税（减免税款）"换成"应交税费——应交增值税"即可。

期末，"应交税费——应交增值税"科目期末如为借方余额，应根据其流动性在资产负债表中的"其他流动资产"项目或"其他非流动资产"项目列示；如为贷方余额，应在资产负债表中的"应交税费"项目列示。

2.1.5 辅导期内进项税额的处理

辅导期一般纳税人应当在"应交税费"科目下增设"待抵扣进项税额"明细科目，核算尚未交叉稽核比对的专用发票抵扣联、海关进口增值税专用缴款书以及运输费用结算单据（以下简称增值税抵扣凭证）注明或者计算的进项税额。

（1）取得增值税抵扣凭证时，将支付或计算提取的增值税进项税额记入"应交税费——待抵扣进项税额"明细科目借方。

借：原材料等

应交税费——待抵扣进项税额

贷：银行存款等

（2）如果交叉稽核比对无误后。

借：应交税费——应交增值税（进项税额）

贷：应交税费——待抵扣进项税额

（3）如果经交叉稽核比对不符的增值税抵扣凭证，用红字冲销。

借：应交税费——待抵扣进项税额

贷：相关资产或成本费用科目

【例2-2】某企业是商品零售企业，2018年7月，该企业营业收入指标已经符合一般纳税人认定标准，经税务局批准，进入一般纳税人辅导期。当月采购商品收到 9 张增值税专用发票，不含税金额为 300 万元，进项税额为 48 万元，账务处理如下：

借：库存商品　　　　　　　　　　　　　　　　3 000 000

　　应交税费——应交增值税（进项税额）　　　480 000

　　贷：银行存款　　　　　　　　　　　　　　　　3 480 000

8 月份增值税纳税申报时，该企业销项税额为 39 万元。会计人员在申报抵扣了销项税额，致使 7 月份该企业增值税留抵进项税额 9 万元。

（1）取得增值税抵扣凭证时，将支付或计算提取的增值税进项税额记入"应交税费——待抵扣进项税额"明细科目借方。

借：库存商品　　　　　　　　　　　　　　　　3 000 000

　　应交税费——待抵扣进项税额　　　　　　　480 000

　　贷：银行存款　　　　　　　　　　　　　　　　3 480 000

（2）如果交叉稽核比对无误后。

借：应交税费——应交增值税（进项税额）　　480 000

　　贷：应交税费——待抵扣进项税额　　　　　　　480 000

（3）如果经交叉稽核比对不符的增值税抵扣凭证（实务要中红字冲销）。

借：应交税费——待抵扣进项税额　　　　　　480 000

　　贷：库存商品　　　　　　　　　　　　　　　　480 000

该企业 8 月份的调整分录。

（1）调整多抵扣的进项税额。

借：应交税费——待抵扣进项税额　　　　　　480 000

　　贷：应交税费——应交增值税（进项税额转出）　480 000

（2）把应交未交的增值税税额转入未交增值税。

借：应交税费——应交增值税（转出未交增值税）　480 000

　　贷：应交税费——未交增值税　　　　　　　　480 000

2.1.6　过渡期的期末留抵税额处理

根据全面"营改增"最新《试点实施办法试点》的规定：原增值税一般

纳税人兼有销售服务、无形资产或者不动产的，截止到纳入"营改增"试点之日前的增值税期末留抵税额，不得从销售服务、无形资产或者不动产的销项税额中抵扣。

试点地区兼有应税服务的原增值税一般纳税人，截止到开始试点当月月初的增值税留抵税额按照营业税改征增值税有关规定，不得从销售服务、无形资产或者不动产的销项税额中抵扣的，只能抵减营改增试点之后发生的、本次"营改增"前的相关业务产生的销项税额。企业应在"应交税费"科目下增设"增值税留抵税额"明细科目。期末，"应交税费——增值税留抵税额"科目余额应根据其流动性在资产负债表中的"其他流动资产"项目或"其他非流动资产"项目列示。

（1）开始试点当月月初，企业应按不得从应税服务的销项税额中抵扣的增值税留抵税额编制会计分录。

借：应交税费——增值税留抵税额

贷：应交税费——应交增值税（进项税额转出）

（2）待以后期间允许抵扣时，按允许抵扣的金额做会计分录如下。

借：应交税费——应交增值税（进项税额）

贷：应交税费——增值税留抵税额

【例 2-3】申通公司是增值税一般纳税人，2016 年 9 月 30 日发生一般货物及劳务销项税 840 万元，应税服务销项税 650 万元，认证相符的进项税 1 580 万元，未发生其他与增值税相关业务。

2016 年 10 月 8 日，该公司销售一项无形资产并开具增值税专用发票，销项税 1 820 万元，另外，2016 年 10 月 20 日购入建筑物作为办公楼用，认证相符的进项税 1 240 万元，本月未发生其他与增值税相关的业务。

2016 年 11 月 21 日销售商品产生增值税销项税 360 万元，购进原材料取得进项税额 190 万元，本月未发生其他与增值税相关的业务。

则该企业账务处理如下：

（1）10 月初，把上期留底税额转出，即 1 580－（840＋650）＝90（万元）

借：应交税费——增值税留抵税额　　　　　　　　　　900 000

贷：应交税费——应交增值税（进项税额转出）　　　900 000

（2）10 月份，当月产生的销售服务、无形资产或者不动产的税额做正常的购销处理，月底转出当月增值税税额，且不能抵扣上期留底进项税额，即

1 820－1 240＝580（万元）。

借：应交税费——应交增值税（转出未交增值税） 5 800 000

贷：应交税费——未交增值税 5 800 000

并于 11 月月初做会计分录：

借：应交税费——未交增值税 5 800 000

贷：银行存款 5 800 000

（3）11 月份，当月产生的购销业务，正常做账务处理，且可以抵扣 10 月份留底税额：190－90＝100（万元）。

借：应交税费——应交增值税（转出未交增值税） 1 000 000

贷：应交税费——未交增值税 1 000 000

并于 11 月月初，编制会计分录。

借：应交税费——未交增值税 5 800 000

贷：银行存款 5 800 000

2.1.7 预缴税款的核算

根据"财税〔2016〕36 号文"以及国家税务总局 2016 年 18 号公告，从纳税义务发生时间的角度，房地产企业在全面"营改增"时有一个重大利好就是在收到预收款时候，不确认纳税义务，但是一般纳税人应在取得预收款的次月纳税申报期向主管国税机关预缴 3％的税款。账务处理如图 2-4 所示。

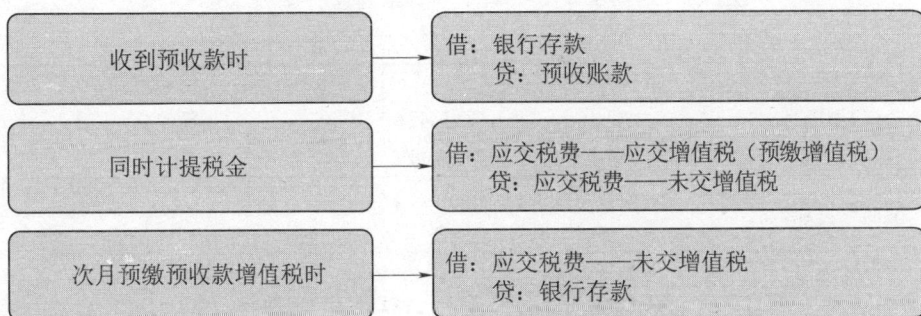

图 2-4 房地产行业预缴税款的账务处理

【例 2-4】房天下地产有限公司是增值税一般纳税人。2018 年 9 月 30 日，开工 A 商品房项目，该项目可售建筑面积共计 8 000 平方米，共计支付土地出让金 12 000 万元。

2018 年 10 月销售该项目 4 000 平方米,取得预收款 13 200 万元,其中 1 320 万元开具增值税普通发票,其余开具增值税专用发票,不考虑其他业务,企业决定采用一般计税方法核算 A 商品房项目。

1. 计算应纳税额

(1) 预收款预缴税额 = 预收款 ÷(1 + 适用税率或征收率)× 3% = 13 200 ÷(1 + 10%)× 3% = 360(万元)。

(2) 可抵减的土地价款 =(当期销售房地产项目建筑面积 ÷ 房地产项目可供销售建筑面积)× 支付的土地价款 =(4 000 ÷ 8 000)× 12 000 = 6 000(万元)。

(3) 由于开具发票,则确认当期销项税额 =(13 200 - 6 000)÷(1 + 10%)× 10% = 654.55(万元)。

(4) 当期确认的增值税应纳税额合计 =(销项税额 - 进项税额)- 预缴税款 =(654.55 - 0)- 360 = 294.55(万元)。

2. 增值税预缴报表的申报

在预缴时,应将预缴税款金额填入《增值税预缴税款表》,见表 2-5。房地产企业预售房产应填入第 2 项"销售不动产"一行。

第一列"销售额"填写收到的预收款 132 000 000,第二列"扣除金额"填 0,第三列"预征率"填 3%,第四列"预征税额"填预缴的税额填 3 600 000。

合计栏自动带出来。

表 2-5   **增值税预缴税款表**

税款所属时间:2018 年 10 月 1 日至 2018 年 10 月 31 日

纳税人识别号:328101400357612   是否适用一般计税方法:是 ☑   否 □

纳税人名称:(公章)房天下地产有限公司				金额单位:元(列至角分)	
项目编号		23545	项目名称	华清园小区	
项目地址		深圳市南山区北奇通路 33 号			
预征项目和栏次		销售额 1	扣除金额 2	预征率 3	预征税额 4
建筑服务	1				
销售不动产	2	132 000 000	0	3%	3 600 000
出租不动产	3				
	4				
合计	6	132 000 000		3%	3 600 000

2.1.8 增值税纳税申报表的填写

1. 填报纳税申报表附表一

以【例2-4】为例，将本期预收情况填入《增值税纳税申报表（一般纳税人适用)》附表一（本期销售情况明细），见表2-6。

（1）计算不含税销售额。

专用发票不含税金额＝（13 200－1 320）÷（1＋10％）＝10 800（万元）

普通发票不含税金额＝1 320÷（1＋10％）＝1 200（万元）

（2）销售情况主要在第4行填列。

第1步：在第4行"税率11％"的"开具增值税专用发票"下的"销售额"内填入不含税销售额108 000 000元；"销项（应纳）税额"内填入计算的销项税额10 800 000元。

注意，一般填入不含税额销售后，纳税申报系统会把销项税额自动计算出来，只需要做尾数调整，原则是1元以内可以不调整，但要保证和账上一致。

第2步：在第4行"税率10％"的"开具其他发票"下的"销售额"内填入不含税销售额12 000 000元；"销项（应纳）税额"内填入计算的销项税额1 320 000元。

以上数据填列之后，第4行第9列到11列，可以自动带出。

第3步：第4行第12列"服务、不动产和无形资产扣除项目本期实际扣除金额"填入60 000 000元，13列和14列自动带出，且14列"销项（应纳）税额"应该等于前面计算的6 545 500元。

注意，如果申报系统自己计算出来的数据，和企业账上不一致，在第14列可以进项尾数调整。有时候即便前面几列都进行了尾数调整，到第14列会有偏差，导致主表上应纳税额和账上对不上。

2. 填报增值税附列资料三（服务、不动产和无形资产扣除项目明细）

增值税附列资料三，见表2-7。

在第2行，"10％税率的项目"的相应栏次内填入相应数据：

第1列"本期服务、不动产和无形资产价税合计额（免税销售额）"等于附列资料（一）第11列第9b栏的金额，应为本期销售项目价税合计额132 000 000元；

表 2-6

增值税纳税申报表附列资料（一）

（本期销售情况明细）

税款所属时间：2018 年 10 月 1 日至 2018 年 10 月 31 日

纳税人名称：（公章）　　　　　　　　　　　　　　　　　　　　　金额单位：元至角分

项目及栏次		开具增值税专用发票		开具其他发票		未开具发票		纳税检查调整		合计			服务、不动产扣除项目	扣除后	
		销售额	销项（应纳）税额	销售额	销项（应纳）税额	销售额	销项（应纳）税额	销售额	销项（应纳）税额	销售额	销项（应纳）税额	价税合计	本期实际扣除金额	含税（免税）销售额	销项（应纳）税额
	栏次	1	2	3	4	5	6	7	8	$9=1+3+5+7$	$10=2+4+6+8$	$11=9+10$	12	$13=11-12$	$14=13\div(100\%+税率或征收率)\times税率或征收率$
16%税率的货物及加工修理修配	1														
16%税率的服务、不动产和无形资产	2														
10%税率	3														
10%税率	4	108 000 000	10 800 000	12 000 000	1 200 000					120 000 000	12 000 000	132 000 000	60 000 000	72 000 000	6 545 500
6%税率	5														
即征即退货物及加工修理修配	6														
即征即退服务、不动产和无形资产	7														
6%征收率	8														
5%征收率的货物及加工修理修配劳务	9a														
5%征收率的服务、不动产和无形	9b														
3%征收率	10														

第 2 列"期初余额"填入 0；

第 3 列"本期发生额"填入本期允许扣除的地价 60 000 000 元；

第 4 列"本期应扣除金额"填入 60 000 000 元；

第 5 列"本期实际扣除金额"应保证小于本期发生的销售额且小于应扣除金额，填入 60 000 000 元；

第 6 列"期末余额"填入 0。

注意，如果销售额较少，销售面积较大，可能会出现不足扣减的情况，则以负数填列。

表 2-7 　　　　　　　增值税纳税申报表附列资料（三）

（服务、不动产和无形资产扣除项目明细）

税款所属时间：2018 年 10 月 1 日至 2018 年 10 月 31 日

纳税人名称：（公章）　　　　　　　　　　　　　　　金额单位：元至角分

项目及栏次		本期服务、不动产和无形资产价税合计额（免税销售额）	服务、不动产和无形资产扣除项目				
			期初余额	本期发生额	本期应扣除金额	本期实际扣除金额	期末余额
		1	2	3	4=2+3	5 (5≤1且1≤4)	6=4-5
16% 税率的项目	1						
10% 税率的项目	2	132 000 000	0	60 000 000	60 000 000	6 000 000	0
6% 税率的项目（不含金融商品转让）	3						
6% 税率的金融商品转让项目	4						
5% 征收率的项目	5						
3% 征收率的项目	6						
免抵退税的项目	7						
免税的项目	8						
		1	2	3	4	5	6
		132 000 000	0	60 000 000	60 000 000	60 000 000	0

3. 填报增值税附列资料四（税额抵减情况表）

税额抵减情况应该在第 4 行"销售不动产预征缴纳税款"中填写。具体见表 2-8。

第 1 列"期初余额"填写 0；

第 2 列"本期发生额"填写计算出的本期预征税额 3 600 000 元；

第 3 栏"本期应抵减税额"填写期初余额与本期发生额之和 360 000 元；

第 4 栏"本期实际抵减税额"即填写 360 000 元。

注意，因为本期应纳税额为 6 545 500 元，大于 3 600 000 元，因此本期发生的应抵减税额可全额抵减，实务中，如果本期有其他进项税额，应纳税额有可能小于 6 545 500 元，甚至小于 3 600 000 元，那么，"本期实际抵减税额"就不是 3 600 000 元了，而是两者中的最小数。

第 5 栏"期末余额"填写 0。即为本期应抵减税额与实际抵减税额之差。

表 2-8 　　　　　　　　　增值税纳税申报表附列资料（四）
（税额抵减情况表）

税款所属时间：2018 年 10 月 1 日至 2018 年 10 月 31 日

纳税人名称：（公章）　　　　　　　　　　　　　　　　金额单位：元至角分

序号	抵减项目	期初余额	本期发生额	本期应抵减税额	本期实际抵减税额	期末余额
		1	2	3＝1＋2	4≤3	5＝3－4
1	增值税税控系统专用设备费及技术维护费					
2	分支机构预征缴纳税款					
3	建筑服务预征缴纳税款					
4	销售不动产预征缴纳税款	0	3 600 000	3 600 000	3 600 000	0
5	出租不动产预征缴纳税款					

4. 填报《增值税纳税申报表（一般纳税人适用）》主表

首先，主表第 11 行。"一般项目"下的"本月数"填写本期销项税额 6 545 500 元，该数与"附表一"第 4 行、14 列"销项（应纳）税额"数对应。

其次，在本期没有其他进项税额的情况下，第 19 行"应纳税额"内填写本期销项税额与进项税额之差 6 545 500 元，该数一般也会自动带出。

再次，第27行"本期已缴税额"、第28行"分次预缴税额"均填写预缴的税款金额3 600 000元。

第32栏"应纳税额合计"内填写应纳税额2 945 500元，该数一般也会自动带出。

在本期没有发生其他税款的情况下，第34栏"本期应补（退）税额"内填写应纳税额2 945 500元。具体填报见表2-9。

表2-9　　　　　《增值税纳税申报表（一般纳税人适用)》主表

项　目		栏　　次	一般项目	
			本月数	本年累计
销售额	（一）按适用税率计税销售额	1		
	其中：应税货物销售额	2		
	应税劳务销售额	3		
	纳税检查调整的销售额	4		
	（二）按简易办法计税销售额	5		
	其中：纳税检查调整的销售额	6		
	（三）免、抵、退办法出口销售额	7		
	（四）免税销售额	8		
	其中：免税货物销售额	9		
	免税劳务销售额	10		
税款计算	销项税额	11	6 545 500	
	进项税额	12		
	上期留抵税额	13		
	进项税额转出	14		
	免、抵、退应退税额	15		
	按适用税率计算的纳税检查应补缴税额	16		
	应抵扣税额合计	17＝12＋13－14－15＋16		——
	实际抵扣税额	18（如17＜11，则为17，否则为11）		
	应纳税额	19＝11－18	6 545 500	
	期末留抵税额	20＝17－18		
	简易计税办法计算的应纳税额	21		

项　目		栏　　次	一般项目	
			本月数	本年累计
税款计算	按简易计税办法计算的纳税检查应补缴税额	22		
	应纳税额减征额	23		
	应纳税额合计	24＝19＋21－23		
税款缴纳	期初未缴税额（多缴为负数）	25		
	实收出口开具专用缴款书退税额	26		
	本期已缴税额	27＝28＋29＋30＋31	3 600 000	
	①次预缴税额	28	3 600 000	——
	②出口开具专用缴款书预缴税额	29		——
	③本期缴纳上期应纳税额	30		
	④本期缴纳欠缴税额	31		
	期末未缴税额（多缴为负数）	32＝24＋25＋26－27	2 945 500	
	其中：欠缴税额（≥0）	33＝25＋26－27		——
	本期应补（退）税额	34＝24－28－29	2 945 500	——
	即征即退实际退税额	35		——
	期初未缴查补税额	36		
	本期入库查补税额	37		
	期末未缴查补税额	38＝16＋22＋36－37		

2.1.9　简易计税方法

首先，简易计税方法的适用对象主要有：

1　• 小规模纳税人销售服务、无形资产或者不动产

2　• 一般纳税人销售服务、无形资产或者不动产可选择简易计税方法计税的应税行为

简易计税方法的销售额不包括其应纳税额，按照下列公式计算销售额：

$$不含税销售额＝含税销售额÷（1＋征收率）$$

简易计税方法的**应纳税额**，是指按照销售额和增值税征收率计算的增值税额，不得抵扣进项税额。应纳税额计算公式：

$$应纳税额＝不含税销售额×征收率$$

【例 2-5】朝阳公司为小规模纳税人，当月购进原材料一批，价款 30 000 元，增值税 5 100 元。款项用银行存款支付。

另外，该企业当月销售产品一批，全部价款为 61 800 元，款项收到，存入银行。

不含税销售额＝61 800÷（1＋3％）＝60 000（元）

应纳税额＝60 000×3％＝1800（元）

(1) 购买原材料。

借：原材料	35 100	
贷：银行存款		35 100

(2) 销售产品。

借：银行存款	61 800	
贷：主营业务收入		60 000
应交税费——简易计税		1 800

2.2　土地增值税

土地增值税是对有偿转让国有土地使用权及地上建筑物和其他附着物产权，并取得增值性收入的单位和个人所征收的一种税。

1. 纳税义务人

土地增值税的纳税义务人为转让国有土地使用权、地上的建筑及其附着物（以下简称转让房地产）并取得收入的单位和个人。

单位包括各类企业、事业单位、国家机关和社会团体及其他组织。个人包括个体经营者。

2. 税率

土地增值税实行四级超率累进税率，见表 2-10。

表 2-10　　　　　　　　　　　　　最新土地增值税税率表

档次	级　　距	税率	速算扣除系数	税额计算公式	说　　明
1	增值额未超过扣除项目金额50％的部分	30％	0％	增值额30％	扣除项目指取得土地使用权所支付的金额；开发土地的成本、费用；新建房及配套设施的成本、费用或旧房及建筑物的评估价格；与转让房地产有关的税金；财政部规定的其他扣除项目
2	增值额超过扣除项目金额50％，未超过100％的部分	40％	5％	增值额40％－扣除项目金额5％	
3	增值额超过扣除项目金额100％，未超过200％的部分	50％	15％	增值额50％－扣除项目金额15％	
4	增值额超过扣除项目金额200％的部分	60％	35％	增值额60％－扣除项目金额35％	

3. 转让收入与法定扣除项目的确定

土地增值额计算公式：

$$土地增值额＝转让收入－法定扣除项目$$

收入额确定的情形如下：

1. 货币收入是指纳税人转让房地产而取得的现金、银行存款、支票、银行本票、汇票等各种信用票据和国库券、金融债券、企业债券、股票等有价证券

2. 实物收入是指纳税人转让房地产而取得的各种实物形态的收入，如存货、固定资产等

3. 其他收入是指纳税人转让房地产而取得的无形资产收入或具有财产价值的权利，如专利权、商标权、著作权、专有技术使用权、土地使用权、商誉权等

法定扣除项目的内容如下：

1. 取得土地使用权所支付的地价款和相应的手续费

2. 房地产开发成本，包括土地征用拆迁补偿费、前期工程费、建筑安装工程费、公共配套设施建设费、开发间接费等

3. 房地产开发费用，包括管理费用、财务费用、销售费用

4. 旧房或建筑物的评估价格。转让旧有房地产时，应按旧房或建筑物的评估价格计算扣除项目金额

5. 与转让房地产有关的税金，包括城乡维护建设税、教育费附加、印花税等

6. 财政部规定的其他扣除项目。对从事房地产开发的纳税人可按第1、2项之和的20％扣除

4. 应纳税额的计算

土地增值税计算的基本原理：

①以出售房地产的总收入减除扣除项目金额，求得增值额；

②再以增值额同扣除项目相比，其比值即为土地增值率；

③根据土地增值率的高低确定适用税率，用增值额和适用税率相乘，求得应纳税额。

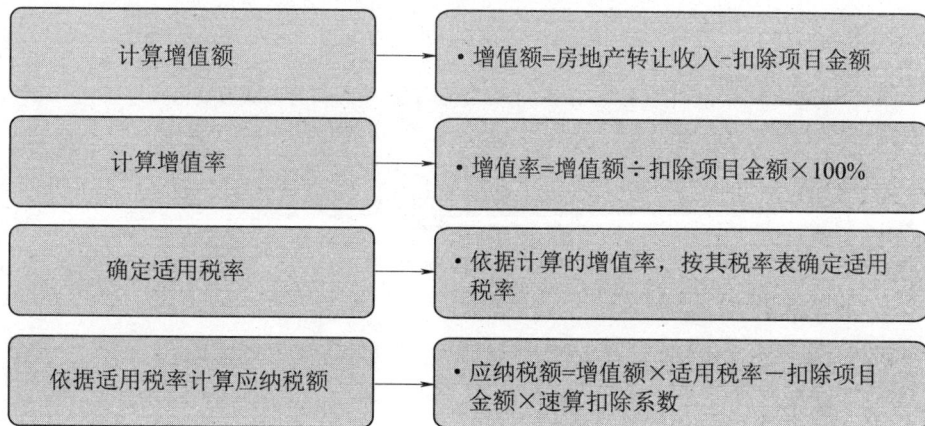

计算增值额	· 增值额=房地产转让收入-扣除项目金额
计算增值率	· 增值率=增值额÷扣除项目金额×100%
确定适用税率	· 依据计算的增值率，按其税率表确定适用税率
依据适用税率计算应纳税额	· 应纳税额=增值额×适用税率-扣除项目金额×速算扣除系数

2.3 房产税

房产税是以房屋为征税对象，以房屋的计税余值或租金收入为计税依据，向房屋产权所有人征收的一种财产税。

1. 征税范围

《房产税暂行条例》规定，房产税在城市、县城、建制镇和工矿区征收。

2. 房产税的纳税人

房产税以在征税范围内的房屋产权所有人为纳税人。

3. 适用税率

依据房产计税余值计税的，税率为 1.2%；依据房产租金收入计税的，税率为 12%。

2008 年 3 月 1 日起，对个人出租住房，不区分用途，按 4% 的税率征收房产税。

对企事业单位、社会团体以及其他组织按市场价格向个人出租用于居住的住房，减按 4% 的税率征收房产税。

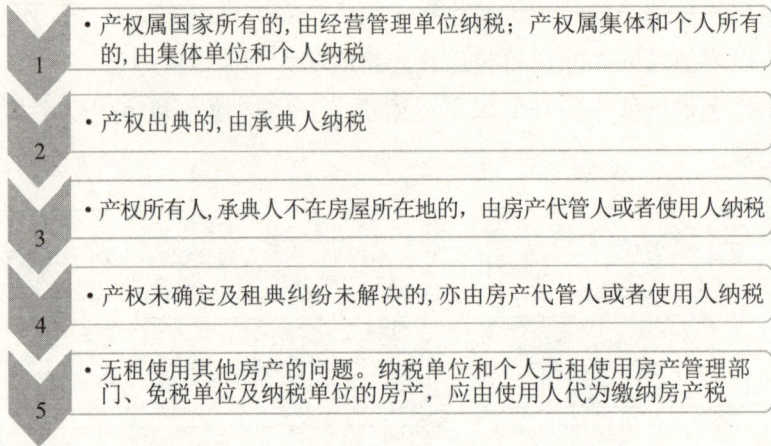

1	• 产权属国家所有的，由经营管理单位纳税；产权属集体和个人所有的，由集体单位和个人纳税
2	• 产权出典的，由承典人纳税
3	• 产权所有人，承典人不在房屋所在地的，由房产代管人或者使用人纳税
4	• 产权未确定及租典纠纷未解决的，亦由房产代管人或者使用人纳税
5	• 无租使用其他房产的问题。纳税单位和个人无租使用房产管理部门、免税单位及纳税单位的房产，应由使用人代为缴纳房产税

4. 应纳税额的计算

（1）对经营自用的房屋，以房产的计税余值作为计税依据。

所谓计税余值，是指依照税法规定按房产原值一次减除 10% 至 30% 的损耗价值以后的余额。

$$应纳税额＝应税房产原值×（1－原值减除比例）×1.2\%$$

（2）对于出租的房屋，以租金收入为计税依据。

$$应纳税额＝租金收入×12\%（或4\%）$$

2.4　城镇土地使用税

城镇土地使用税是以开征范围的土地为征税对象，以实际占用的土地面积为计税标准，按规定税额对拥有土地使用权的单位和个人征收的一种税。

1. 征税范围

城镇土地使用税的征税范围为城市、县城、建制镇和工矿区。不论是属于国家所有的土地，还是集体所有的土地，都属于城镇土地使用税的征税范围。

（1）征税范围不包括农村的土地。

（2）建立在城市、县城、建制镇和工矿区以外的工矿企业则不需要缴纳城镇土地使用税。

（3）自 2009 年 1 月 1 日起，公园、名胜古迹内的索道公司经营用地，应按规定缴纳城镇土地使用税。

2. 城镇土地使用税纳税人

凡在城市、县城、建制镇、工矿区范围内使用土地的单位和个人，为城镇土地使用税的纳税义务人。城镇土地使用税的纳税人通常包括以下几类。

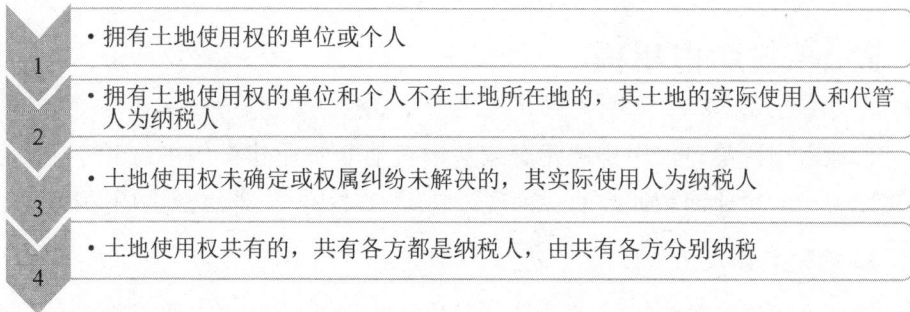

1 · 拥有土地使用权的单位或个人

2 · 拥有土地使用权的单位和个人不在土地所在地的，其土地的实际使用人和代管人为纳税人

3 · 土地使用权未确定或权属纠纷未解决的，其实际使用人为纳税人

4 · 土地使用权共有的，共有各方都是纳税人，由共有各方分别纳税

土地使用权共有的，以共有各方实际使用土地的面积占总面积的比例，分别计算缴纳城镇土地使用税。

3. 适用税额

城镇土地使用税采用定额税率，即采用有幅度的差别税额。

城镇土地使用税实行分级幅度税额，每平方米土地年税额规定如下：

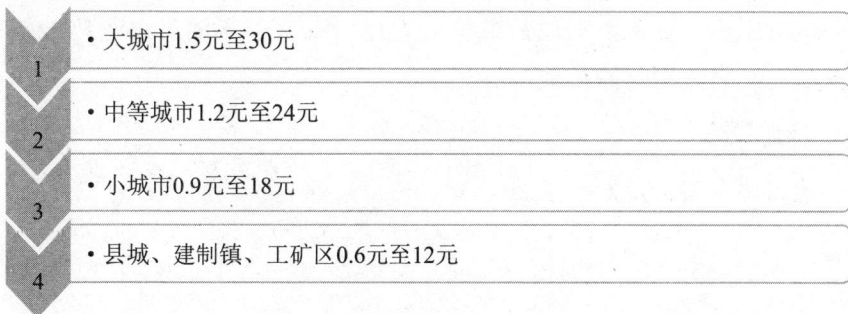

1 · 大城市1.5元至30元

2 · 中等城市1.2元至24元

3 · 小城市0.9元至18元

4 · 县城、建制镇、工矿区0.6元至12元

（注：人口在 50 万以上的为大城市；人口在 20 万～50 万之间为中等城市；人口在 20 万以下为小城市）

4. 计税依据

城镇土地使用税以纳税人实际占用的土地面积（平方米）为计税依据。

纳税人实际占用的土地面积，以房地产管理部门核发的土地使用证书与确认的土地面积为准；尚未核发土地使用证书的，应由纳税人据实申报土地面积，据以纳税，待核发土地使用证以后再作调整。

5. 应纳税额的计算

城镇土地使用税的应纳税额依据纳税人实际占用的土地面积和适用单位税额计算。

$$年应纳税额＝计税土地面积（平方米）×适用税额$$

2.5　耕地占用税

耕地占用税是对占用耕地建房或从事其他非农业建设的单位和个人，就其实际占用的耕地面积征收的一种税，它属于对特定土地资源占用课税。

1. 纳税义务人

耕地占用税的纳税义务人，是占用耕地建房或从事非农业建设的单位和个人。

所称单位，包括国有企业、集体企业、私营企业、股份制企业、外商投资企业、外国企业以及其他企业和事业单位、社会团体、国家机关、军队以及其他单位；所称个人，包括个体工商户以及其他个人。

2. 征税范围

耕地占用税的征税范围包括纳税人为建房或从事其他非农业建设而占用的国家所有和集体所有的耕地。

3. 适用税率

耕地占用税实行定额税率。

1	• 人均耕地不超过1亩的地区（以县级行政区域为单位，下同），每平方米10～50元
2	• 人均耕地超过1亩但不超过2亩的地区，每平方米为8～40元
3	• 人均耕地超过2亩但不超过3亩的地区，每平方米为6～30元
4	• 人均耕地超过3亩以上的地区，每平方米为5～25元

经济特区、经济技术开发区和经济发达、人均耕地特别少的地区，适用税额可以适当提高，但最多不得超过上述规定税额的50%

4.应纳税额计算

耕地占用税以纳税人实际占用的耕地面积为计税依据，以每平方米土地为计税单位，按适用的定额税率计税。

$$应纳税额＝实际占用耕地面积（平方米）×适用定额税率$$

2.6 契　　税

契税是以所有权发生转移变动的土地、房屋等不动产为征税对象，向产权承受的单位和个人一次性征收的一种财产税。是唯一从需求方进行调节的税种。

1.契税征税对象

契税是以在我国境内发生土地使用权、房屋所有权权属转移的行为作为征税对象，其征税范围如下。

国有土地使用权出让	• 是指土地使用者向国家交付土地使用权出让费用，国家将国有土地使用权在一定年限内让与土地使用者的行为
土地使用权转让	• 不包括农村集体土地承包经营权的转移
房屋买卖	• 即以货币为媒介，出卖者向购买者过渡房产所有权的交易行为
房屋赠与	• 房屋赠与应有书面合同（契约），并需办理登记过户手续
房屋交换	• 是指房屋所有者之间相互交换房屋的行为
企业间的投资行为	• 以土地、房屋权属抵债；以土地、房屋权属作价投资、入股；获奖方式承受土地、房屋权属；以预购方式或者预付集资建房款方式承受土地、房屋权属；承受国有土地使用权支付的土地出让金

（注：对承受国有土地使用权所应支付的土地出让金，要计征契税。不得因减免土地出让金而减免契税）

2. 纳税人

在中华人民共和国境内转移土地、房屋权属，承受的单位和个人为契税的纳税人。见表2-11。

表 2-11 契税与土地增值税的关系

具体情况	契税征税对象	土地增值税征税对象
国有土地使用权出让	是	不是
土地使用权的转让	是	是
房屋买卖	是	是
房屋赠与	是	一般不是，非公益赠与是
房屋交换	是（等价交换，免税）	是（个人交换居住房免税）

3. 税率

契税实行幅度比例税率，税率幅度为3%～5%。具体税率，由各省、自治区、直辖市人民政府在规定的幅度内，根据本地区的实际情况确定。

个人首次购买90平方米以下住房，从2008年11月1日起按1%税率征收契税。

4. 计税依据

契税的计税依据如下。

1. 土地使用权出售、房屋买卖，其计税依据为成交价格
2. 土地使用权赠与、房屋赠与，其计税依据由征收机关参照土地使用权出售、房屋买卖的市场价格核定
3. 土地使用权赠与、房屋赠与，其计税依据是所交换的土地使用权、房屋的价格差额
4. 出让国有土地使用权的，其契税计税价格为承受人为取得该土地使用权而支付的全部价款
5. 房屋买卖的契税计税价格为房屋买卖合同的总价款，买卖装修的房屋，装修费用应包括在内

应纳税额的计算公式：

$$应纳税额＝计税依据×税率$$

2.7 印花税

印花税是对经济活动和经济交往中书立、领受、使用的应税经济凭证的

单位和个人所征收的一种税。因纳税人主要是通过在应税凭证上粘贴印花税票来完成纳税义务，故名印花税。

1. 征税范围

现行印花税采取正列举的形式，只对《印花税暂行条例》列举的凭证征收，没有列举的凭证不征税。具体征税范围如下。

合同类	·购销合同、加工承揽合同、建设工程勘察设计合同、建筑安装工程承包合同、财产租赁合同、货物运输合同、仓储保管合同、借款合同、财产保险合同、技术合同
产权转移书据	·土地使用权出让合同、土地使用权转让合同、商品房销售合同
营业账簿	·日记账簿和其他明细分类账簿
权利、许可证照	·房屋产权证、工商营业执照、商标注册证、专利证、土地使用证

2. 纳税人

凡在我国境内书立、领受、使用应税凭证的单位和个人，都是印花税的纳税人。包括各类企业、事业、机关、团体、部队，以及中外合资经营企业、合作经营企业、外资企业、外国企业和其他经济组织及其在华机构等单位和个人。

3. 计税依据

印花税根据不同征税项目，分别实行从价计征和从量计征两种征收方法。见表2-12。

表 2-12 印花税的征收方法

计征方法	合同形式	计税依据
从价计征	各类经济合同	以合同上所记载的金额、收入或费用为计税依据
	产权转移书	以书据中所记载的金额为计税依据
	记载资金的营业账簿	以实收资本和资本公积的两项合计金额为计税依据
从量计征	无法确定计税金额的合同	可在签订时先按定额 5 元贴花，以后结算时再按实际金额计税，补贴印花

计征方法	合同形式	计税依据
从量计征	购销合同	采用以货换货方式进行商品交易签订的合同，以合同所载购、销金额合计数计税贴花。合同未列明金额的，应合同所载购、销数量，依照国家牌价或市场价格计算应纳税额
	加工承揽合同	①委托方提供主要材料或原料，受托方只提供辅助材料的加工合同，以辅助材料与加工费的合计数按加工承揽合同计税，委托方提供的主要材料或原料金额不计税。 ②受托方提供原料的加工、定做合同，凡合同中分别记载加工费金额和原材料金额的，分别按"加工承揽合同""购销合同"计税，两项税额合计为合同应贴印花；未分别记载的，应就全部金额按"加工承揽合同"计税
	货物运输合同	为取得的运输费金额（即运费收入），不包括所运货物的金额、装卸费和保险费等
	对国内各种形式的货物联运	①凡在起运地统一结算全程运费的，应以全程运费作为计税依据，由起运地运费结算双方缴纳印花税 ②凡分程结算运费的，应以分程的运费作为计税依据，分别由办理运费结算的各方缴纳印花税
	借款合同	①凡一项信贷业务既签订借款合同又一次或分次填开借据的，只就借款合同按所载借款金额计税贴花 ②凡只填开借据并作为合同使用的，应按照借据所载借款金额计税，在借据上贴花
	签订流动资金周转借款合同	应按合同规定的最高借款限额计税贴花。在限额内随借随还，不再签新合同的，不另贴印花
	借款方以财产作抵押，与贷款方签订的抵押借款合同	按"借款合同"计税贴花。因借款方无力偿还借款而将抵押财产转移给贷款方，应就双方书立的产权转移书据，按"产权转移书据"计税贴花
	银行及其他金融机构的融资租赁业务签订的融资租赁合同	据合同所载的租金总额暂按"借款合同"计税贴花
	借款方与银团"多头"签订借款合同的	借款方与贷款银团各方应分别在所执合同正本上按各自的借贷金额计税贴花
	按年度用款计划分年签订借款分合同	最后一年按总概算签订借款总合同，总合同的借款金额中包括各分合同的借款金额。对这类基建借款合同，应按分合同分别贴花，最后签订的总合同，只就借款总额扣除分合同借款金额后的余额计税贴花

4. 印花税税率

现行印花税采用比例税率和定额税率两种税率。

（1）比例税率。按比例税率征收的项目包括：各种合同及具有合同性质的凭证、记载资金的账簿和产权转移书据等。

适用比例税率的合同，见表 2-13。

表 2-13 比例税率表

合同类型	税率
财产租赁合同、仓储保管合同、财产保险合同	1‰
加工承揽合同、建设工程勘察设计合同、货物运输合同、产权转移书据	0.5‰
购销合同、建筑安装工程承包合同、技术合同	0.3‰
借款合同	0.05‰
股票买卖、继承、赠与	1‰
记载资金的账簿	0.25‰

● 注意：各省市不定时调整印花税率，以当地公布税率为准。

为了简化征管手续，对无法计算金额的凭证，或虽载有金额，但作为计税依据不合理的凭证，采用定额税率。其他营业账簿、权利许可证照采取按件规定固定税额。权利、许可证、营业账簿中的其他账簿，均为按件贴花，单位税额免征。

印花税应纳税额的计算

（1）按比例税率计算的。

$$应纳税额 = 应税凭证计税金额 \times 适用税率$$

（2）按定额税率计算的。

$$应纳税额 = 应税凭证件数 \times 定额税率$$

（3）营业账簿中记载资金的账簿，印花税应纳税额的计算公式。

$$应纳税额 = （实收资本 + 资本公积） \times 0.25‰$$

2.8 企业所得税

企业所得税，又称公司所得税或法人所得税，是国家对企业生产经营所得和其他所得征收的一种所得税。

2.8.1 企业所得税要素

税法规定，在中华人民共和国境内，企业和其他取得收入的组织（以下统称企业）为企业所得税的纳税人，依照企业所得税法的规定缴纳企业所得税。但个人独资企业、合伙企业不交企业所得税。

企业所得税的纳税人分为居民企业和非居民企业，各自承担不同的纳税义务。

1. 企业所得税的税率

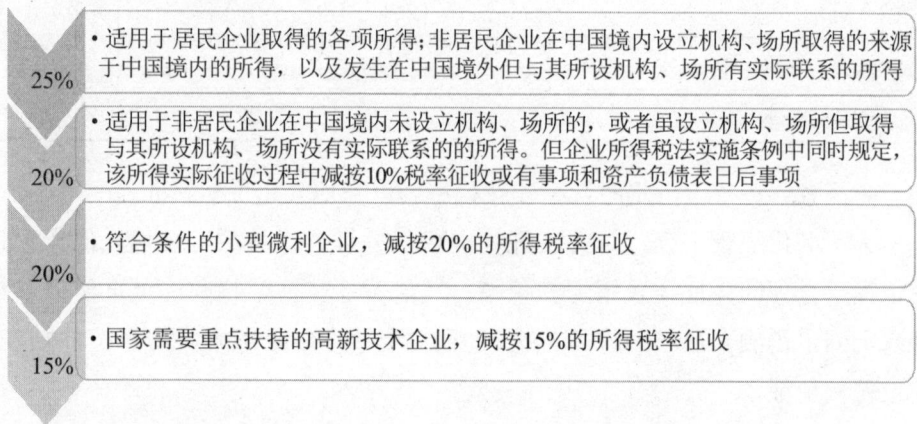

25% • 适用于居民企业取得的各项所得；非居民企业在中国境内设立机构、场所取得的来源于中国境内的所得，以及发生在中国境外但与其所设机构、场所有实际联系的所得

20% • 适用于非居民企业在中国境内未设立机构、场所的，或者虽设立机构、场所但取得与其所设机构、场所没有实际联系的的所得。但企业所得税法实施条例中同时规定，该所得实际征收过程中减按10%税率征收或有事项和资产负债表日后事项

20% • 符合条件的小型微利企业，减按20%的所得税率征收

15% • 国家需要重点扶持的高新技术企业，减按15%的所得税率征收

2. 企业所得税的应纳税所得额

企业所得税的计税依据是应纳税所得额，即指企业每一纳税年度的收入总额，减除不征税收入、免税收入、各项扣除以及允许弥补的以前年度亏损后的余额。如果计算出的数额小于零，为亏损。

2.8.2 收入的确定

1. 销售货物收入

除法律法规另有规定外，企业销售收入的确认，必须遵循权责发生制和实质重于形式原则。销售货物收入确认的时间如下。

托收承付	·办妥托收手续时确认收入
预收款	·在发出商品时确认收入
销售商品需要安装和检验	·在购买方接受商品以及安装和检验完毕时确认收入。如果安装程序比较简单，可在发出商品时确认收入
售后回购	·销售的商品按售价确认收入，回购的商品作为购进商品处理
以支付手续费方式委托代销	·在收到代销清单时确认收入
以旧换新	·销售商品应当按照收入确认条件，确认收入，回收的商品作为购进商品处理
商业折扣	·应当按照扣除商业折扣后的金额确定销售货物收入金额
销售折让	·应当在发生时冲减当期销售货物收入
销售退回	·应当在发生时冲减当期销售货物收入
有合同或协议价款的	·购货方已收或应收的确定销售货物收入金额
现金折扣	·应当按照扣除现金折扣前的金额确定销售货物收入金额。现金折扣在实际发生时计入当期损益

2. 提供劳务所得

提供劳务所得是指企业从事建筑安装、修理修配、交通运输、仓储租赁、金融保险、邮电通信、咨询经纪、文化体育、科学研究、技术服务、教育培训、餐饮住宿、中介代理、卫生保健、社区服务、旅游、娱乐、加工以及其他劳务服务活动取得的所得。

（1）收入时间的确认。

企业同时满足下列条件时，应确认提供劳务收入的实现。

- **1** · 收入的金额能够合理地计量

- **2** · 相关的经济利益能够流入企业

- **3** · 交易中发生的成本能够合理地计量

- **4** · 提供劳务交易超过一个纳税年度时，应当在纳税年度结束时按照提供劳务收入总额乘以完工进度扣除以前会计期间累计已确认提供劳务收入后的金额，确认当期提供劳务收入。

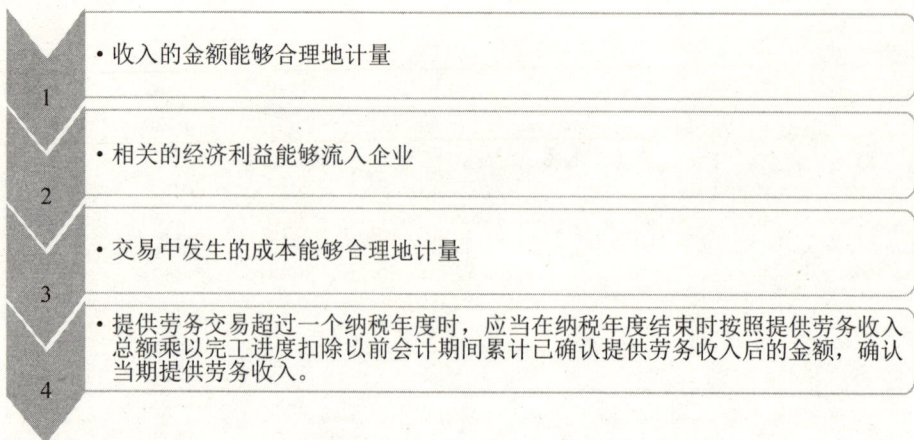

提供劳务收入确认的方法如下。

安装费	· 应根据安装完工进度确认收入。安装工作是商品销售附带条件的，安装费在确认商品销售实现时确认收入
宣传媒介的收费	· 应在相关广告或商业行为出现于公众面前时确认收入。广告的制作费，应根据制作广告的完工进度确认收入
服务费	· 包含在商品售价内可区分的服务费，再提供服务的期间分期确认收入
软件费	· 为特定客户开发软件的收费，应根据开发的完工进度确认收入
艺术表演、招待宴会和其他特殊活动	· 在相关活动发生时确认收入，收费涉及几项活动的，预收的款项应合理分配给每项活动，分别确认收入
转让财产收入	· 是指企业转让固定资产、投资性房地产、生物资产、无形资产、股权、债权等所取得的收入
股息、红利等权益性投资收益	· 按照被投资方作出利润分配决定的日期确认收入的实现
劳务费	· 长期为客户提供重复的劳务收取的劳务费，在相关劳务活动发生时确认收入
特许权费	· 属于提供设备和其他有形资产的特许权费，在交付资产或转移资产所有权时确认收入；属于提供初始及后续服务的特许权费，在提供服务时确认收入
会员费	· 申请入会或加入会员，只允许取得会籍，所有其他服务或商品要另行收费的，在取得会员费时确认收入
利息收入	· 包括存款利息、贷款利息、债券利息、欠款利息等收入。利息收入，按照合同约定的债务人应付利息的日期确认收入的实现

租金收入	• 按照合同约定的承租人应付租金的日期确认收入的实现
特许权使用费收入	• 按照合同约定的特许权使用人应付特许权使用费的日期确认收入的实现
接受捐赠收入	• 按照实际收到捐赠资产的日期确认收入的实现
其他收入	• 包括企业资产溢余收入、逾期未退包装物没收的押金、确实无法偿付的应付款项、企业已作坏账损失处理后又收回的应收账款、债务重组收入、补贴收入、教育费附加返还款、违约金收入、汇兑收益等

3. 不征税收入

不征税收入，是指从性质和根源上不属于企业营利性活动带来的经济利益、不负有纳税义务并不作为应税所得额组成部分的收入。见表 2-14。

表 2-14 不征税收入

财政拨款	是指各级政府对纳入预算管理的事业单位、社会团体等组织拨付的财政资金，但国务院和国务院财政、税务主管部门另有规定的除外
依法收取并纳入财政管理的行政事业性收费和政府性基金	行政事业性收费
	政府性基金

- -

2.8.3 准予扣除的项目

- -

1. 一般扣除项目

企业实际发生的与取得收入有关的、合理的支出，包括成本、费用、税金、损失和其他支出，准予在计算应纳税所得额时扣除。

税前扣除的确认原则：权责发生制原则、配比原则、相关性原则、确定性原则、合理性原则、资本性支出与收益性支出原则。见表 2-15。

表 2-15 准予扣除的项目

合理支出	内　　容
成本	是指建筑施工企业在生产经营活动中发生的工程成本、业务支出以及其他耗费
费用	是指企业在生产经营活动中发生的销售费用、管理费用和财务费用，已经计入成本的有关费用除外

合理支出	内　容
税金	是指企业发生的除企业所得税和允许抵扣的增值税以外的各项税金及其附加
损失	①企业发生的损失，减除责任人赔偿和保险赔款后的余额，依照国务院财政、税务主管部门的规定扣除。 ②企业已经作为损失处理的资产，在以后纳税年度又全部收回或者部分收回时，应当计入当期收入
捐赠	①只有公益性捐赠才能在企业所得税前扣除 ②非公益性捐赠不能在企业所得税前扣除 企业当期实际发生的公益性捐赠支出在年度利润总额 12％ 以内（含）的，准予扣除
工资	①企业实际发生的合理的职工工资薪金，准予在税前扣除。包括基本工资、奖金、津贴、补贴、年终加薪、加班工资，以及与任职或者受雇有关的其他支出。 ②企业按照国务院有关主管部门或省级人民政府规定的范围和标准为职工缴纳的基本医疗保险费、基本养老保险费、失业保险费、工伤保险费、生育保险费等基本社会保险费和住房公积金，准予税前扣除。 ③企业提取的年金，在国务院财政、税务主管部门规定的标准范围内，准予扣除。 ④企业为其投资者或雇员个人向商业保险机构投保的人寿保险、财产保险等商业保险，不得扣除。 ⑤企业按国家规定为特殊工种职工支付的法定人身安全保险费，准予扣除
职工福利费	企业发生的满足职工共同需要的集体生活、文化、体育等方面的职工福利费支出，不超过工资薪金总额 14％ 的部分，准予扣除
工会经费	企业拨缴的工会经费，不超过工资薪金总额 2％ 的部分，准予扣除
教育费附加	除国务院财政、税务主管部门另有规定外，企业实际发生的职工教育经费支出，在职工工资总额 2.5％（含）以内的，准予据实扣除。超过部分，准予在以后纳税年度结转扣除
业务招待费	企业实际发生的与经营活动有关的业务招待费，按实际发生额的 60％ 扣除，但最高不得超过当年销售（营业）收入额的 0.5％
广告费和业务宣传费	企业每一纳税年度实际发生的符合条件的广告支出，不超过当年销售（营业）收入 15％（含）的部分准予扣除，超过部分准予在以后年度结转扣除
利息支出	①企业为购置、建造固定资产、无形资产和经过 12 个月以上的建造才能达到预定可销售状态的存货而发生的借款，在有关资产购建期间发生的借款费用，应作为资本性支出计入有关资产的成本；有关资产竣工结算并交付使用后或达到预定可销售状态后发生的借款费用，可在发生当期扣除 ②企业发生的不需要资本化的借款费用，符合税法和本条例对利息水平限定条件的，准予扣除
环保等专项基金及费用的扣除	①专项资金支出 ②两类特别保险支出

税前不得扣除的项目如下。

1 • 向投资者支付的股息、红利等权益性投资收益款项

2 • 企业所得税税款

3 • 税收滞纳金

4 • 罚金、罚款和被没收财务的损失

5 • 不符合规定的捐赠支出

6 • 赞助支出

7 • 未经核定的准备金支出

8 • 与取得收入无关的其他支出

2.8.4 企业所得税的计算

我国计算企业所得税时，一般采用资产负债债务法。利润表中的所得税费用由两部分组成：当期所得税和递延所得税费用（或收益）。

1. 当期应交所得税

当期所得税应当以适用的税收法规为基础计算确定。

$$应交所得税＝应纳税所得额×所得税税率$$

$$应纳税所得额＝会计利润＋纳税调整增加额－纳税调整减少额＋境外应税所得弥补境内亏损－弥补以前年度亏损$$

$$当期所得税＝当期应交所得税＝应纳税所得额×适用税额－减免税额－抵免税额$$

2. 居民企业应纳税额的计算

（1）直接计算法。

$$应纳税所得额＝收入总额－不征税收入－免税收入－各项扣除金额－弥补亏损$$

（2）间接计算法。

$$应纳税所得额＝会计利润总额\pm纳税调整项目金额$$

2.9　个人所得税

建筑施工企业个人所得税涉及员工的工资、薪金所得，个体工商户的生产、经营所得，对企业、事业单位的承包经营、承租经营所得，劳务报酬所得，稿酬所得，特许权使用费所得，利息、股息、红利所得，财产租赁所得，财产转让所得，偶然所得，国务院财政部门确定征税的其他所得等。

1. 个人所得税征收范围

征收范围的法律界定如下：

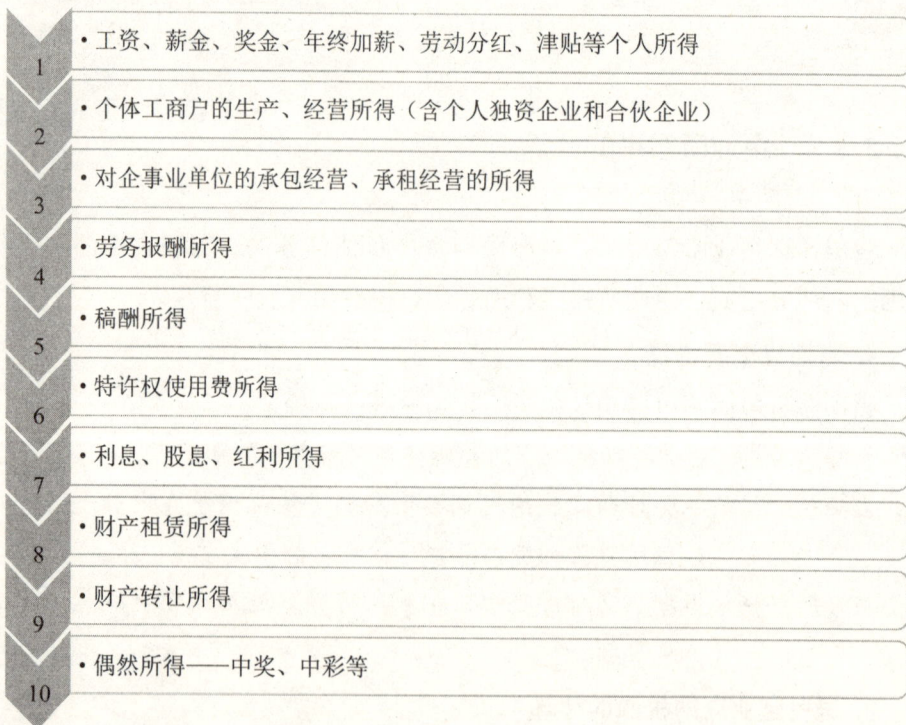

1. 工资、薪金、奖金、年终加薪、劳动分红、津贴等个人所得
2. 个体工商户的生产、经营所得（含个人独资企业和合伙企业）
3. 对企事业单位的承包经营、承租经营的所得
4. 劳务报酬所得
5. 稿酬所得
6. 特许权使用费所得
7. 利息、股息、红利所得
8. 财产租赁所得
9. 财产转让所得
10. 偶然所得——中奖、中彩等

允许税前扣除的项目如下：

1	• 以每月收入减除5 000元后的余额为应税所得
2	• 单位、个人缴付的"五险一金"允许扣除
3	• 独生子女补贴
4	• 执行公务员工资制度未纳入基本工资总额的补贴、津贴差额和家属成员的副食品补贴
5	• 托儿补助费
6	• 差旅费津贴、误餐补助
7	• 外籍人员每月减除5 000元，按月计征
8	• 差旅费津贴、误餐补助

2. 个人所得税税率

工资、薪金所得个人所得税税率表，见表 2-16

表 2-16　　　　　　　　　　工资、薪金所得个人所得税税率表

级数	每次应纳税所得额	税率（%）	速算扣除数
1	不超过 3 000 元部分	3	0
2	超过 3 000～12 000 元的部分（含 12 000）	10	210
3	超过 12 000～25 000 元的部分（含 25 000）	20	1 410
4	超过 25 000～35 000 元的部分（含 35 000）	25	2 660
5	超过 35 000～55 000 元的部分（含 55 000）	30	4 410
6	超过 55 000～80 000 元的部分（含 80 000）	35	7 160
7	超过 80 000 元部分	45	15 160

CHAPTER
THREE

第3章

房地产开发企业货币资金的核算

货币资金是指房地产开发企业生产经营过程中处于货币形态的流动资产。它可以充当价值尺度、交换媒介和支付手段，用于购买物资、支付各项费用和清偿债务。

货币资金按其分布与管理方式，主要包括库存现金、银行存款和其他货币资金等。

3.1 库存现金

3.1.1 房地产开发企业现金管理制度

（1）现金使用范围。

①职工工资、津贴；

②个人劳务报酬：根据国家规定颁发给个人的科学技术、文化艺术、体育等各种奖金；

③各种劳保、福利费用以及国家规定的对个人的其他支出；

④向个人收购农副产品和其他物资的价款；

⑤出差人员必须随身携带的差旅费；

⑥结算起点以下的零星支出；

⑦中国人民银行确定需要支付现金的其他支出（如抢险救灾）。

前款结算起点定为 1 000 元。结算起点的调整，由中国人民银行确定，报国务院备案。

（2）现金的限额。

一般按照单位 3～5 天日常零星开支所需确定。

（3）现金收支。

①现金收入应于当日送存银行，如当日送存银行确有困难，由银行确定送存时间。

②企业可以在现金使用范围内支付现金或从银行提取现金。

③企业从银行提取现金时，应当注明具体用途，并由财会部门负责签字盖章后，交开户银行审核后方可支取。

④企业不得坐支现金。

3.1.2 库存现金的账务处理

"库存现金"的科目编码为 1001，如果企业有外币业务，可设置二级科目或明细科目，二级科目代码长度一般分两级，如 100101、100102、100103 等。三级、四级直到十级，每一级都增设两位数字即可。企业可根据实际需要，设计级数。见表 3-1。

表 3-1 库存现金会计科目编码的设置

科目代码	总分类科目（一级科目）	明细分类科目	
		二级明细科目	三级明细科目
1001	库存现金		
100101	库存现金	人民币	
100102	库存现金	外币	
10010201	库存现金	外币	美元
10010202	库存现金	外币	日元

库存现金的账务处理，如图 3-1 所示。

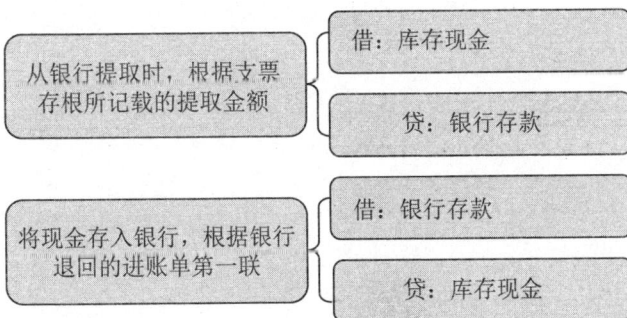

从银行提取时，根据支票存根所记载的提取金额
借：库存现金
贷：银行存款

将现金存入银行，根据银行退回的进账单第一联
借：银行存款
贷：库存现金

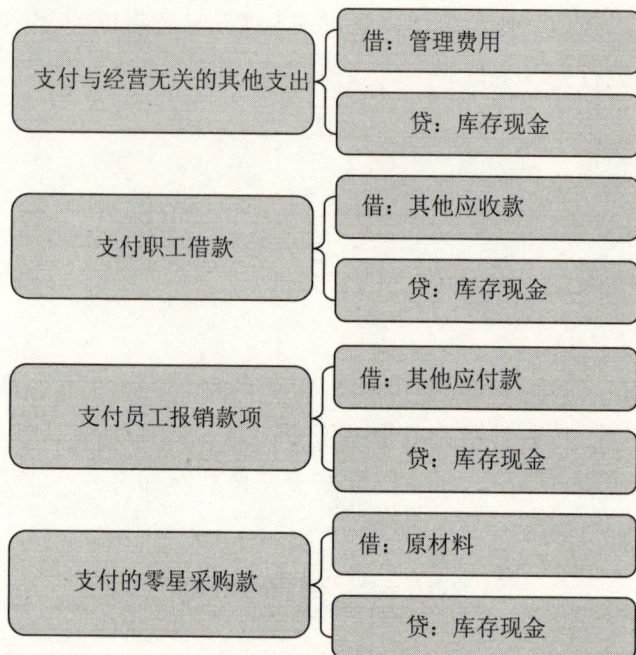

图 3-1 库存现金的账务处理

1. 企业日常提取现金账务处理实例

【例 3-1】2017 年 1 月 5 日，房天下地产有限公司签发支票从银行提取现金 150 000 元。如图 3-2 所示，账务处理如下。

借：库存现金   150 000
　　贷：银行存款   150 000

图 3-2 现金支票存根

1月7日，用现金145 000元，支付工资。

  借：应付职工薪酬   145 000

    贷：库存现金   145 000

2. 库存现金收入的账务处理实例

【例3-2】2017年1月10日，房天下地产有限公司收到乙公司零售货款1 890元，送存银行，企业应作如下账务处理。

  借：库存现金   1 890

    贷：应收账款——乙公司   1 890

  借：银行存款   1 890

    贷：库存现金   1 890

3. 库存现金支出账务处理实例

  库存现金支出是指企业在其生产经营和非生产经营业务中向外支付的库存现金。库存现金支出的核算以库存现金支出原始凭证为依据，分为外来原始凭证和自制原始凭证两部分。常见的库存现金支出原始凭证包括借据、工资结算单、报销单、差旅费报销单、领款收据等。

【例3-3】房天下地产有限公司1月现金支出情况如下。

（1）职工孙明出差预借差旅费5 000元，以库存现金支付。见表3-2。

  借：其他应收款——孙明   5 000

    贷：库存现金   5 000

表3-2   借款单

资金性质：现金

借款单位：孙明		
借款理由：出差		
借款数额：人民币（大写）伍仟元整		￥5 000.00
本单位领导人意见：周红		
主管领导意见：杨强	会计主管人员核批：魏青	付款记录：

  （2）以现金支付职工培训费2 000元。根据上述经济业务，企业应作如下账务处理。

  借：管理费用   2 000

    贷：库存现金   2 000

（3）用库存现金 1 000 元购买办公用品。

借：管理费用   1 000

    贷：库存现金   1 000

（4）收取职工田晓晓因过失造成的损失赔偿金 850 元。根据上述经济业务做如下账务处理。

借：库存现金   850

    贷：其他应收款——田晓晓   850

4. 期末，登记现金日记账

期末，登记现金日记账，见表 3-3。

表 3-3   现 金 日 记 账

2017年		凭证科目代码	摘要	对方科目	借方 千	百	十	万	千	百	十	元	角	分	贷方 千	百	十	万	千	百	十	元	角	分	余额 千	百	十	万	千	百	十	元	角	分
月	日																																	
1	1		期初余额																											4	0	0	0	0	0
1	5	略	提现支#0012	银行存款			1	5	0	0	0	0	0	0													1	5	4	0	0	0	0	0
1	5	略	支付职工工资	应付职工薪酬													1	4	5	0	0	0	0	0					9	0	0	0	0	0
1	10	略	收到销售货款	应收账款					1	8	9	0	0	0														1	0	8	9	0	0	0
1	10	略	孙明预借差旅费	其他应收款															5	0	0	0	0	0					5	8	9	0	0	0
1	15	略	销售款存入银行	银行存款															1	8	9	0	0	0					4	0	0	0	0	0
1	20	略	以现金支付职工培训费	管理费用															2	0	0	0	0	0					2	0	0	0	0	0
1	25	略	购买办公用品	管理费用															1	0	0	0	0	0					1	0	0	0	0	0
1	31	略	收取田晓晓的赔偿款	其他应收款						8	5	0	0	0															1	8	5	0	0	0
			本月合计				1	5	2	7	4	0	0	0			1	5	4	8	9	0	0	0					1	8	5	0	0	0

5. 库存现金清理的账务处理实例

企业在对库存现金进行盘点时，如发现账实不符，应及时进行账务处理。

库存现金盘点短缺的账务处理，如图 3-3 所示。

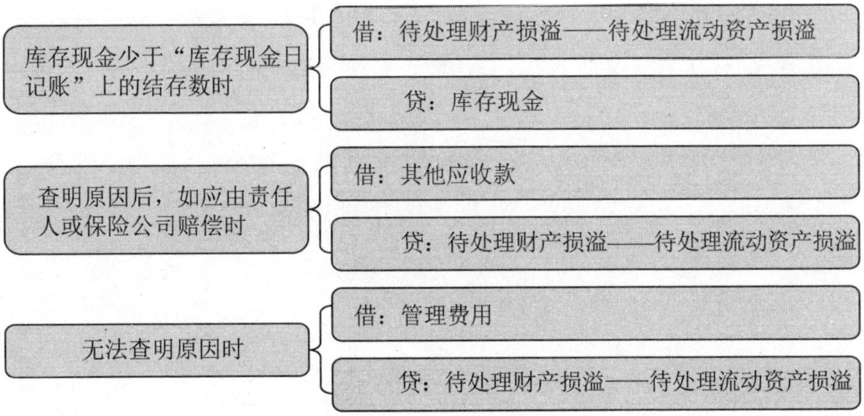

库存现金少于"库存现金日记账"上的结存数时	借：待处理财产损溢——待处理流动资产损溢
	贷：库存现金
查明原因后，如应由责任人或保险公司赔偿时	借：其他应收款
	贷：待处理财产损溢——待处理流动资产损溢
无法查明原因时	借：管理费用
	贷：待处理财产损溢——待处理流动资产损溢

图 3-3　库存现金盘点短缺的账务处理

【例 3-4】房天下地产有限公司 2017 年 1 月 31 日对库存现金盘点时，现金日记账账面余额为 3 700 元，实地盘点的库存现金金额为 3 600 元，造成库存现金短缺的原因有待进一步查明。

借：待处理财产损溢——待处理流动资产损溢　　　　　　　100

贷：库存现金　　　　　　　　　　　　　　　　　　　　　　100

如经查明，库存现金短缺的原因是由于出纳员的工作不认真造成的，出纳员江英当即赔偿了短缺款。

借：库存现金　　　　　　　　　　　　　　　　　　　　　100

贷：待处理财产损溢——待处理流动资产损溢　　　　　　　100

库存现金盘点溢余的账务处理，如图 3-4 所示。

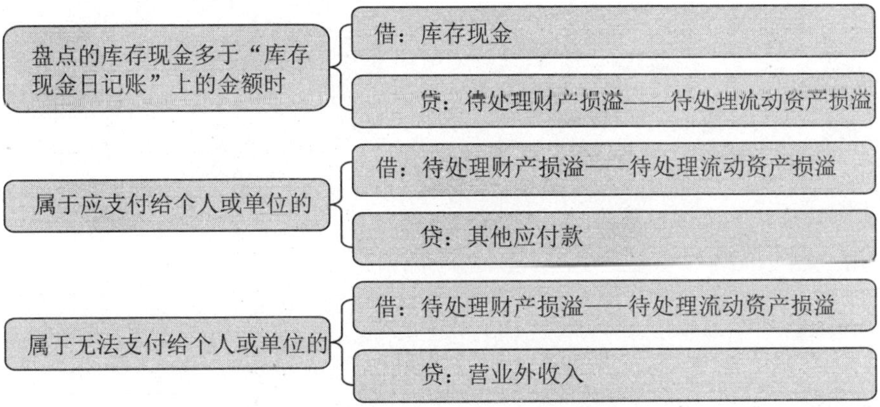

盘点的库存现金多于"库存现金日记账"上的金额时	借：库存现金
	贷：待处理财产损溢——待处理流动资产损溢
属于应支付给个人或单位的	借：待处理财产损溢——待处理流动资产损溢
	贷：其他应付款
属于无法支付给个人或单位的	借：待处理财产损溢——待处理流动资产损溢
	贷：营业外收入

图 3-4　库存现金盘点溢余的账务处理

【例3-5】2017年1月31日，房天下地产有限公司对库存现金盘点时，现金日记账账面余额为3 800元，实地盘点的库存现金金额为3 900元，造成库存现金比账上多出100元的原因有待进一步查明。

借：库存现金　　　　　　　　　　　　　　　　　100
　　贷：待处理财产损溢——待处理流动资产损溢　　　　　100

经核查后，没有发现造成库存现金溢余的原因，经批准，作为营业外收入处理。

借：待处理财产损溢——待处理流动资产损溢　　　100
　　贷：营业外收入　　　　　　　　　　　　　　　　100

3.2　银行存款

3.2.1　银行存款账户

银行存款是指企业存放在银行和其他金融机构的货币资金。按照国家现金管理和结算制度的规定，每个企业都要在银行开立账户，称为结算户存款，用来办理存款、取款和转账结算。银行存款账户分为基本存款账户、一般存款账户、临时存款账户和专用存款账户。见表3-4。

表3-4　　　　　　　　　　　　　　银行存款账户分类

分　类	定　义
基本存款账户	一个企业只能开立一个基本存款账户，是存款人办理日常转账结算和现金收付的账户。另外，企业的工资、奖金等现金的支取，只能通过基本存款账户办理
一般存款账户	是存款人因借款或其他结算需要，在基本存款账户开户银行以外的银行营业机构开立的银行结算账户。一般存款账户不得办理现金支取
临时存款账户	是企业因临时经营活动需要开立的账户，该账户按规定可以支取现金，最长不得超过两年
专用存款账户	是企业对特定用途的资金开设的账户，如基本建设基金、企业的社保基金账户、住房公积金账户都属于该类账户

3.2.2 银行存款账户的具体运用

1. 银行存款账户的设置

企业可根据实际业务的需要，设置明细科目。见表 3-5。

表 3-5   银行存款会计科目编码的设置

科目代码	总分类科目 （一级科目）	明细分类科目	
		二级明细科目	三级明细科目
1002	银行存款		
100201	银行存款	人民币	
10020101	银行存款	人民币	××银行
10020102	银行存款	人民币	××银行
10020103	银行存款	人民币	××银行

企业应当设置银行存款总账和银行存款日记账，分别进行银行存款的总分类核算和明细分类核算。企业可按开户银行和其他金融机构存款种类等设置"银行存款日记账"，根据收付款凭证，按照业务的发生顺序逐笔登记。每日终了，应结出余额，并对银行存款收支业务及时进行账务处理。为了反映和监督企业银行存款的收入、支出和结存情况，企业应当设置"银行存款"科目，借方登记企业银行存款的增加，贷方登记企业银行存款的减少，期末借方余额反映企业实际持有的银行存款的金额。

2. 支付的原则与要求

（1）主要支付工具。

我国目前使用的人民币非现金支付工具主要包括"三票一卡"结算方式。三票是指：汇票、本票和支票，一卡是指银行卡。

（2）办理支付结算的原则。

办理支付结算的原则如下：

① 恪守信用，履约付款原则。

②谁的钱进谁的账、由谁支配原则。银行在办理结算时，必须按照存款人的委托，将款项支付给其指定的收款人；对存款人的资金，除国家法律另有规定外，必须由其自由支配。

③银行不垫款原则。即银行在办理结算过程中，只负责办理结算当事人之间的款项划拨，不承担垫付任何款项的责任。

3. 银行存款的序时核算

企业应当设置"银行存款日记账"，根据收款凭证、付款凭证，按照业务发生顺序逐笔登记。每日终了，应当计算当日的银行存款收入合计额、支出合计额和结余额。月份终了，"银行存款日记账"的余额必须与"银行存款"总账的余额核对相符。

4. 银行存款的清查

月份终了，除了"银行存款日记账"的余额必须与"银行存款"总账的余额核对相符外，还必须将单位银行存款日记账与银行对账单核对，确定账实是否相符。

5. 银行存款的核对

"银行存款日记账"应与开户行的"银行对账单"进行逐笔明细核对和余额核对，每月至少核对一次。企业银行存款账面余额与银行对账单余额之间如有差异，企业应通过编制"银行存款余额调节表"调节相符。如没有记账错误，调节后的双方余额应相等。

"银行存款余额调节表"只是为了核对账目，不能作为调整银行存款账面余额的记账依据。

企业银行存款账面余额与银行对账单余额之间如果有差异，企业会计人员应当核对产生差异的具体原因，双方余额调平后方可结账。双方余额之间不一致的原因，是因为存在未达事项造成的。

发生未达事项的原因有以下四种：

（1）企业已收款入账，银行尚未收款入账：即企业已收，银行未收。（企业银行存款日记账大于银行对账单余额）。

（2）企业已付款入账，银行尚未付款入账：即企业已付，银行未付。（企业银行存款日记账小于银行对账单余额）。

（3）银行已收款入账，企业尚未收款入账：即银行已收，企业未收。（企业银行存款日记账小于银行对账单余额）。

（4）银行已付款入账，企业尚未付款入账：即银行已付，企业未付。（企业银行存款日记账大于银行对账单余额）。

【例3-6】1月31日，房天下地产有限公司银行存款日记账余额1 840 000元，银行对账单余额1 827 900元，经核对，发现以下未达账项：

（1）银行代企业支付本月电费7 500元，银行已记账，但企业因未收到银行付款通知而未记账；

（2）企业委托银行代收货款35 000元，银行已收到并登记入账，但企业因未收到银行收款通知而未记账；

（3）企业开出转账支票支付修理费5 400元，并已记账，但持票人尚未到银行办理转账手续，银行未记账；

（4）企业收到转账支票一张，货款45 000元，并已记账，但银行尚未入账。

计算结果见表3-6。

表3-6 　　　　　　　　　　　　　银行存款余额调节表 　　　　　　　　　单位：元

企业银行存款日记账	金额（元）	银行对账单	金额（元）
银行存款日记账余额	1 840 000	银行对账单余额	1 827 900
加：银行已收，企业未收	35 000	加：企业已收，银行未收	45 000
减：银行已付，企业未付	7 500	减：企业已付，银行未付	5 400
调节后的存款余额	1 867 500	调节后的存款余额	1 867 500

3.2.3 银行存款的核算

收款企业收到支票时，应填制进账单，连同收到的支票到银行办理收款手续后，以银行签章退回的进账单回单联及其他相关凭证，编制收款凭证，借记"银行存款"账户，贷记有关账户。

【例3-7】房天下地产有限公司为增值税一般纳税人，销售一批产品给唐山公司，收到转账支票。增值税专用发票上注明的售价为40 000元，增值税额为6 400元。已填制进账单，办妥有关收款手续，见表3-7。

借：银行存款　　　　　　　　　　　　　　　　　46 400
　　贷：主营业务收入　　　　　　　　　　　　　40 000
　　　　应交税费——应交增值税（销项税额）　　6 400

表 3-7
442016240

深圳增值税专用发票
记账联

No：0103456

开票日期：2018 年 5 月 9 日

购货单位	名称：唐山公司 统一社会信用代码：223234134954321 地址、电话：复兴北路 12 号 025－87651200 开户行及账号：中行复兴北路分理处 234180360019801			密码区	略		
货物或应税劳务名称 生产设备	规格型号	单位 台	数量 1	单价	金额 ¥40 000	税率（%） 16%	税额 ¥6 400
价税合计（大写）	⊗肆万陆仟肆佰元整				（小写）¥46 400		
销货单位	名称：房天下地产有限公司 统一社会信用代码：328101400357612 地址、电话：深圳市龙华新区观澜高新技术企业园 83571221 开户行及账号：深圳工商银行南山支行 62222001909234216734			备注			

收款人：吴诚　　复核：夏木　　开票人：王兰　　销货单位：

6. 银行存款付出的账务处理实例

付款企业开出支票时，根据支票存根和有关原始凭证（如收款人开出的收据或发票等），及时编制付款凭证，应借记有关账户，贷记"银行存款"账户。

【例 3-8】房天下地产有限公司为增值税一般纳税人，存货采用实际成本计价。该公司从兰洁材料公司购入原材料一批，增值税专用发票上注明的售价为 50 000 元，增值税额为 8 000 元，款项已用转账支票付讫，材料已验收入库。银行存款付款凭证，如图 3-5 所示。

借：原材料 50 000

　　应交税费——应交增值税（进项税额） 8 000

　　贷：银行存款 58 000

期末，登记银行存款日记账实例，见表 3-8。

中国工商银行

转账支票存根

Ⅳ V000046

科　　目：

对方科目：

出票日期 2018 年 5 月 12 日

| 收款人：兰洁材料公司 |
| 金　　额：58 000元 |
| 用　　途：购货款 |

单位主管 兰洁　　　　　会计 孙非

图 3-5　转账支票存根

表 3-8

银 行 存 款 日 记 账

2018年		凭证科目代码	摘　要	对方科目	借方										贷方										余额									
月	日				千	百	十	万	千	百	十	元	角	分	千	百	十	万	千	百	十	元	角	分	千	百	十	万	千	百	十	元	角	分
5	1		期初余额																							1	2	0	0	0	0	0	0
5	5	银收01	向唐山公司销售一批产品				4	6	4	0	0	0	0												1	6	6	4	0	0	0	0
5	30	银付204	购入原材料														5	8	0	0	0	0	0	0		1	0	8	4	0	0	0	0
5	31		本月合计				4	6	4	0	0	0	0				5	8	0	0	0	0	0	0		1	0	8	4	0	0	0	0

3.3　银行其他结算方式

3.3.1　汇兑

汇兑是汇款人委托银行将其款项支付给收款人的结算方式，包括信汇、电汇。

（1）单位和个人各种款项的结算，均可使用汇兑结算方式。

（2）汇款回单只能作为汇出银行受理汇款的依据，不能作为该笔汇款已转入收款人账户的证明。收账通知是银行将款项确已收入收款人账户的凭据。

（3）汇兑的撤销和退汇。

①汇款人对汇出银行尚未汇出的款项可以申请撤销。

②汇入银行对于收款人拒绝接受的汇款，应即办理退汇。汇入银行对于向收款人发出取款通知，经过 2 个月无法交付的汇款，应主动办理退汇。见表 3-9。

表 3-9　　　　　　　　　中国工商银行电汇凭证

委托日期：　　　年　　月　　日

汇款人	全　称			收款人	全　称												第二联给付款人
	账号或住址				账号或住址												
	汇出地点	市县	汇出行名称		汇出地点		市县	汇出行名称		千	百	十	万	千	百	十	元	角	分
金额	人民币（大写）																
支付密码				客户签章												
附加信息及用途：				录入　　　　复核												

3.3.2　托收承付

1. 结算起点

托收承付结算款项的每笔金额起点为 10 000 元，新华书店系统每笔的金额起点为 1 000 元。

2. 适用范围

（1）办理托收承付结算的款项必须是商品交易以及因商品交易而产生的劳务供应的款项；代销、寄销、赊销商品的款项不得办理托收承付结算。

（2）收付双方使用托收承付结算必须签有符合《合同法》规定的购销合同，并在合同上订明使用托收承付结算方式。

托收承付业务的基本流程如图 3-6 所示。

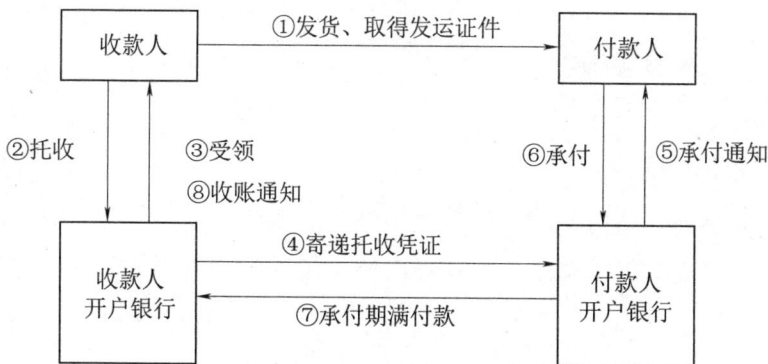

图 3-6　托收承付业务的基本流程

3. 承付期

（1）验单付款的承付期为 3 天，自付款人开户银行发出承付通知的次日起计算；

（2）验货付款的承付期为 10 天，自运输部门向付款人发出提货通知的次日起计算。

3.3.3　委托收款

1. 委托收款的概念

委托收款是收款人委托银行向付款人收取款项的结算方式。

2. 适用范围

单位和个人凭已承兑商业汇票、债券、存单等付款人债务证明办理款项的结算，均可以使用委托收款结算方式。委托收款在同城、异地均可以使用。

委托收款业务的基本流程如图 3-7 所示。

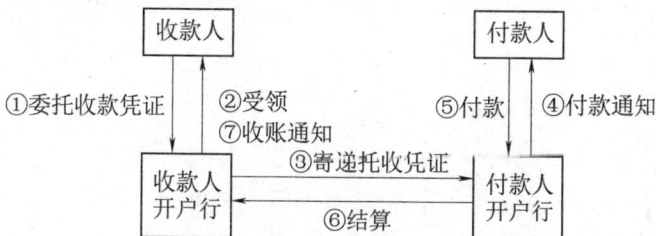

图 3-7　委托收款业务流程

3.3.4　国内信用证

1. 信用证的概念

国内信用证，是指开证银行依照申请人（购货方）的申请向受益人（销货方）开出一定金额、并在一定期限内凭信用证规定的单据支付款项的书面承诺。

2. 我国信用证为不可撤销、不可转让的跟单信用证

（1）不可撤销信用证，是指信用证开具后在有效期内，非经信用证各有关当事人（即开证银行、开证申请人和受益人）的同意，开证银行不得修改或者撤销的信用证。

（2）不可转让信用证是指受益人不能将信用证的权利转让给他人的信用证。

3. 信用证的限制

信用证结算方式只适用于国内企业之间商品交易产生的货款结算，并且只能用于转账结算，不得支取现金。

3.3.5　网上支付

1. 网上银行的概念

网上银行，包含两个层次的含义：一个是机构概念，指通过信息网络开办业务的银行；另一个是业务概念，指银行通过信息网络提供的金融服务，包括传统银行业务和因信息技术应用带来的新兴业务。网上银行界面如图 3-8 所示。

2. 网上银行的分类

按主要服务对象划分，企业网上银行和个人网上银行。

网上银行的主要功能：账户信息查询、支付指令、B2B 网上支付、批量支付。

图 3-8　工行企业网上银行

3.3.6　第三方支付

1. 第三方支付的业务定义

从狭义上讲，第三方支付是指具备一定实力和信誉保障的非银行机构，借助通信、计算机和信息安全技术，采用与各大银行签约的方式，在用户与银行支付结算系统间建立连接的电子支付模式。从广义上讲，第三方支付在中国人民银行《非金融机构支付服务管理办法》中是指非金融机构作为收、付款人的支付中介所提供的网络支付、预付卡发行与受理、银行卡收单以及中国人民银行确定的其他支付服务。

2. 第三方支付的种类

（1）线上支付方式。

线上支付是指通过互联网实现的用户和商户、商户和商户之间在线货币支付、资金清算、查询统计等过程。广义的线上支付包括直接使用网上银行进行的支付和通知第三方支付平台间接使用网上银行进行的支付。狭义的线上支付仅指通过第三方支付平台实现的互联网在线支付，包括网上支付和移动支付中的远程支付。

（2）线下支付方式。

线下支付区别于网上银行等线上支付，是指通过非互联网线上的方式对购买商品或服务所产生的费用进行资金支付行为。其中，订单的产生可能通过互联网线上完成。新兴线下支付的具体表现形式，包括 POS 机刷卡支付、拉卡拉等自助终端支付、电话支付、手机近端支付、电视支付等。

3. 第三方支付交易

在第三方支付模式下，支付者必须在第三方支付机构平台上开立账户，向第三方支付机构平台提供信用卡或账户信息，在账户中"充值"，通过支付平台将该账户中的虚拟资金划转到收款人账户，完成支付行为。

3.4　其他货币资金

1. 其他货币资金的内容

其他货币资金是指企业除库存现金、银行存款以外的各种货币资金，主要包括银行汇票存款、银行本票存款、信用卡存款、信用证保证金存款、存出投资款和外埠存款等。

其他货币资金科目设置，见表 3-10。

表 3-10 　　　　　　　　　其他货币资金会计科目编码的设置

科目代码	总分类科目 （一级科目）	明细分类科目	
		二级明细科目	三级明细科目
1012	其他货币资金		
101201	其他货币资金	外埠存款	××银行
101202	其他货币资金	银行本票	××银行
101203	其他货币资金	银行汇票	××银行
101204	其他货币资金	信用卡存款	××银行
101205	其他货币资金	信用证	××银行
101206	其他货币资金	存出投资款	××银行

2. 其他货币资金的账务处理

为了反映和监督其他货币资金的收支和结存情况，企业应当设置"其他货币资金"科目，借方登记其他货币资金的增加数，贷方登记其他货币资金的减少数，期末余额在借方，反映企业实际持有的其他货币资金。本科目应按其他货币资金的种类设置明细科目进行核算。

（1）银行汇票存款账务处理，如图 3-9 所示。

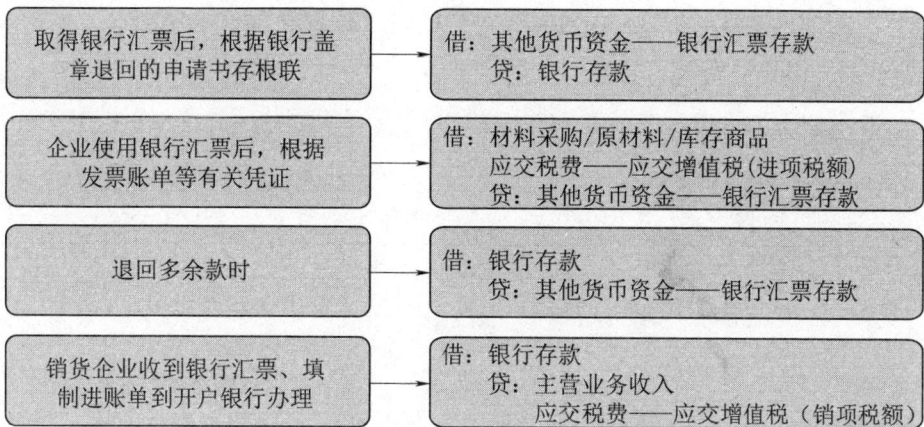

图 3-9　银行汇票的账务处理

【例 3-9】房天下地产有限公司为取得向乙工厂购货的银行汇票，将款项9 600元从银行账户转作银行汇票存款。购入材料已经验收入库，价款8 000元、增值税额1 280元用银行汇票办理结算。银行汇票多余款320元由签发银行退交企业。银行汇票申请书见表3-11。

表 3-11

中国工商银行

银行汇票申请书（存根）　　1

申请日期：2018 年 5 月 9 日　　　　　　　　　　　　　　　NO.00000021

银行打印																	
申请人	业务类型	□电汇□信汇☑汇票申请书□本票申请书□其他			汇款方式	☑普通□加急											
	全称	房天下地产有限公司		收款人	全称	乙工厂											
	账号或地址	62222001909234216734			账号或地址	0200001909235467890											
	开户行名称	深圳工商银行南山支行			开户行名称	上海汇丰银行南京路支行											
	开户银行	工商银行			开户银行	汇丰银行											

金额（大写）人民币	⊗玖仟陆佰元整	千	百	十	万	千	百	十	元	角	分
					¥	9	6	0	0	0	0

支付密码	＊＊＊＊＊＊	上列款项及相关费用请从我账户内支付
申请人签章		南山支行 2018.5.9 付讫
用途	购货款	申请人签章 陈丽
附加信息及用途		

①取得银行汇票后，根据银行盖章退回的申请书存根联时，会计分录为：

借：其他货币资金——银行汇票存款　　　　　　　　　9 600

　　贷：银行存款　　　　　　　　　　　　　　　　　　　　　9 600

②企业使用银行汇票后，根据发票账单等有关凭证，会计分录为：

借：原材料　　　　　　　　　　　　　　　　　　　　8 000

　　应交税费——应交增值税（进项税额）　　　　　　1 280

　　贷：其他货币资金——银行汇票存款　　　　　　　　　　9 280

③退回多余款时，会计分录为：

借：银行存款　　　　　　　　　　　　　　　　　　　320

　　贷：其他货币资金——银行汇票存款　　　　　　　　　　320

（2）银行本票存款。

银行本票分为不定额本票和定额本票两种。定额本票面额为 1 000 元、5 000 元、10 000 元和 50 000 元。

申请人使用银行本票，应向银行填写"银行本票申请书"。申请人或收款人为单位的，不得申请签发现金银行本票。出票银行受理银行本票申请书，收妥款项后签发银行本票，在本票上签章后交给申请人。应根据银行签章退回的"银行本票申请书"存根联编制付款凭证。申请人应将银行本票交付给本票上记载的收款人。

收款人可以将银行本票背书转让给被背书人。银行本票的提示付款期限自出票日起最长不得超过两个月。在有效付款期内，银行见票付款。持票人超过付款期限提示付款的，银行不予受理。账务处理如图 3-10 所示。

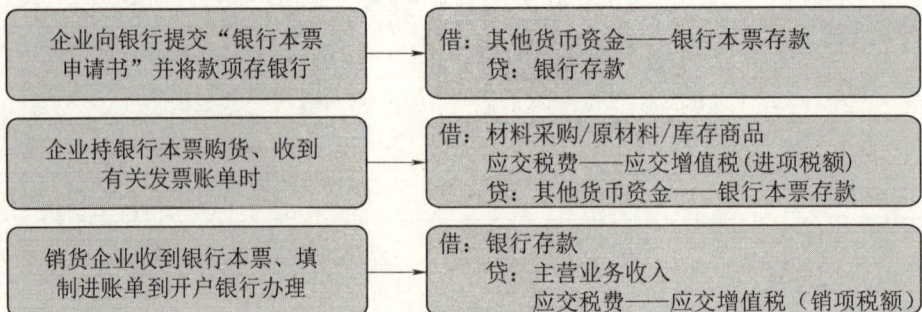

企业向银行提交"银行本票申请书"并将款项存银行	→	借：其他货币资金——银行本票存款 　　贷：银行存款
企业持银行本票购货、收到有关发票账单时	→	借：材料采购/原材料/库存商品 　　应交税费——应交增值税(进项税额) 　　贷：其他货币资金——银行本票存款
销货企业收到银行本票、填制进账单到开户银行办理	→	借：银行存款 　　贷：主营业务收入 　　　　应交税费——应交增值税（销项税额）

图 3-10　银行本票存款账务处理

（3）信用卡存款账务处理，如图 3-11 所示。

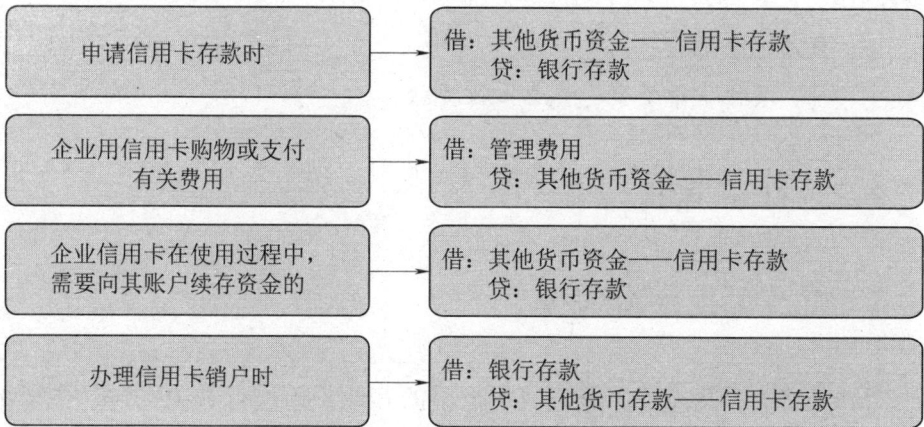

申请信用卡存款时	借：其他货币资金——信用卡存款 贷：银行存款
企业用信用卡购物或支付 有关费用	借：管理费用 贷：其他货币资金——信用卡存款
企业信用卡在使用过程中， 需要向其账户续存资金的	借：其他货币资金——信用卡存款 贷：银行存款
办理信用卡销户时	借：银行存款 贷：其他货币存款——信用卡存款

图 3-11　信用卡存款账务处理

【例 3-10】房天下地产有限公司向浦发银行申请领用信用卡，按要求于 3 月 5 日向银行交存备用金 50 000 元。3 月 10 日使用信用卡支付 2 月份水电费 7 000 元。编制会计分录为：

借：其他货币资金——信用卡存款　　　　　　　　　50 000

　　贷：银行存款　　　　　　　　　　　　　　　　　　50 000

借：管理费用　　　　　　　　　　　　　　　　　7 000

　　贷：其他货币资金——信用卡存款　　　　　　　　　7 000

（4）存出投资款账务处理，如图 3-12 所示。

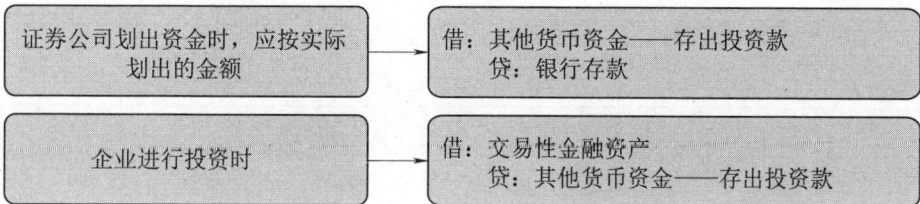

证券公司划出资金时，应按实际 划出的金额	借：其他货币资金——存出投资款 贷：银行存款
企业进行投资时	借：交易性金融资产 贷：其他货币资金——存出投资款

图 3-12　存出投资款账务处理

【例 3-11】房天下地产有限公司委托某证券公司从上海证券交易所购入深发展公司股票，开立证券资金账户并存入资金 550 000 元。

借：其他货币资金——存出投资款　　　　　　　　550 000

　　贷：银行存款　　　　　　　　　　　　　　　　　550 000

该证券公司从深圳证券交易所购入深发展股票 70 000 股（假设价值为 440 000 元），并将其划分为交易性金融资产。

借：交易性金融资产   440 000

  贷：其他货币资金——存出投资款   440 000

3.5 外币业务

3.5.1 外币业务账户设置

外币业务，是指企业以非记账本位币的其他货币进行款项支付、往来结算和计价的经济业务。外币业务的账务处理有外币统账制和外币分账制两种方法。

（1）外币统账制又称为本币记账法，是指企业发生外币业务时，必须及时折算为记账本位币记账，并以此编制会计报表的制度。一般建筑施工企业发生外币业务笔数不多时，可以采用外汇统账制。

（2）外币分账制又称原币记账法，是指企业对外币业务在日常核算时按照外币原币进行记账，分别不同的外币币种核算其所实现的损益，编制各种货币币种的会计报表，在资产负债表日一次性将外币会计报表折算为记账本位币表示的会计报表，并与记账本位币业务编制的会计报表汇总编制整个企业一定会计期间的会计报表的制度。

为了进行外币核算，应设置外汇货币性项目的核算账户，见表3-12。

表 3-12   外币账户的设置

账户种类	具体设置
外汇货币资金账户	库存现金——外币现金、银行存款——外汇存款
外汇结算的债权账户	应收账款——应收外汇账款、应收票据——应收外汇票据、预付账款——预付外汇账款
外汇结算的债务账户	长（短）期借款——长（短）期外汇借款、应付账款——应付外汇账款、应付票据——应付外汇票据、预收账款——预收外汇账款

3.5.2 外币业务核算

1. 外币兑换交易

外币兑换是银行对客户提供的一项柜台服务，包括买入外币、卖出外币和一种外币兑换成另一种外币。主要为客户提供将外汇兑换成人民币或其他外币的服务。目前银行可兑换的币种有：英镑、港币、美元、瑞士法郎、新加坡元、瑞典克朗、挪威克朗、日元、丹麦克朗、加拿大元、澳大利亚元、欧元、菲律宾比索、泰国铢、韩国元、澳门元等。

【例3-12】房天下地产有限公司从银行购入20万美元，当日银行卖出价为1美元=6.69元人民币，账务处理如下。

借：银行存款——美元（200 000×6.69）　　　　　1 338 000

　　贷：银行存款——人民币（实际支付金额）　　　　　1 338 000

（1）购买外汇时，见表3-13、表3-14。

2. 外币购销交易

企业从国外或境外购进存货、引进设备或者以外币结算购货款，应按照交易日的即期汇率或即期汇率近似的汇率将外币折算为人民币金额，以确定购进物资的入账价值，同时还应按照外币折算为人民币金额登记支付的款项形成的债务等有关外币账户。

企业承包国外或境外建安工程项目或者以外币结算合同价款，则应按照交易日的即期汇率或即期汇率近似的汇率，将外币合同收入折算为人民币金额，登记取得的款项或发生的债权等有关外币账户。

【例3-13】房天下地产有限公司从境外购入一台施工设备，设备价款和境外运费共计200万美元，货款未付；关税及境内运费共5万元人民币，已用银行存款支付。当日市场汇率为1美元=6.77元人民币。账务处理如下：

借：固定资产　　　　　　　　　　　　　　　　　13 590 000

　　贷：应付账款——美元（原币×当日市场汇率）（2 000 000×6.77）

　　　　　　　　　　　　　　　　　　　　　　　13 540 000

　　　　银行存款——人民币　　　　　　　　　　　　50 000

表 3-13   购买外汇申请书

深圳工商银行南山支行分/支行：

我司现按国家外汇管理局有关规定向贵行提出购汇申请，并随附有关凭证，请审核并按当日牌价办理售汇。

单位 姓名	房天下地产有限 责任公司		人民币账户		62222001909234216734	
			外汇账户		02322568567	
购汇金额 （大小写）	美元贰拾万元整 200 000	当日汇率	1：6.69	折合人民币 （大小写）	壹佰叁拾叁万捌仟元整 1 338 000	
购汇 支付方式	☑支票　□银行汇票　□银行本票 □扣账　□其他					
购汇用途	☑进口商品　□从属费用　□索赔退款　□还贷　其他					
对外结算方式	☑信用证　□代收　□汇款　（□货到付款　□预付货款）					
业务 参考	商品名称		略	数量		略
	合同号		略	发票号		略
	合同金额		略	发票金额		略
	核销单号		略	信用证号		略
进口商品 类型	☑一般进口商品 □控制，批文随附如下： □进口证明　□许可证　□登记证明　□其他批文 批文号码：　　　　　　　　　　　　批文有效期：					
	申请人栏			银行专用栏		
	申请单位：房天下地产有限公司 （盖章） 联系人：陈丽 电话：83571221 2017 年 1 月 25 日			银行审批意见：同意 经办：李旭 复核：杨敏 审批：李兰 2017 年 1 月 25 日		

3. 外币借款交易

外币借款交易，即企业从银行或其他金融机构取得外币借款以及归还借款的业务。企业借入外币资金时，按照借入外币时的即期汇率折算为记账本位币入账，同时按照借入外币的金额登记相关的外币账户。

表 3-14

外汇会计账簿（结售汇、套汇）

机构号码：091076535　　　　日期：2017 年 1 月 27 日

<table>
<tr><td colspan="3">业务编号</td><td colspan="2">业务类型</td><td colspan="2">售汇</td><td>起息日</td></tr>
<tr><td rowspan="4">借方或付款单位</td><td>名称</td><td colspan="2">房天下地产有限公司</td><td rowspan="4">贷方或收款单位</td><td>名称</td><td colspan="2">汇出汇款</td></tr>
<tr><td>账号</td><td colspan="2">62222001909234216734</td><td>账号</td><td colspan="2"></td></tr>
<tr><td>币种与金额</td><td colspan="2">CNY：1 338 000</td><td>币种与金额</td><td colspan="2">USD 200 000</td></tr>
<tr><td>汇率/利率</td><td>6.69</td><td>开户行</td><td>汇率/利率</td><td colspan="2">6.69</td></tr>
<tr><td colspan="3">收汇金额</td><td colspan="2">发票号</td><td colspan="2">挂销单号</td><td></td></tr>
<tr><td>交易摘要</td><td colspan="4">购汇 USD 200 000</td><td colspan="3">深圳工商银行南山支行
2017.1.27
业务清讫</td></tr>
</table>

交易代码　　　授权　　　复核　　王楠　　　经办　　葛蓉

【例 3-14】房天下地产有限公司以业务发生日为即期汇率作为记账汇率。从银行借入 24 万美元，当日即期汇率为 1 美元＝6.76 元人民币。见表 3-15、3-16，账务处理如下。

借：银行存款——美元（240 000×6.76）　　　　1 622 400

贷：短期借款——美元　　　　　　　　　　　　　　1 622 400

表 3-15

中国工商银行外币借款凭证（借据）1

总字第（　　）号
字第　　　号

信银贷字第　　号　　　　　　2017 年 1 月 15 日

<table>
<tr><td colspan="4">借款人全称</td><td colspan="4">房天下地产有限公司</td><td colspan="2">贷款户账号</td><td colspan="11">62222001909234216734</td></tr>
<tr><td colspan="4">贷款种类</td><td colspan="2">短期借款</td><td>利率</td><td>年 6%</td><td colspan="2">存款户账号</td><td colspan="11">02322568567</td></tr>
<tr><td colspan="4" rowspan="2">贷款金额</td><td colspan="4" rowspan="2">美元
（大写）贰拾肆万元整</td><td>千</td><td>百</td><td>十</td><td>万</td><td>千</td><td>百</td><td>十</td><td>元</td><td>角</td><td>分</td></tr>
<tr><td colspan="2">$</td><td>2</td><td>4</td><td>0</td><td>0</td><td>0</td><td>0</td><td>0</td><td>0</td></tr>
<tr><td colspan="4">借款原因或用途</td><td colspan="4">设备款</td><td colspan="2">约定还款期</td><td colspan="11">2017 年 4 月 14 日</td></tr>
<tr><td colspan="10">根据你的贷款方法，借到上列贷款，特立借据存查。
借款人盖章
（预留银行印鉴）</td><td colspan="11">信贷部门审批意见：
　会计分录：
　（借）　　　　
（贷）　　　
会计：　　　记账：</td></tr>
</table>

表 3-16　　　　　　　　　**中国工商银行进账单**（回单或收账通知）

进账日期：2017 年 1 月 17 日

第××号

<table>
<tr><td rowspan="3">收款人</td><td>全称</td><td>房天下地产有限公司</td><td rowspan="3">付款人</td><td>全称</td><td colspan="9">深圳工商银行南山支行</td><td rowspan="9">联给收款人的收账通知</td></tr>
<tr><td>账号</td><td>62222001909234216734</td><td>账号</td><td colspan="9"></td></tr>
<tr><td>开户银行</td><td>工商银行</td><td>开户银行</td><td colspan="9"></td></tr>
<tr><td colspan="3" rowspan="2">美元（大写）：⊗贰拾肆万元整</td><td></td><td>千</td><td>百</td><td>十</td><td>万</td><td>千</td><td>百</td><td>十</td><td>元</td><td>角</td></tr>
<tr><td></td><td>$</td><td>2</td><td>4</td><td>0</td><td>0</td><td>0</td><td>0</td><td>0</td><td>0</td></tr>
<tr><td>票据种类</td><td></td><td colspan="10" rowspan="2">收款人开户银行盖章
深圳工商银行南山支行
2015.1.17
业务清讫</td></tr>
<tr><td>票据张数</td><td></td></tr>
<tr><td colspan="3">主管　会计　复核　记账</td><td colspan="10"></td></tr>
</table>

4. 接受外币资本投资

接受外币资本投资，即所有者以外币作为资本投入企业的业务。企业收到所有者以外币投入的资本，无论是否有合同约定汇率，均不得采用合同约定汇率和即期汇率的近似汇率折算，而是采用交易日即期汇率折算，外币投入资本不会产生汇兑差额。

【例 3-15】某中外合资经营企业采用人民币作为记账本位币，外币业务采用交易发生日的即期汇率折算。该企业注册资本为 400 万美元，合同约定分两次投入，约定折算汇率为 1∶6.79。中、外投资者分别于 2017 年 1 月 1 日和 3 月 1 日投入 400 万美元和 200 万美元。2017 年 1 月 1 日、3 月 1 日、3 月 31 日和 12 月 31 日，美元对人民币的汇率分别为 1∶6.69、1∶6.70、1∶6.67 和 1∶6.68。账务处理如下：

借：银行存款——美元（4 000 000×6.69＋2 000 000×6.70）

　　　　　　　　　　　　　　　　　　　　40 160 000

　　贷：实收资本——美元　　　　　　　　40 160 000

5. 期末外币项目余额的会计处理

（1）对于外币货币性项目，应当采用资产负债表日的即期汇率折算，因汇率波动而产生的汇兑差额作为财务费用，计入当期损益，同时调增或调减外币货币性项目的记账本位币金额。

【例 3-16】房天下有限公司外币业务采用业务发生时的即期汇率进行折

算，按月计算汇兑损益。5 月 20 日对外销售产品发生应收账款 500 万欧元，当日的市场汇率为 1 欧元＝10.30 元人民币。5 月 31 日的市场汇率为 1 欧元＝10.28 元人民币；6 月 1 日的市场汇率为 1 欧元＝10.32 元人民币；6 月 30 日的市场汇率为 1 欧元＝10.35 元人民币。7 月 10 日收到该应收账款，当日市场汇率为 1 欧元＝10.34 元人民币。

借：财务费用 [500×（10.35－10.28）] 350 000

    贷：银行存款——欧元 350 000

（2）非货币性项目，是指存货、长期股权投资、固定资产、无形资产、实收资本、资本公积等。

对于以历史成本计量的外币非货币性项目，除其外币币值发生变动外，已在交易发生日即期汇率折算，资产负债表日不应改变其原记账本位币金额，不产生汇总差额。例如，实收资本。

由于存货在资产负债表日采用成本与可变现净值孰低计量，因此在以外币购入存货并且该存货在资产负债表日的可变现净值以外币反映的情况下，在计提存货跌价准备时应当考虑汇率变动的影响。

【例 3-17】房天下有限公司以人民币为记账本位币，外币业务采用交易发生时的即期汇率结算。2016 年 11 月 20 日，以每台 1 000 美元的价格从美国某供货商手中购入国际最新型号 H 商品 10 台，并于当日以美元支付了相应货款。2016 年 12 月 31 日，已售出 H 商品 2 台，国内市场仍无 H 商品供应，但 H 商品在国际市场价格已降至每台 950 美元。11 月 20 日的即期汇率为 1 美元＝6.85 元人民币，12 月 31 日的即期汇率为 1 美元＝6.79 元人民币。假定不考虑增值税等相关税费。

2016 年 12 月 31 日，房天下有限公司应计提的存货跌价准备＝1 000×8×6.85－950×8×6.79＝3 196（元）

借：资产减值损失 3 196

    贷：存货跌价准备 3 196

CHAPTER
FOUR

第4章

房地产开发企业设立和获取土地阶段

本章详细讲解企业设立阶段涉及的账务处理及获取土地阶段涉及的各种税费。

设立房地产开发企业是从事房地产开发经营与运作的前提，应符合《公司法》的规定。同时根据《城市房地产开发经营管理条例》的规定，房地产开发企业需要申请办理相应的房地产开发经营资质。

4.1 房地产开发企业设立

4.1.1 实收资本出资方式

《公司法》第二十七条规定，股东可以用货币出资，也可以用实物、知识产权、土地使用权等可以用货币估价并可以依法转让的非货币财产作价出资；但是，法律、行政法规规定不得作为出资的财产除外。

对作为出资的非货币财产应当评估作价，核实财产，不得高估或者低估作价。法律、行政法规对评估作价有规定的，从其规定。

对于实收资本的确认，企业应按照企业章程、合同、协议或有关规定，根据实际收到的货币、实物及无形资产来确认投入资本。具体的确认方式及注意事项，见表4-1。

表 4-1   实收资本的确认方式及注意事项

投资方式	确认方式	备　注
以货币投资的	根据收款凭证加以确认与验证	对于外方投资者的外汇投资，应取得利润来源地外汇管理局的证明
以房屋建筑物、机器设备、材料物资等实物资产作价出资的	应以各项有关凭证为依据进行确认，并应进行实物清点、实地勘察以核实有关投资	房屋、建筑物应具备产权证明

投资方式	确认方式	备　注
以专利权、专有技术、商标权、土地使用权等无形资产作价出资的	应以各项有关凭证及文件资料作为确认与验证的依据	外方合营者出资的工业产权与专有技术，必须符合规定的条件

房地产开发企业应设置"实收资本"科目，核算投资者投入资本的增减变动情况。股份有限公司应设置"股本"科目，核算公司实际发行股票的面值总额。

1. 投资人以货币出资

投资人以货币出资，需要在工商行政管理部门办理的事项：工商登记办理完公司名称预约；开立临时账户（房地产企业收到投资人投入的货币资金才能存入这个临时账户）；验资、办理完营业执照；刻章、开立基本存款账户。

【例 4-1】甲公司出资设立房天下地产有限公司，公司注册资本为 5 000 万元。2016 年 10 月 15 日，房天下地产有限公司如期收到投资款项。见表 4-2、表 4-3。

表 4-2　　　　　　　　　　　中国银行进账单（回单或收账通知）

进账日期：　　2016 年 10 月 15 日　　　　　　　第××号

收款人	全　称	房天下地产有限公司	付款人	全　称	甲公司
	账　号	62222001909234216734		账　号	62222001909234214365
	开户银行	深圳工商银行南山支行		开户银行	深圳农业银行龙岗支行

人民币（大写）：⊗伍仟万元整	万	千	百	拾	万	千	百	十	元	角	分
	¥	5	0	0	0	0	0	0	0	0	0

票据种类	转账支票	收款人开户银行盖章（略）

表 4-3　　　　　　　　　　　　　　　　出资证明

出资证明

　　根据深圳瑞信会计师事务所注册会计师蓝天、李原 2016 年 10 月 5 日签署的【瑞信】字第 17 号验资报告，甲公司与房天下地产有限公司依照合同一次性缴付注册资本人民币伍仟万元整（¥50 000 000.00），截至 10 月 15 日已全部缴足，出资方式为货币资金。

（甲公司 财务专用章）

（房天下地产有限公司 财务专用章）

投资方（盖章）　　　　　　　　　　　　　　受资方（盖章）
2016 年 10 月 15 日　　　　　　　　　　　　2016 年 10 月 15 日

房天下地产有限公司依据银行进账单作以下账务处理：

借：银行存款——临时户头   50 000 000

    贷：实收资本——房天下   50 000 000

2. 投资人以非货币资产出资

投资人以非货币资产出资，就稍微复杂一些。因为我国一般实行登记制，对于法律法规规定需要办理过户登记才能算作财产权转移的，如果违反规定未及时办理过户登记，即使非货币财产已实际交付给公司使用，仍将视为投资方未履行相应的出资义务。

实际操作中，一般是按分期出资的方式，先以货币资金出资成立公司，之后在短期内办理土地使用权、房产等非货币资产转移手续，然后再办理验资手续。

3. 公司增加注册资本

企业创立后的一段时间，如果确实表现出不俗的增长潜力，会不断有新的投资人想要进来，增资扩股。新进投资人投入的资金（资产），在会计处理上一般是实收资本＋资本公积。

注意：在公司成立后，后来加入的股东，应该要比公司成立时的股东多支付一部分钱，才可以得到与在公司成立时的股东一样的持股比例。就像炒股，如果一只股票进入上升通道，"抄底进场"的人肯定要比"中段进场"的人，持股成本低、利润空间大。新进入一家企业的股东，作为后知后觉者，要得到与以前股东相同的持股比例，当然要多付出一些钱，后来的股东多付出的那部分钱，就是资本溢价，记入"资本公积"。

【例4-2】飞天房地产有限公司由甲公司、乙公司共同投资设立，原注册资本为5 000万元。甲公司、乙公司分别出资2 600万元、2 400万元。2016年10月20日，丙公司加入飞天房地产有限公司，投入土地使用权作价2 000万元，经协商，丙公司持股比例为16.67％，投资后的注册资本为6 000万元。甲公司于12月10日办妥土地使用权过户手续。飞天房地产有限公司将土地使用权作为储备土地用于开发住宅核算。

丙公司投入的作价2 000万元的土地使用权，只有1 000万元转入注册资本，换得（6 000－5 000）/6 000×100％≈16.67％的股权，另外1 000万元作为资本溢价，记入"资本公积"。飞天地产有限公司应作以下财务处理：

借：开发成本——土地征用及拆迁补偿费　　　　　　20 000 000

　　贷：实收资本——丙公司　　　　　　　　　　　　　　10 000 000

　　　　资本公积——资本溢价　　　　　　　　　　　　　10 000 000

需要注意的是：（1）"资本公积"的用途本就是转增资本，但是，转为"实收资本"要做工商变更登记；

（2）"资本公积"转增资本，只要董事会同意就可以到工商局办理工商变更登记；

（3）办理工商变更登记时，按照工商局要求，一般需要提交董事会决议，修改公司章程，会计师事务所验资报告等相关资料，只要把资料准备齐全，就可以办理了。

4.1.2　开办费的核算

房地产开发企业在筹建期间发生的开办费，包括人员工资、办公费、培训费、差旅费、印刷费、注册登记费以及不计入固定资产成本的借款费用等。

筹建期间为从企业开始筹建之日起至取得营业执照之日的期间。开办费在实际发生时，依据相关原始凭证，借记"管理费用——开办费"，贷记"银行存款"等科目。

【例4-3】2016年10月10日，飞天房地产有限公司支付设立验资费用14 500元。在验资费用实际发生时，飞天房地产有限公司应依据银行转账凭证和验资发票作以下账务处理：

借：管理费用——开办费　　　　　　　　　　　　　14 500

　　贷：银行存款　　　　　　　　　　　　　　　　　　14 500

4.1.3　设立阶段的税务处理

房地产企业设立阶段涉及的税收主要有印花税和契税。

1. 印花税

（1）营业账簿。记载资金的账簿按照实收资本加上资本公积的合计金额

0.25‰在账簿启用时贴花（代表账簿已经交过定额印花税）；其他账簿在启用时免征印花税。

（2）权利许可证照。房产证、土地证、营业执照，免征印花税。

（3）土地使用权转让合同。对于以土地使用权投资入股的，根据土地使用权转让合同上的产权转移数据征收印花税，按照合同记载金额的 0.5‰贴花。

2. 契税

房企设立阶段，如果接受出资人土地使用权等不动产出资的，出资企业按照成交价格的 3%～5%缴纳契税。

房地产企业发生的印花税和契税，一般不通过"应交税费"科目进行核算，印花税在实际缴纳时直接计入"税金及附加"，契税发生时视土地使用权的用途计入不同的会计科目。

【例 4-4】2016 年 11 月，飞天房地产有限公司购买印花税票 6 000 元。缴纳土地入股时的契税 20 万元。见表 4-4。

飞天房地产有限公司应作如下会计处理：

借：税金及附加　　　　　　　　　　　　　　　　　6 000

　　开发成本——土地征用及拆迁补偿费——契税　　200 000

　　贷：银行存款　　　　　　　　　　　　　　　　206 000

表 4-4　　　　　　　　　　　工商银行电子缴税付款凭证

转账日期：2016 年 12 月 5 日　　　　　　凭证字号：2133095729432

付款人全称	飞天房地产有限公司	征收机关名称	地方税务局
付款人账号	62222001909234216734	收款国库名称	平安中心支库
付款人开户银行	深圳工商银行南山支行	小写（合计）金额	￥206 000
缴款书交易流水号	433642—843	大写（合计）金额	贰拾万零陆仟元整
税（费）种名称		所属日期	实缴金额
契税		2016 年 11 月 1 日至 2016 年 11 月 30 日	200 000
印花税		2016 年 11 月 1 日至 2016 年 11 月 30 日	6 000

4.2　获取土地阶段的会计处理

在房价的构成中，土地是最重要的因素。房价的成本构成包括以下 5 个方面。如图 4-1 所示。

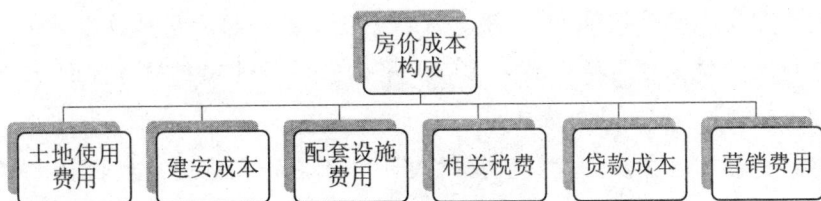

图 4-1　房价的成本构成

　　房地产企业取得的土地使用权的方式一般有接受土地使用权出让、接受土地使用权转让、投资者投入的土地使用权以及其他方式。

1. 取得的土地使用权确认

　　（1）土地出让金通常是指各级政府土地管理部门将土地使用权出让给土地使用者，按规定向买受人收取的土地出让的全部价款。土地出让金根据批租地块的条件，可以分为"熟地价"（即提供"七通一平"的地块价，包括土地使用费和开发费）、"毛地"或"生地"价。其票据由财政部门出具。

　　通过出让方式取得土地使用权的入账价值通常是土地出让金加上相关税费，相关税费是指契税、印花税，还涉及耕地占用税。

　　（2）通过转让方式取得土地使用权——就是从其他公司购买土地，成本包括购买价款、其他行政事业性收费和其他税费。

　　（3）投资者投入的土地使用权，应当按照投资合同或协议约定的价值作为成本，但合同或协议约定价值不公允的除外。

　　房地产企业取得的土地使用权，根据《企业会计准则第 6 号—无形资产》应用指南的规定，通常应确认为无形资产，但改变土地使用权用途，用于赚取租金的，将其转为投资性房地产。房地产企业取得土地使用权用于建造对外出售的房屋建筑物，取得的土地使用权账面价值应当计入所建造的房屋建筑物的成本。在此特别说明的是，本书主要介绍房地产企业购买土地用于开发商品房的情况。

2. 用于商品房开发的土地使用权

　　根据《企业会计准则》，房地产开发取得的土地使用权用于建造对外出售的房屋建筑物，相关的土地使用权应当计入所建造的房屋建筑成本，即借记"开发成本——土地征用及拆迁补偿费"等科目，贷记"银行存款""应付账款"等。取得的土地使用权所缴纳的印花税直接计入"管理费用"核算。

【例4-5】 2017年1月，飞天房地产有限公司取得120亩的土地使用权用于商品房开发，使用权限为70年。价款6 000万元，契税征收率为3‰，当地政府规定的耕地占用税税额为40元/平方米，通过银行转账支付土地出让金及相关税费。见表4-5，表4-6。

（1）支付土地出让金时，依据财政部门开具的土地使用权出让金专用票据和银行转款手续，飞天房地产有限公司应进行的会计处理为：

借：开发成本——土地征用及拆迁补偿费   60 000 000

    贷：银行存款   60 000 000

表4-5

土地出让金证明				
深圳国用（2017）第12342号				
土地使用权人	飞天房地产有限公司			
坐落	深圳罗湖区香梅路丽园二村			
地号	—		图号	—
地类（用途）	住宅		取得价格	6 000万元
使用类型	出让		终止日期	2087.1.30
使用权面积	120亩	其中	独用面积	m²
			分摊面积	m²

根据《中华人民共和国宪法》《中华人民共和国土地管理法》和《中华人民共和国城市房地产管理法》等法律法规，为保护土地使用人的合法权益，对土地使用权人申请登记的本证所列土地，经审查核实，准予登记，颁发此证。

（章略）

2017年1月15日

表4-6   中国银行进账单（回单或收账通知）

进账日期：   2017年1月15日   第××号

收款人	全称	×××土地局	付款人	全称	飞天房地产有限公司											
	账号	07685345786780		账号	62222001909234213221											
	开户银行	中国工商银行		开户银行	中国银行											
					万	千	百	拾	万	千	百	十	元	角	分
人民币（大写）：⊗陆仟万元整					¥6	0	0	0	0	0	0	0	0	0	0
票据种类		1		中国工商银行 2017.1.15 收讫											
票据张数		转账支票													
主管 会计 复核 记账				收款人开户银行盖章（略）											

（2）应缴纳的契税为：$6\,000 \times 3\% = 180$（万元）

依据契税完税凭证和付款证明，飞天房地产有限公司应进行的会计处理为：

借：开发成本——土地征用及拆迁补偿费   1 800 000

    贷：银行存款   1 800 000

（3）应缴纳的耕地占用税为：$120 \times 666.67 \times 40 = 320$（万元）

依据耕地占用税完税凭证和付款证明，飞天房地产有限公司应进行的会计处理为：

借：开发成本——土地征用及拆迁补偿费   3 200 000

    贷：银行存款   3 200 000

（4）签订土地使用权出让合同，应缴纳的印花税为：$6\,000 \times 0.5‰ = 3$（万元）

缴纳印花税时，依据印花税凭证和付款证明，见表4-7。飞天房地产有限公司应进行的会计处理为：

借：税金及附加——印花税   30 000

    贷：银行存款   30 000

表 4-7   工商银行电子缴税付款凭证

转账日期：2017 年 2 月 5 日   凭证字号：2133095729432

付款人全称	飞天房地产有限公司	征收机关名称	地方税务局
付款人账号	62222001909234216734	收款国库名称	金库平安中心支库
付款人开户银行	深圳工商银行南山支行	小写（合计）金额	5 030 000
缴款书交易流水号	433642－843	大写（合计）金额	伍佰零叁万元整
税（费）种名称	所属日期		实缴金额
契税	2017 年 1 月 1 日至 2017 年 1 月 31 日		1 800 000
印花税	2017 年 1 月 1 日至 2017 年 1 月 31 日		30 000
耕地占用税	2017 年 1 月 1 日至 2017 年 1 月 31 日		3 200 000

不过正常情况下，房地产企业通过招、拍、挂获得土地的过程是这样的：先交纳竞拍保证金，等竞拍成功了转作土地出让金，最后根据土地出让合同规定的付款时间支付剩余的土地款。会计应该如下做账：

（1）支付竞拍保证金 2 500 万元。

借：其他应收款——国土资源局   25 000 000

  贷：银行存款   25 000 000

（2）竞拍成功后。

借：预付账款——国土资源局   25 000 000

  贷：其他应收款——国土资源局   25 000 000

（3）支付剩余的土地出让金。

借：预付账款——国土资源局   35 000 000

  贷：银行存款   35 000 000

（4）房地产企业开发商品房转入存货。

借：开发成本——土地出让及拆迁补偿费   60 000 000

  贷：预付账款——国土资源局   60 000 000

如果房地产企业取得的土地使用权用于自建用房等地上建筑物时，土地使用权的取得成本直接计入"无形资产"账户，且土地使用权的账面价值不与地上建筑物合并计算成本，而仍作为无形资产进行核算，土地使用权与地上建筑物分别进行摊销和提取折旧。为建造办公楼等自用而取得的土地使用权所缴纳的契税，计入"无形资产"账户。

【例 4-6】2017 年 1 月，飞天房地产有限公司以出让方式取得一宗土地，用银行存款支付 2 亿元，并在该块土地上自行建造一栋写字楼，发生建筑成本 2 800 万元。办公楼已经完工并达到预定可使用状态。假定土地使用权年限 50 年，无净残值；写字楼使用年限 50 年，预计净残值 100 万元；都采用年限平均法进行摊销和计提折旧。契税税率 3%。

（1）支付土地出让金时，依据土地资源部门开具的土地使用权出让金专用票据，进行的会计处理：

借：无形资产——土地使用权   200 000 000

  贷：银行存款   200 000 000

（2）应缴纳的契税。

200 000 000×3%＝600（万元）

根据契税完税凭证和付款证明，进行的会计处理为：

借：无形资产——土地使用权   6 000 000

  贷：银行存款   6 000 000

（3）签订土地使用权出让合同，应缴纳的印花税为：

200 000 000×0.5‰＝10（万元）

借：税金及附加——印花税　　　　　　　　　　　100 000

　　贷：银行存款　　　　　　　　　　　　　　　　100 000

（4）在土地上自行建造写字楼，发生建造费用时，根据付款凭证、税务部门监制的收据，进行会计处理为：

借：在建工程　　　　　　　　　　　　　　　28 000 000

　　贷：应付账款等　　　　　　　　　　　　　28 000 000

（5）写字楼达到预定可使用状态，进行的会计处理为：

借：固定资产——写字楼　　　　　　　　　　28 000 000

　　贷：在建工程　　　　　　　　　　　　　　28 000 000

（6）每年分摊土地使用权和对办公楼计提折旧，进行的会计处理为：

借：管理费用　　　　　　　　　　　　　　　4 660 000

　　贷：累计折旧　　　　　　　　　　　　　　　540 000

　　　　累计摊销　　　　　　　　　　　　　4 120 000

4.3　房地产开发企业拆迁业务的账务处理

拆迁补偿费通常是指拆建单位依照规定标准，向被拆迁房屋的所有权人或使用人支付的各种补偿金，主要包括房屋补偿费、周转补偿费和奖励性补偿费三方面。其票据主要是被拆迁房屋的所有权人或使用人出具的发票或者收据。

房地产开发企业的拆迁补偿形式可分两种形式：一是货币补偿，即拆迁人将被拆除房屋的价值以货币结算方式补偿给被拆除房屋的所有人；二是安置房屋补偿，即拆迁人以易地建设或原地建设的房屋补偿给被拆除房屋的所有人；也就是"拆一还一"实物补偿形式。

对于房地产企业来说，如果被拆迁户选择货币补偿形式，该项支出作为"拆迁补偿费"计入开发成本中的土地成本；如果被拆迁户选择就地安置房屋补偿方式，相当于被拆迁户用房地产企业支付的货币补偿资金向房地产企业购入房屋，要确认土地成本中的"拆迁补偿费支出"，即以按公允价值或同期同类房屋市场价格计算的金额以"拆迁补偿费"的形式计入开发成本的土地成本。另外，对补偿的房屋应视同对外销售，同时确认成本。

【例4-7】飞天房地产有限公司（一般纳税人）和拆迁户达成拆迁协议。被拆迁户王择取得飞天房地产有限公司住宅拆迁补偿款658 900元，同时飞天房地产有限公司还原其房屋面积为77.78平方米。其中：属于拆迁置换面积为36.89平方米（置换单价为15 000元/平方米），超置换面积40.89平方米。飞天房地产有限公司为王择开具不动产增值税普通发票，金额为2 731 601.19元。该房屋单位成本为35 119.58元/平方米。单位售价为53 271元/平方米。城市维护建设税税率7%，教育费附加3%。

飞天房地产有限公司应作如下账务处理：

（1）支付拆迁补偿款。

借：开发成本——土地征用费及拆迁补偿费　　　　　658 900
　　贷：银行存款　　　　　　　　　　　　　　　　　　658 900

（2）销售房屋给拆迁户。

借：银行存款　　　　　　　　　　　　2 731 601.19
　　贷：主营业务收入　　　　　　　　　　2 460 901.97
　　　　应交税费——应交增值税（销项税额）　270 699.22

销售额为（36.89×15 000＋40.89×53 271）＝2 731 601.19（元），增值税税率为11%，应缴纳增值税2 731 601.19÷（1＋11%）×11%＝270 699.22（元）。

（3）计提税金及附加。

借：税金及附加　　　　　　　　　　　27 069.93
　　贷：应交税费——应交城市维护建设税
　　　　　　　　　18 948.95（270 699.22×7%）
　　　　　　　——应交教育费附加
　　　　　　　　　8 120.98（270 699.22×3%）

（4）结转成本。

借：主营业务成本　　　　　　2 731 600.93（35 119.58×77.78）

　　贷：开发成品　　　　　　　　　　　　　　　2 731 600.93

4.4　获取土地阶段的税务处理

房地产企业获取土地阶段涉及的税收有：土地使用税、耕地占用税、契税、印花税等。

- -
4.4.1　土地使用税
- -

房地产企业按规定计算应交的土地使用税时，借记"税金及附加"账户，贷记"应交税费——应交土地使用税"账户；上交时，借记"应交税费——应交土地使用税"账户，贷记"银行存款"账户。

【例4-8】房天下地产有限公司拥有一宗75万平方米的土地使用权，其中市政道路及绿化带用地5万平方米，已完成销售商品房占用土地40万平方米，该地城镇土地使用税税额为5元/平方米；按季缴纳。见表4-8。

（1）应纳土地使用税额计算方法如下：

应缴纳城镇土地使用税的土地面积＝75－40－5＝30（万平方米）

年度应纳税额＝30×5＝150（万元）

每季度应纳税额＝150÷4＝37.5（万元）

（2）上述房天下地产有限公司的会计处理为：

①计算土地使用税时。

借：税金及附加——土地使用税　　　　　　375 000

　　贷：应交税费　应交上地使用税　　　　　　　375 000

②上交土地使用税时。

借：应交税费——应交土地使用税时　　　　375 000

　　贷：银行存款　　　　　　　　　　　　　　　375 000

表 4-8　　　　　　　　　城镇土地使用税纳税申报表附表

纳税人识别号：328101400357612

纳税人名称：房天下地产有限公司（公章）

税款所属期限：自 2016 年 11 月 1 日至 2016 年 11 月 30 日

填表日期：2016 年 12 月 5 日

金额单位：元（列至角分）、万平方米

项　　目	土地增减月份	土地等级	实际占地面积	免税面积	应纳税面积	单位税额	全年应纳税额（全年应缴纳税额）	缴纳次数	本期应纳税额	本期已缴税额	本期应补（退）税额
	1	2	3	4	5＝3－4	6	7	8	9	10	11＝9－10
年初申报土地面积	——		75	45	30	5	1 500 000	4	375 000		375 000
小计	——										
年内增减占地面积								——			
小计	——										
合计	——						——				

4.4.2　耕地占用税

如果房地产企业购置的是耕地，则需要缴纳耕地占用税，由于耕地占用税是在实际占用耕地之前一次性交纳的，不存在与征税机关清算和结算的问题，因此企业按规定交纳的耕地占用税，可以不通过"应交税费"科目核算。

【例 4-9】飞天房地产有限公司购置一宗 20 万平方米的土地使用权，该耕地占用税税额为 30 元/平方米。耕地占用税纳税申报表，见表 4-9。

借：开发成本——土地征用及拆迁补偿费——耕地占用税

6 000 000

贷：银行存款　　　　　　　　　　　　　　　　　6 000 000

表 4-9　　　　　　　　　　　　耕地占用税纳税申报表

金额单位：元

纳税人名称	飞天房地产有限公司		
电脑编码		纳税人识别号	328101400358745
经济性质		联系电话	68965432

开户银行			银行账号	62222001909234213221			
建设项目名称	丽园小区		国土局批准日期				
建设项目用途	住宅		国土局批准文号				
征用地地址	出让		国土局编号				
取得方式			合同号				
占地类别	批准占用面积（m²）	实际占用面积（m²）	计税面积（m²）	税率（元/m²）	应纳税额	批准减免税额	应缴税额
住宅	200 000	200 000	200 000	30	6 000 000	——	6 000 000
合计							6 000 000
减免税批准文号							

授权代理人	（如果你已委托代理申报人，请填写下列资料） 为代理一切税务事宜，现授权＿＿＿＿（地址）＿＿＿＿为本纳税人的代理申报人，任何与本报表有关的来往文件都可寄与此人。 代理人身份证号： 授权人签章：＿＿（略）＿＿ ××年××月××日	声明	我声明：此纳税申报表是根据《中华人民共和国耕地占用税暂行条例》及其有关规定填报，我确信它是真实的、可靠的、完整的。 声明人签章：＿＿（略）＿＿ ××年××月××日

（以下部分由征收机关负责填写）							
占地类别	批准占用面积（m²）	实际占用面积（m²）	计税面积（m²）	税率（元/m²）	应纳税额	批准减免税额	应缴税额
住宅用地	200 000	200 000	200 000	30	6 000 000		6 000 000
合计					—		6 000 000
受理日期		受理人		征收机关（盖章）（略）			

* （本表 A4 竖式，一式二份，纳税人留存一份，地税机关留存一份）

4.4.3 契税

契税一般不通过"应交税费"科目进行核算，视取得土地使用权的用途计入不同的会计科目。房地产企业为进行房地产开发而取得的土地使用权所缴纳的契税，在实际缴纳时依据契税完税凭证直接计入"开发成本"科目。

为建造办公楼等自用而取得的土地使用权所缴纳的契税，在实际缴纳时依据契税完税凭证直接计入"无形资产"科目。

【例 4-10】2017 年 1 月 25 日，飞天房地产有限公司取得一块土地使用权进行房地产开发，支付土地出让金 8 000 万元，缴纳契税 240 万元。（假设契税税率 3%）

支付契税时，飞天房地产有限公司应依据契税完税凭证作以下会计处理，契税纳税申报表，见表 4-10。

借：开发成本　　　　　　　　　　　　　　　　　2 400 000
　　贷：银行存款　　　　　　　　　　　　　　　　　2 400 000

表 4-10　　　　　　　　　　　　　　　　契税纳税申报表

填表日期：2017 年 2 月 5 日　　　微机编码：××××
单位：元、平方米

<table>
<tr><td rowspan="3">承受方</td><td>名称</td><td colspan="5">飞天房地产有限公司</td><td>识别号</td><td colspan="2">328101400358745</td></tr>
<tr><td>企业登记注册类型</td><td>企业</td><td>所属行业</td><td>房地产</td><td>邮政编码</td><td>235742</td><td>联系电话</td><td colspan="2">68965432</td></tr>
<tr><td>身份证照类型</td><td colspan="3"></td><td colspan="2">身份证照号码</td><td colspan="3"></td></tr>
<tr><td rowspan="3">转让方</td><td>名称</td><td colspan="5">深圳南山区国土局</td><td>识别号</td><td colspan="2">——</td></tr>
<tr><td>企业登记注册类型</td><td>——</td><td>所属行业</td><td>——</td><td>邮政编码</td><td>——</td><td>联系电话</td><td colspan="2">87645098</td></tr>
<tr><td>身份证照类型</td><td colspan="3"></td><td colspan="2">身份证照号码</td><td colspan="3"></td></tr>
<tr><td rowspan="11">土地、房屋权属转移</td><td colspan="2">土地、房屋坐落地址</td><td colspan="4">南山区五里店路 32 号</td><td colspan="2">合同签订时间</td><td>2017 年 1 月 12 日</td></tr>
<tr><td colspan="2">权属转移面积</td><td colspan="4">4 578 m²</td><td colspan="2">合同约定成交价格</td><td>¥80 000 000 元</td></tr>
<tr><td colspan="2">纳税评估价格</td><td colspan="4">80 000 000 元</td><td colspan="2">计税价格</td><td>¥80 000 000 元</td></tr>
<tr><td colspan="2" rowspan="2">权属转移类别</td><td rowspan="2">土地类：</td><td colspan="3">01. 土地使用权出让</td><td colspan="2">021. 土地使用权转让（出售、赠与、交换）</td><td>022. 土地使用权转让（作价出资、入股）</td></tr>
<tr><td colspan="3"></td><td colspan="2"></td><td></td></tr>
<tr><td colspan="2" rowspan="6">选择代码：</td><td rowspan="6">房屋类</td><td rowspan="2">03. 购买商品房，其中：</td><td colspan="2">031. 普通住房</td><td rowspan="6">04. 购买旧房（二手房），其中：</td><td>041. 普通住房</td><td rowspan="6">05. 其他：房屋赠与、交换、拍卖、法院判决、划拨、抵债、其他</td></tr>
<tr><td colspan="2">032. 购买非普通住房</td><td>042. 购买非普通住房</td></tr>
<tr><td></td><td></td><td></td></tr>
<tr><td rowspan="2">033. 购买非住宅类房屋</td><td colspan="2" rowspan="2"></td><td rowspan="2">043. 购买非住宅类房屋</td></tr>
<tr></tr>
<tr><td></td><td colspan="2"></td><td></td></tr>
</table>

是否家庭唯一普通住房				是否家庭唯一90平方米及以下普通住房				
适用税率	3%			计征税额		240万元		
减免类别	选择代码：	01. 国家机关	02. 事业单位	03. 社会团体	04. 军事单位	05. 城镇房改	06. 个人购买普通住房（减）	07. 企业改制	08. 其他
减免税额			0元	应纳税额		2 400 000元		滞纳金	元

　　我声明，此纳税申报表是根据《中华人民共和国契税暂行条例》的规定填报的，我确信它是真实的、可靠的、完整的。

　　　　　　　　　　　　　　　　　纳税人（签章）

CHAPTER
FIVE

第 **5** 章

房地产开发企业开发建设阶段

　　房地产开发包括土地开发和房屋开发。土地开发主要是指房屋建设的前期工作，主要有两种情形：一是新区土地开发，即把农业或者其他非城市用地改造为适合工商业、居民住宅、商品房以及其他城市用途的城市用地；二是旧城区改造或二次开发，即对已经是城市土地，但因土地用途的改变、城市规划的改变以及其他原因，需要拆除原来的建筑物，并对土地进行重新改造，投入新的劳动。

5.1 房地产项目开发成本

房地产开发企业建设阶段，成本费用核算是重要环节，主要核算房地产开发企业在开发建设阶段中发生的各种支出，包括成本费用的归集、分配、结转和开发项目成本计算等内容。

构成房地产开发企业产品的开发成本，相当于工业产品的制造成本和建筑安装工程的施工成本。如要计算房地产开发企业产品的完全成本，还要计算开发企业（公司本部）行政管理部门为组织和管理开发经营活动而发生的管理费用、财务费用，以及为销售、出租、转让开发产品而发生的销售费用。

5.1.1 房地产直接开发成本的计量

1. 房地产成本项目的构成

按照成本支出的用途不同，房地产开发企业产品的开发成本可划分为土地征用及拆迁补偿费、前期工程费、建筑安装工程费、基础设施建设费、公共配套设施费、开发间接费用。

具体而言，各类成本主要包括以下的内容，见表 5-1。

表 5-1 房地产开发成本项目的构成

项　　目	构成内容
土地征用费及拆迁补偿费	指为取得土地开发使用权（或开发权）而发生的各项费用，主要包括土地买价或出让金、大市政配套费、契税、耕地占用税、土地使用费、土地闲置费、土地变更用途和超面积补交的地价及相关税费、拆迁补偿支出、安置及动迁支出、回迁房建造支出、农作物补偿费、危房补偿费等

项　　目	构成内容
前期工程费	指项目开发前期发生的水汶地质勘察、测绘、规划、设计、可行性研究、筹建、场地通平等前期费用
建筑安装工程费	指开发项目开发过程中发生的各项建筑安装费用。主要包括开发项目建筑工程费和开发项目安装工程费等
基础设施建设费	指开发项目在开发过程中所发生的各项基础设施支出，主要包括开发项目内道路、供水、供电、供气、排污、排洪、通信、照明等社区管网工程费和环境卫生、园林绿化等园林环境工程费
公共配套设施费	指开发项目内发生的、独立的、非营利性的，且产权属于全体业主的，或无偿赠与地方政府、政府公用事业单位的公共配套设施支出
开发间接费	指企业为直接组织和管理开发项目所发生的，且不能将其归属于特定成本对象的成本费用性支出。主要包括管理人员工资、职工福利费、折旧费、修理费、办公费、水电费、劳动保护费、工程管理费、周转房摊销以及项目营销设施建造费等

2. 房地产企业成本对象的确定原则

成本对象是指为归集和分配开发产品开发、建造过程中的各项耗费而确定的费用承担项目。计税成本对象的确定原则，见表 5-2。

表 5-2　　　　　　　　房地产企业成本对象的确定原则

原　　则	具体内容
可否销售原则	开发产品能够对外经营销售的，应作为独立的计税成本对象进行成本核算；不能对外经营销售的，可先作为过渡性成本对象进行归集，然后再将其相关成本摊入能够对外经营销售的成本对象
分类归集原则	对同一开发地点、竣工时间相近、产品结构类型没有明显差异的群体开发的项目，可作为一个成本对象进行核算
功能区分原则	开发项目某组成部分相对独立，且具有不同使用功能时，可以作为独立的成本对象进行核算
定价差异原则	开发产品因其产品类型或功能不同等而导致其预期售价存在较大差异的，应分别作为成本对象进行核算
成本差异原则	开发产品因建筑上存在明显差异可能导致其建造成本出现较大差异的，要分别作为成本对象进行核算
权益区分原则	开发项目属于受托代建的或多方合作开发的，应结合上述原则分别划分成本对象进行核算

成本对象由企业在开工之前合理确定，并报主管税务机关备案。成本对象一经确定，不能随意更改或相互混淆，如确需改变成本对象的，应征得主管税务机关同意。

5.1.2　成本核算应设置的会计账户

为了核算房地产企业的成本费用，企业可根据其本身经营开发的业务要求，设置以下账户进行会计核算。

"开发成本"账户核算房地产开发企业在土地、房屋、配套设施的开发过程中发生的各项费用。该账户借方登记企业在土地、房屋、配套设施和代建工程的开发过程中发生的各项费用，贷方登记开发完成已竣工验收的开发产品的实际成本。期末借方余额反映未完工开发项目的实际成本，该账户应按开发成本的内容设置土地征用及拆迁补偿费、前期工程费、建筑安装工程费、基础设施建设费、公共配套设施费、开发间接费用等二级明细账户。开发成本科目具体设置，见表5-3。

表 5-3　　　　　　　　　开发成本会计科目编码的设置

科目代码	总分类科目（一级科目）	明细分类科目		是否辅助核算	辅助核算类别
		二级明细科目	三级明细科目		
5001	开发成本				
500101	开发成本	土地征用及拆迁补偿			
50010101	开发成本	土地征用及拆迁补偿	政府地价及市配套费	是	项目
50010102	开发成本	土地征用及拆迁补偿	合作款项	是	项目
50010103	开发成本	土地征用及拆迁补偿	红线外市政设施费	是	项目
50010104	开发成本	土地征用及拆迁补偿	拆迁补偿费	是	项目
50010105	开发成本	土地征用及拆迁补偿	其他	是	项目
500102	开发成本	前期工程费			
50010201	开发成本	前期工程费	勘察设计费	是	项目
50010202	开发成本	前期工程费	报建费	是	项目
50010203	开发成本	前期工程费	三通一平费	是	项目

科目代码	总分类科目 （一级科目）	明细分类科目		是否辅助 核算	辅助核算 类别
		二级明细科目	三级明细科目		
50010204	开发成本	前期工程费	临时设施费	是	项目
500103	开发成本	建筑安装工程费			
50010301	开发成本	建筑安装工程费	基础造价	是	项目
50010302	开发成本	建筑安装工程费	结构及粗装修造价	是	项目
50010303	开发成本	建筑安装工程费	门窗工程	是	项目
50010304	开发成本	建筑安装工程费	公共部位精装修费	是	项目
50010305	开发成本	建筑安装工程费	户内精装修费	是	项目
50010306	开发成本	建筑安装工程费	室内设备及其安装费	是	项目
50010307	开发成本	建筑安装工程费	其他	是	项目
500104	开发成本	基础设施建设费			
50010401	开发成本	基础设施建设费	室外给排水系统费	是	项目
50010402	开发成本	基础设施建设费	室外采暖系统费	是	项目
50010403	开发成本	基础设施建设费	室外燃气系统费	是	项目
50010404	开发成本	基础设施建设费	绿化建设费	是	项目
50010405	开发成本	基础设施建设费	室外照明	是	项目
50010406	开发成本	基础设施建设费	道路广场建造费	是	项目
500105	开发成本	配套设施费	自行车棚等	是	项目
500106	开发成本	利息支出		是	项目

5.2　房屋开发成本的归集

房屋开发建设发生的各项成本费用支出，能够分清负担对象的，可以直接计入有关房屋开发成本核算对象；有些房屋开发费用发生时由多个成本核算对象共同负担，需按一定标准分配计入有关房屋开发成本核算对象。因此，房地产开发企业应根据不同的支出内容，采用相应的办法将房屋开发成本归集到各成本核算对象的成本项目。

5.2.1 成本项目的归类与账务处理

1. 土地征用及拆迁补偿费

房地产开发企业发生的土地征用及拆迁补偿费视能否区分负担对象等，分配计入相关的科目。具体归集方法，见表5-4。

表5-4   土地征用及拆迁补偿费的归集

按是否分清归集对象	归　　类	会计分录
能够分清负担对象的	直接计入房屋开发成本核算对象的"土地征用及拆迁补偿费"成本项目	借：开发成本——房屋开发 　　贷：银行存款/应付账款等
不能分清负担对象的	应先在"开发成本——土地开发"账户进行归集，待土地开发完成投入使用时，再按一定的分配方法将其计入有关房屋成本核算对象的"土地征用及拆迁补偿费"成本项目	借：开发成本——房屋开发 　　贷：开发成本——土地开发
商品性建设场地，改变用途为房屋开发时	应将商品性建设场地的开发费用转入有关房屋成本核算对象的"土地征用及拆迁补偿费"成本项目	借：开发成本——房屋开发 　　贷：开发产品——商品性土地
房地产开发企业综合开发的土地	先通过"开发成本——土地开发"进行归集，待开发产品投入使用时，应按一定的标准分配房屋建筑物和商品性建设场地应负担的土地开发成本	借：开发成本——房屋开发 　　开发产品——商品性土地 　　贷：开发成本——土地开发

房地产开发企业将土地开发成本结转房屋开发成本时，应采用平行结转法，即土地开发成本项目中土地征用及拆迁补偿费应结转为房屋开发成本项目中的土地征用及拆迁补偿费；土地开发成本项目中的前期工程费应结转为房屋开发成本项目中的前期工程费。

2. 其他费用的归集与账务处理

前期工程费、建筑安装工程费、基础设施费、公共配套设施费、开发间接费的归集与账务处理，见表5-5。

表 5-5 归集与处理

项　　目	归　　类	会计分录
前期工程费	能分清成本核算对象的，应直接计入有关房屋开发成本核算对象的"前期工程费"成本项目	借：开发成本——房屋开发——前期工程费 　　贷：银行存款/应付账款等
	应由两个或两个以上成本核算对象共同负担的前期工程费	应按一定的标准分配计入有关房屋成本核算对象的"前期工程费"成本项目
建筑安装工程费	建筑安装工程施工一般采用出包的方式，建筑安装工程支出应依据"工程结算单"，企业承付的已完工程价款确定，直接计入有关房屋开发成本核算对象的"建筑安装工程费"成本项目，根据施工单位提供的建安发票（注意：包含甲供材）	借：开发成本——房屋开发——建筑安装工程费 　　贷：银行存款/应付账款/预付账款
基础设施费	能分清成本核算对象的，应直接计入有关房屋开发成本核算对象的"基础设施费"成本项目	借：开发成本——房屋开发——基础设施费 　　贷：银行存款/应付账款
	应由两个或两个以上成本核算对象共同负担的基础设施费	应按一定的标准分配计入有关房屋成本核算对象的"基础设施费"成本项目
公共配套设施费	能够分清成本核算对象的，应直接计入有关房屋开发成本核算对象的"配套设施费"项目	借：开发成本——房屋开发——配套设施费 　　贷：银行存款/应付账款
	应由两个或两个以上成本核算对象共同负担的，应先在"开发成本——配套设施开发"账户进行汇集，待配套设施完工时，再按一定标准（如有关项目的预算成本或计划成本），分配计入有关房屋开发成本核算对象的"配套设施费"成本项目	借：开发成本——房屋开发——配套设施费 　　贷：开发成本——配套设施开发
开发间接费	应先通过"开发间接费用"账户进行核算，期末，再按一定标准分配计入各有关开发产品成本。应由房屋开发成本负担的开发间接费用，应计入有关房屋成本核算对象的"开发间接费"成本项目	借：开发成本——房屋开发——开发间接费 　　贷：开发间接费用

5.2.2 房屋开发成本的结转

已完工土地开发项目应根据其用途，采用不同的成本结转方法。

（1）为销售或有偿转让而开发的商品性建设场地，开发完成后，应将其实际成本转入"开发产品——土地"账户。

（2）开发完成后直接用于本企业商品房等建设的建设场地，应于开发完成投入使用时，将其实际成本结转计入有关的房屋开发成本中。结转计入房屋开发成本的土地开发费用，可采取分项平行结转法或归类集中结转法。具体方法见表5-6。

表 5-6 房屋开发成本的结转

结转方法	会计分录	适用对象
分项平行结转法，就是将应结转的土地开发费用，按成本项目分别平行转入有关房屋开发成本的相关成本项目内	借：开发成本——房屋——土地征用及拆迁补偿费 ——前期工程费 ——基础设施费 ——建筑安装费 ——配套设施费 ——开发间接费用 贷：开发成本——土地——土地征用及拆迁补偿费 ——前期工程费 ——基础设施费 ——建筑安装费 ——配套设施费 ——开发间接费用	主要适用于改作自用的商业性建设场地的成本结转。因为原商业性建设场地的开发成本中归集了该场地应负担的全部费用
归类集中结转法，就是将应结转的各项土地开发费用，归类合并为"土地征用及拆迁补偿费"和"基础设施费"两个费用项目，然后转入有关房屋开发成本的"土地征用及拆迁补偿费"和"基础设施费"成本项目	借：开发成本——房屋——土地征用及拆迁补偿费 ——基础设施费（前期工程费＋基础设施费＋建筑安装费） 贷：开发成本——土地——土地征用及拆迁补偿费 ——前期工程费 ——基础设施费 ——建筑安装费	主要适用于自用建设场地成本的结转。因为自用建设场地一般不归集配套设施费和开发间接费用，所以为简化核算手续，可采用这种方法结转

房企开发的自用建设场地，开发完成后近期不使用的，应将其实际成本

先转入"开发产品——土地"账户。

【例5-1】房天下地产有限公司于2016年5月在前海开发一块土地，占地面积200 000 m²。开发完成后准备将其中的150 000 m²对外转让，其余的50 000 m²企业自行开发商品房。假设该项土地开发过程中只发生了如下经济业务。

(1) 支付土地出让金37.5亿元，会计分录如下。

借：开发成本——土地——前海（土地征用及拆迁补偿费）

                                3 750 000 000

    贷：银行存款   3 750 000 000

(2) 支付拆迁补偿费0.48亿元，作会计分录如下。

借：开发成本——土地——前海（土地征用及拆迁补偿费）

                                  48 000 000

    贷：银行存款   48 000 000

(3) 支付勘察设计费320万元，作会计分录如下。

借：开发成本——土地——前海（前期工程费）   3 200 000

    贷：银行存款   3 200 000

(4) 支付土石方费用1 480万元，作会计分录如下。

借：开发成本——土地——前海（前期工程费）   14 800 000

    贷：银行存款   14 800 000

(5) 由乙方施工企业承包的地下管道安装工程已竣工，应支付价款120万元。

借：开发成本——土地——前海（基础设施费）   1 200 000

    贷：应付账款——××施工企业   1 200 000

(6) 9月末，该项土地开发工程完工。假设"开发成本——土地开发——前海"账户归集的开发总成本为381 720万元，则单位土地开发成本为19 086元/m²。其中自用的50 000 m²土地尚未投入使用，其余150 000 m²已全部转让，月终结转本块土地的开发成本。作会计分录如下：

借：开发产品——土地——前海   954 300 000

   主营业务成本——土地转让成本   2 862 900 000

    贷：开发成本——土地——前海   3 817 200 000

根据上述资料，采用下面两种方法结转土地开发成本。

(1) 采用归类集中结转法结转土地成本时。

借：开发成本——房屋——前海（土地征用及拆迁费）

                                  949 500 000

$$[（3\,750\,000\,000＋48\,000\,000）/200\,000]×50\,000$$

　　　　——前海（基础设施费）　　　　　　　　　 4 800 000

　　　贷：开发成本——土地——前海（土地征用及拆迁费）

　　　　　　　　　　　　　　　　　　　　　　 949 500 000

　　　　　　——前海（前期工程费）　　　　　 4 500 000

　　　　　　——前海（基础设施费）　　　　　　 300 000

（2）采用分项平行结转法结转土地成本时。

　　借：开发成本——房屋——前海（土地征用及拆迁费）

　　　　　　　　　　　　　　　　　　　　　　 949 500 000

　　　　——前海（前期工程费）　　　　　　　 4 500 000

　　　　——前海（基础设施费）　　　　　　　　 300 000

　　　贷：开发成本——土地——前海（土地征用及拆迁费）

　　　　　　　　　　　　　　　　　　　　　　 949 500 000

　　　　　　——前海（前期工程费）4 500 000

　　　　　　——前海（基础设施费）300 000

5.2.3　间接成本的分配方法

　　企业开发、建造的开发产品应按制造成本法进行计量与核算。其中，应计入开发产品成本中的费用属于直接成本和能分清成本对象的间接成本，直接计入成本对象。共同成本和不能分清负担对象的间接成本，应按受益的原则和配比的原则分配至各成本对象，具体分配方法可按以下规定选择其一。见表5-7。

表 5-7　　　　　　　　　　间接成本的分配方法

方　法	含　义	释　义
占地面积法	指按已动工开发成本对象占地面积占开发用地总面积的比例进行分配	一次性开发的，按某一成本对象占地面积占全部成本对象占地总面积的比例进行分配
		分期开发的，首先按本期全部成本对象占地面积占开发用地总面积的比例进行分配，然后再按某一成本对象占地面积占期内全部成本对象占地总面积的比例进行分配
		期间内全部成本对象应负担的占地面积为期限内开发用地占地面积减除应由各期成本对象共同负担的占地面积

方　法	含　义	释　义
建筑面积法	指按已动工开发成本对象建筑面积占开发用地总建筑面积的比例进行分配	一次性开发的，按某一成本对象建筑面积占全部成本对象建筑面积的比例进行分配
		分期开发的，首先按期内成本对象建筑面积占开发用地计划建筑面积的比例进行分配，然后再按某一成本对象建筑面积占期内成本对象总建筑面积的比例进行分配
直接成本法	指按期内某一成本对象的直接开发成本占期内全部成本对象直接开发成本的比例进行分配	
预算造价法	指按期内某一成本对象预算造价占期内全部成本对象预算造价的比例进行分配	

　　企业下列成本应按以下方法进行分配：土地成本，一般按占地面积法进行分配。如果确需结合其他方法进行分配的，应经工商税务机关同意。土地开发同时联结房地产开发的，属于一次性取得土地分期开发房地产的情况，其土地开发成本经工商税务机关同意后可先按土地整体预算成本进行分配，待土地整体开发完毕再行调整。单独作为过渡性成本对象核算的公共配套设施开发成本，应按建筑面积法进行分配。借款费用属于不同成本对象共同负担的，按直接成本法或按预算造价法进行分配。其他成本项目的分配法由企业自行确定。

　　【例5-2】房天下地产有限公司开发华瑞写字楼、同心园小区（住宅），占地面积20 000 m²，容积率为2.0，可以建设商品房40 000 m²。其中华瑞写字楼：15 000 m²，同心园小区：25 000 m²。在2017年度共发生了下列有关开发支出。

　　（1）1月份，用银行存款支付征地拆迁费6 000万元，契税100万元。此土地占地20 000 m²，根据公司设计部出具的图纸，根据占地面积法，测算出华瑞写字楼占地12 000 m²，同心园小区占地8 000 m²。

　　在商品房竣工验收前，未达到结转收入成本的条件时，土地成本存在于资产负债表的存货中。应该按照占地面积法分配华瑞写字楼和同心园小区的土地成本。

　　华瑞写字楼：（6 000＋100）×12 000/20 000＝3 660（万元）

　　同心园小区：（6 000＋100）×8 000/20 000＝2 440（万元）

根据有关部门规划（拆迁）批准文件，凭借双方签订的拆迁补偿合同和收款收据及银行付款凭据，房天下地产有限公司应作如下账务处理：

借：开发成本——土地征用及拆迁补偿费——华瑞写字楼

36 600 000

——土地征用及拆迁补偿费——同心园小区

24 400 000

贷：银行存款 61 000 000

（2）2月份，用银行存款支付设计院设计费100万元，设计费一般是按照建筑面积法为单位收费的，其中华瑞写字楼分摊的设计费：100×12 000/20 000＝60（万元）；同心园小区分摊的设计费：100×8 000/20 000＝40（万元）。

依据结算单及设计发票和银行付款凭据，房天下地产有限公司应作如下账务处理：

借：开发成本——前期工程费（华瑞写字楼） 600 000

——前期工程费（同心园小区） 400 000

贷：银行存款 1 000 000

（3）3月份，用银行存款支付承包施工企业基础设施工程款为120（万元），基础设施费一般是按照建筑面积法进行分配成本的。其中华瑞写字楼应负担的工程款为120×12 000/20 000＝72（万元），同心园小区应负担的工程款为120×8 000/20 000＝48（万元）。

依据结算单及建筑发票和银行付款凭据，房天下地产有限公司应作如下账务处理：

借：开发成本——基础设施费（华瑞写字楼） 720 000

——基础设施费（同心园小区） 480 000

贷：银行存款 1 200 000

（4）10月份，根据工程结算单，应付甲承包施工企业建筑安装工程款5 500万元，根据甲乙双方签订的施工合同，预付4 200万元。其中华瑞写字楼应负担的工程款为2 000万元，同心园小区应负担的工程款为3 500万元。

依据结算单和建筑发票，房天下地产有限公司应作如下账务处理：

借：开发成本——建筑安装工程费（华瑞写字楼） 20 000 000

——建筑安装工程费（同心园小区） 35 000 000

贷：预付账款——应付工程款（甲施工单位） 42 000 000

应付账款——应付工程款（甲施工单位）　　13 000 000

（5）在小区内建设一公共配套锅炉房，成本80万元，公共配套费一般按照建筑面积法分配：其中应由华瑞写字楼负担的锅炉配套设施费为：80×12 000/20 000＝48（万元），同心园小区负担的锅炉房配套设施费为80×8 000/20 000＝32（万元）。

房天下地产有限公司应作如下财务处理：

借：开发成本——公共配套设施费（华瑞写字楼）　480 000

　　　　　　——公共配套设施费（同心园小区）　320 000

　　贷：开发成本——配套设施开发——锅炉房　　　800 000

（6）12月份，共发生开发间接费用45万元，开发间接费用一般按照建筑面积法分配成本。其中应由华瑞写字楼负担45×12 000/20 000＝27（万元），应由同心园小区负担45×8 000/20 000＝18（万元）。

依据开发间接费用分配表，房天下地产有限公司应作如下账务处理：

借：开发成本——开发间接费（华瑞写字楼）　　270 000

　　　　　　——开发间接费（同心园小区）　　180 000

　　贷：开发间接费用　　　　　　　　　　　　450 000

（7）12月，发生贷款利息600万元，全部用到本项目建设中，应该资本化处理。资本利息可以列入"开发间接费用——利息支出"，也可列入"开发成本——利息支出"。

对于利息支出，根据预算造价法进行成本对象的再分配是比较合理的，华瑞写字楼的预算造价如下：3 660＋60＋72＋2 000＋48＋27＝5 867（万元）；同心园小区的预算造价如下：2 440＋40＋48＋3 500＋32＋18＝6 078（万元）。

华瑞写字楼应分配的利息支出：600×5 867/（5 867＋6 078）＝294.70（万元）

同心园小区应分配的利息支出：600×6 078/（5 867＋6 078）＝305.30（万元）

根据银行利息单，房天下地产有限公司应作如下账务处理：

借：开发成本——利息支出（华瑞写字楼）　　2 947 000

　　开发成本——利息支出（同心园小区）　　3 053 000

　　贷：银行存款　　　　　　　　　　　　　6 000 000

平时的利息支付直接进入开发成本——利息支出，不用每笔结转到华瑞写字楼和同心园小区，到结转成本时，再按照预算造价法分配到华瑞写字楼和同心园小区的成本中去。

依据开发产品结转明细表，应将完工验收的商品房的开发成本结转到"开发产品"账户的借方。房天下地产有限公司应作如下账务处理：

借：开发产品——华瑞写字楼　　　　　　 61 617 000
　　贷：开发成本——土地征用及拆迁补偿费（华瑞写字楼）

　　　　　　　　　　　　　　　　　　　　 36 600 000
　　　　　　——前期工程费（华瑞写字楼）　 600 000
　　　　　　——基础设施费（华瑞写字楼）　 720 000
　　　　　　——建筑安装工程费（华瑞写字楼）

　　　　　　　　　　　　　　　　　　　　 20 000 000
　　　　　　——公共配套设施费（华瑞写字楼）480 000
　　　　　　——开发间接费用（华瑞写字楼）　270 000
　　　　　　——利息支出（华瑞写字楼）　 2 947 000
借：开发产品——同心园小区　　　　　　　 63 833 000
　　贷：开发成本——土地征用及拆迁补偿费（同心园小区）

　　　　　　　　　　　　　　　　　　　　 24 400 000
　　　　　　——前期工程费（同心园小区）　 400 000
　　　　　　——基础设施费（同心园小区）　 480 000
　　　　　　——建筑安装工程费（同心园小区）

　　　　　　　　　　　　　　　　　　　　 35 000 000
　　　　　　——公共配套设施费（同心园小区）320 000
　　　　　　——开发间接费（同心园小区）　 180 000
　　　　　　——利息支出（同心园小区）　 3 053 000

5.3　自营开发工程成本的核算

5.3.1　自营开发工程核算程序

房地产开发企业的基础设施和建筑安装等工程的施工，可以采用自营方式，也可采用发包方式进行。

采用自营方式进行的基础设施和建筑安装（包括装饰）等工程，如果工程规模不大，在施工过程中发生的各项工程费用，可直接计入有关开发成本的核算对象，如图 5-1 所示。

| 自营方式，规模不大 | → | 借：开发成本——房屋开发成本
　　贷：银行存款
　　　　原材料 |

图 5-1　自营开发工程账务处理

如果工程规模较大，由企业所属施工单位进行内部核算的，可根据需要设置"工程施工"账户，用来核算和归集自营工程费用，并按工程施工成本核算对象和成本项目设置工程施工成本明细分类账进行工程成本明细分类核算。

自营工程成本核算程序如下。

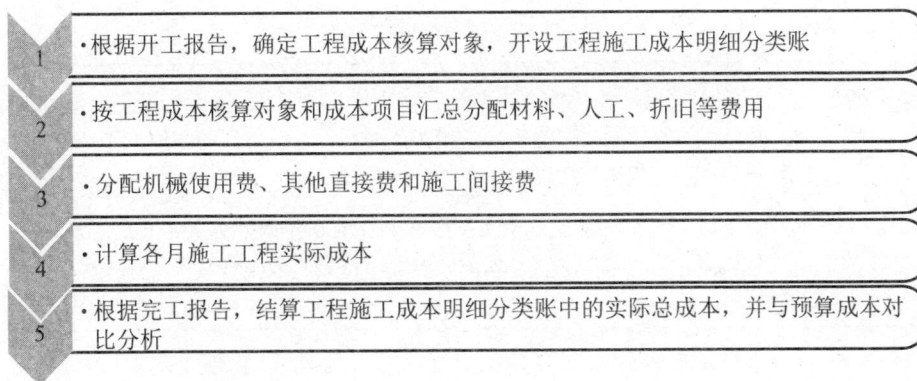

1. ·根据开工报告，确定工程成本核算对象，开设工程施工成本明细分类账
2. ·按工程成本核算对象和成本项目汇总分配材料、人工、折旧等费用
3. ·分配机械使用费、其他直接费和施工间接费
4. ·计算各月施工工程实际成本
5. ·根据完工报告，结算工程施工成本明细分类账中的实际总成本，并与预算成本对比分析

5.3.2　自营工程成本核算的对象和项目

1. 成本定单核算法

由于开发企业基础设施、建筑安装等工程具有多样性和固定性的特点，每一工程几乎都有它的独特形式和结构，需要一套单独的设计图纸，在建设时，要采用不同的施工方法和施工组织。基础设施、建筑安装等工程的施工属于单件生产，在对工程组织成本核算时，必须采用定单成本核算法，即按照各项工程进行分别核算成本的方法。见表 5-8。

表 5-8　　　　　　　　　　定单成本核算法

核算方法	定单成本核算法
含义	按照各项工程进行分别核算成本的方法
适用	单件生产
成本分配方法	凡是可以直接计入各项工程的生产费用，应直接计入各项工程成本
	凡是不能直接计入各项工程而应由有关工程共同负担的生产费用，要先按照发生地点先行归集，然后按照一定的标准，定期分配计入有关工程成本

2. 成本项目

为了便于核算各项工程成本和分清工程成本增加或减少的原因，必须对生产费用按照经济用途加以分类。施工单位的生产费用按照它的经济用途，一般应分为下列成本项目，见表 5-9。

表 5-9　　　　　　　　　　　　　　成本项目列表

成　　本	包含项目
材料费	在施工过程中所耗用的构成工程实体的材料、结构件的实际成本以及周转材料的摊销和租赁费用
人工费	指直接从事工程施工工人（包括施工现场制作构件工人，施工现场水平、垂直运输等辅助工人，但不包括机械施工人员）的工资、奖金、津贴和职工福利费
机械使用费	指在施工过程中使用自有施工机械所发生的费用，包括机上操作人员工资，职工福利费，燃料动力费，机械折旧、修理费，替换工具及部件费，润滑及擦拭材料费，安装、拆卸及辅助设施费，养路费，牌照税，使用外单位施工机械的租赁费，以及按照规定支付的施工机械进出场费
其他直接费	指现场施工用水、电、蒸汽费，冬雨季施工增加费，夜间施工增加费，土方运输费，材料二次搬运费，生产工具用具使用费，工程定位复测费，工程点交费，场地清理费等
施工间接费	施工单位为组织和管理工程施工所发生的全部支出，包括施工单位管理人员工资、职工福利费、办公费、差旅交通费、行政管理用固定资产折旧修理费、低值易耗品摊销、财产保险费、劳动保护费、民工管理费等。如搭建有为工程施工所必需的生产、生活用的临时建筑物、构筑物及其他临时设施，还应包括临时设施摊销费

上述材料费、人工费、机械使用费和其他直接费，由于直接耗用于工程的施工过程，叫做直接费，可以直接计入"工程施工"账户和各项工程成本。施工间接费由于属于组织和管理工程施工所发生的各项费用，要按照一定标准分配计入各项工程成本，叫做间接费，在核算上应先将它记入"施工间接费用"账户，然后按照一定标准分配计入各项工程成本。

5.3.3　材料费的核算

各项工程耗用的主要材料和结构件，通常通过"领料单""退料单"、"已领未用材料清单""大堆材料耗用单"等材料凭证汇总计算。"已领未用材料清单"是对下月需要继续使用的月末施工现场存料，在月末由各施工队组按各项工程用料分别盘点后填制，应从当月领用材料总额中减去借以计算该月材料耗用额的材料凭证。大堆材料是指砖、瓦、砂、石等材料。这些材料常有几个单位工程共同耗用，领用次数又多，很难在领用时逐一加以点数，往往采用"算两头、轧中间"的办法，来定期计算其实际用量。即对进场的大堆材料进行点数后，日常领用时不必逐笔办理领料手续，月末先计算定额耗用量。

本月定额耗用量＝∑（本月完成工程量×材料消耗定额）

再通过盘点求得实际耗用量，差异数量和差异分配率：

本月实际耗用量＝月初结存数量＋本月收入数量－月末盘点数量

差异数量＝本月实际耗用量－本月定额耗用量

差异分配率＝差异数量÷本月定额耗用量×100%

然后求得各项工程实际耗用大堆材料数量和计划价格成本：

某项工程实际耗用大堆材料数量＝该工程定额耗用量×（1±差异分配率）

某项工程实际耗用大堆材料的计划价格成本＝该工程实际耗用大堆材料
数量×计划单价

施工队组在施工过程中领用的周转材料，如模板、跳板、脚手架木等，一般可在领用时填制"领料单"，先将其成本计入各项工程成本。于工程完工时，再填制"退料单"将实际盘存数冲减工程成本。对租赁的周转材料，其租赁费可根据租赁费用账单记入各项工程成本。

材料验收入库，为了保证所购物资在数量、质量方面不出差错，企业购买各项材料物资，在收到发票账单后，一般要等货物验收入库，才进行账务处理。

采用计划成本进行材料日常核算的，发出材料还应结转材料成本差异，将发出材料的计划成本调整为实际成本。

采用实际成本进行材料日常核算的，发出材料计价，可以采用先进先出法、加权平均法或个别计价法等方法计价。

期末，企业应将仓库转来的外购收料凭证，分下列几种情况进行处理。

【例5-3】房天下地产有限公司购入400吨钢材，不含税价款共计400万元，款项通过银行存款支付，材料按实际成本核算。依据采购单和银行付款凭据，见表5-10及图5-2。房天下地产有限公司应作如下账务处理。

表5-10

442016240

深圳增值税专用发票

No: 01092543

开票日期：2018年5月9日

<table>
<tr><td rowspan="5">购货单位</td><td colspan="2">名称：房天下地产有限公司</td><td rowspan="5">密码区</td><td rowspan="5">略</td></tr>
<tr><td colspan="2">统一社会信用代码：328101400357612</td></tr>
<tr><td colspan="2">地址、电话：深圳市龙华新区观澜高新</td></tr>
<tr><td colspan="2">技术企业园 83571221</td></tr>
<tr><td colspan="2">开户行及账号：深圳工商银行龙华支行 62222001909234216734</td></tr>
</table>

货物或应税劳务名称	规格型号	单位	数量	单价	金额	税率（%）	税额
钢材		吨	400	11 600	¥4 000 000	16%	¥640 000

价税合计（大写）	⊗肆佰陆拾肆万元整	（小写）¥4 640 000

<table>
<tr><td rowspan="4">销货单位</td><td>名称：开原钢材厂</td><td rowspan="4">备注</td></tr>
<tr><td>统一社会信用代码：320134134971324</td></tr>
<tr><td>地址、电话：开原市西山北路25号 65132198</td></tr>
<tr><td>开户行及账号：中行中山北路分理处 98018030010382</td></tr>
</table>

收款人：陈一　　　复核：田蓉　　　　开票人：李云开　　　　销货单位：

中国工商银行

```
┌─────────────────────────────┐
│        转账支票存根          │
│        IV V000051           │
│     科    目：              │
│     对方科目：              │
│  出票日期 2018 年 5 月 9 日 │
│  ┌───────────────────────┐  │
│  │  收款人：开原钢材厂    │  │
│  ├───────────────────────┤  │
│  │  金额：4 640 000      │  │
│  ├───────────────────────┤  │
│  │  用途：购买钢材        │  │
│  └───────────────────────┘  │
│  单位主管 魏青  会计 陈丽   │
└─────────────────────────────┘
```

图 5-2　转账支票存根

（1）材料已验收入库，发票账单已到，货款已付。

在这种情况下，也可以不通过"在途物资"账户，而直接记入"原材料"账户。

借：原材料　　　　　　　　　　　　　　　　　　　4 000 000

　　应交税费——应交增值税（进项税额）　　　　　640 000

　　　贷：银行存款　　　　　　　　　　　　　　　　　　4 640 000

（2）发票已到，货款已付，但材料尚未到达。应作分录如下。

借：在途物资——钢材　　　　　　　　　　　　　　4 000 000

　　应交税费——应交增值税（进项税额）　　　　　640 000

　　　贷：银行存款　　　　　　　　　　　　　　　　　　4 640 000

待材料到达并验收入库后，再作如下分录。

借：原材料——钢材　　　　　　　　　　　　　　　4 000 000

　　　贷：在途物资——钢材　　　　　　　　　　　　　　4 000 000

（3）材料已到达并已验收入库，发票账单尚未到达，可暂时不做账务处理，待发票账单到达后，再进行会计处理。但到月末发票账单仍然未到，则应按"暂估应付款"入账，借记"原材料"，贷记"应付账款——暂估应付款"账户，下月初再做相反的分录冲回，待发票账单到达后，再按实际采购成本进行账务处理。

（4）如果所购材料在验收时发生短缺，则区分以下情况进行处理。如属于运输部门的责任，则要求运输部门赔偿，如属于合理损耗，则应计入材料的采购成本。

【例5-4】假如房天下地产有限公司钢材入库时发现短缺5吨，属于运输部门的责任。

运输部门应该承担的责任额为：5×（4 000 000÷400）＝50 000（元）。

企业应作如下分录：

借：银行存款   50 000

  贷：其他应收款——××运输单位   50 000

3. "甲供材"核算

为了保证材料质量或控制材料成本，房地产开发企业可以根据自身的情况选择"甲供材"（也称A类材料）或"甲控材"（也称B类材料）的方式对材料进行控制。"甲供材"是房地产开发企业直接采购材料，直接供应给施工单位，如直接组织采购钢材、水泥、外墙砖及门窗型材等；"甲控材"是房地产开发企业限定了材料的品牌、材质及规格（有时也规定价格），由施工单位负责采购并综合在报价内，如只规定管材、防水材料、五金配件的品牌等但不直接供应，由施工单位负责采购及供应。有的房地产企业还有C类材料，对于涉及金额比较小的零配件等由施工单位自行采购。

"甲供材"一般不会影响房地产开发企业和施工单位双方的会计处理，对于"甲供材"要根据工程承包合同的约定作不同的会计处理。

（1）合同约定总价中含甲供材价格的，在房地产开发企业发出材料时，作为预付账款处理，借记"预付账款"账户，贷记"原材料"账户。

【例5-5】房天下地产有限公司与施工单位乙公司签订施工合同，合同总额为3 400万元，其中含房天下地产有限公司提供型材门窗480万元。房天下地产有限公司发出材料时，依据施工单位签收的材料领用单及对方收款收据，房天下地产有限公司应作如下账务处理：

借：预付账款   4 800 000

  贷：原材料   4 800 000

（2）合同约定总价中不含甲供材价格的，在房地产开发企业发出材料时，借记"开发成本"账户，贷记"原材料"账户。

【例5-6】承上例，房天下地产有限公司与施工单位乙公司签订施工合同，合同总额为3 400万元，不含房天下地产有限公司提供型材门窗480万元。房天下地产有限公司发出材料时，依据施工单位签收的材料领用单，应做账务处理如下：

借：开发成本   4 800 000

  贷：原材料   4 800 000

5.3.4 人工费的核算

工程成本中的人工费，对计件工人的工资，可直接根据"工程任务单"中工资总额汇总计入各项工程的成本，职工福利费可按工资的比例（目前为14%）计入各项工程的成本。

对计时工人的工资和职工福利费，可根据按工程类别汇总的工时汇总表中各项工程耗用的作业工时总数和各该施工单位的平均工资率计算。所谓施工单位平均工资率，就是以月份内各该施工单位建筑安装工人作业工时总和，除建筑安装工人工资和职工福利费总额所得的商数，计算公式如下：

某施工单位平均工资率（元/时）＝月份内施工单位建筑安装工人工资和
职工福利费总额（元）÷月份内该施工单位建筑安装工人作业工时
总和（时）

用施工单位平均工资率乘各项工程耗用的工时，就可算得各该工程在某月份内应分配的人工费，计算公式如下：

某项工程分配的人工费＝该项工程耗用工时×施工单位平均工资率

【例 5-7】2017 年 1 月，房天下地产有限公司下属第一工程队承建甲、乙两个施工项目，分别核算工程成本。本月发生的业务如下。

（1）本月为拆除旧房支付计时工资 48 000 元，甲项目耗用 8 天，乙项目耗用 4 天。

工资分配标准＝48 000/（8＋4）＝4 000（元/天）

甲项目：8×4 000＝32 000（元）

乙项目：4×4 000＝16 000（元）

编制会计分录如下：

借：工程施工——甲项目（人工费）　　　　　32 000

　　　　　——乙项目（人工费）　　　　　16 000

　　贷：应付职工薪酬——工资　　　　　　　　48 000

（2）本月为搅拌混凝土支付计件工资 36 000 元，甲项目耗用 4 吨，乙项目耗用 6 吨。

工资分配标准＝36 000/（4＋6）＝3 600（元/吨）

甲项目：4×3 600＝14 400（元）

乙项目：6×3 600＝21 600（元）

编制会计分录如下：

借：工程施工——甲项目（人工费）　　　　　　　14 400

　　　　　——乙项目（人工费）　　　　　　　21 600

　　贷：应付职工薪酬——工资　　　　　　　　　　36 000

5.3.5　机械使用费的核算

施工单位因采用机械化施工使用施工机械而发生的各项费用，应另行组织核算。

机械使用费的内容，一般包括：人工费、燃料、动力费、折旧、修理费、替换工具、部件费、运输装卸费、辅助设施费、养路费、牌照税、间接费等。

机械使用费的明细分类核算，对大型机械可按各机械分别进行；对中型机械一般可按机械类别进行。至于那些没有专人使用的小型施工机械，如打夯机、卷扬机、砂浆机、钢筋木工机械等的使用费，可合并计算它们的折旧、修理费。

机械使用费的分配，一般都以施工机械的工作台时（或工作台班，或完成工作量）为标准。各施工机械对各项工程施工的工作台时，可以根据各种机械的使用记录，在"机械使用月报"中加以汇总。

机械使用费的总分类核算，应先在"工程施工——机械使用费"账户进行，如图5-3所示。

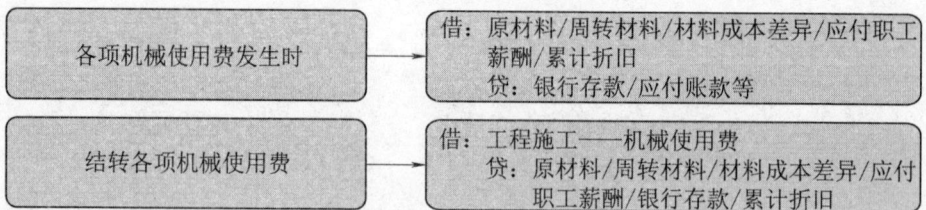

图 5-3　机械费的账务处理

某项工程应分配的机械使用费＝该项工程使用机械的工作台时×机械使用费合计÷机械工作台时合计

【**例 5-8**】2017 年 1 月，房天下地产有限公司下属第一工程队承建甲、乙两个施工项目，分别核算工程成本。本月机械使用费分配，见表 5-11。

表 5-11 　　　　　　　　　自营工程机械使用费分配表　　　　　　　　单位：万元

2017 年 1 月

核算对象		甲项目	乙项目	合计
履带挖土机	本月发生额			78 900
	台班数（小时）	26	24	50
	每台班成本			1 578
	工程分配金额	41 028	37 872	78 900
混凝土搅拌机	本月发生额			124 800
	台班数（小时）	18	22	40
	每台班成本			3 120
	工程分配金额	56 160	68 640	124 800
合计		97 188	106 512	203 700

根据上表，对甲项目应分摊的机械使用费编制会计分录如下：

借：工程施工——甲项目（机械使用费）　　　　　　97 188

　　贷：机械作业——履带挖土机　　　　　　　　　　41 028

　　　　　　　　——混凝土搅拌机　　　　　　　　　56 160

根据上表，对乙项目应分摊的机械使用费编制会计分录如下：

借：工程施工——乙项目（机械使用费）　　　　　　106 512

　　贷：机械作业——履带挖土机　　　　　　　　　　37 872

　　　　　　　　——混凝土搅拌机　　　　　　　　　68 640

5.3.6　其他直接费的核算

1. 其他直接费的定义与范围

其他直接费是指不包括在上述人工费、材料费、机械使用费等其他各种直接费用。

施工企业在施工现场发生的其他直接费主要包括图 5-4 的内容。

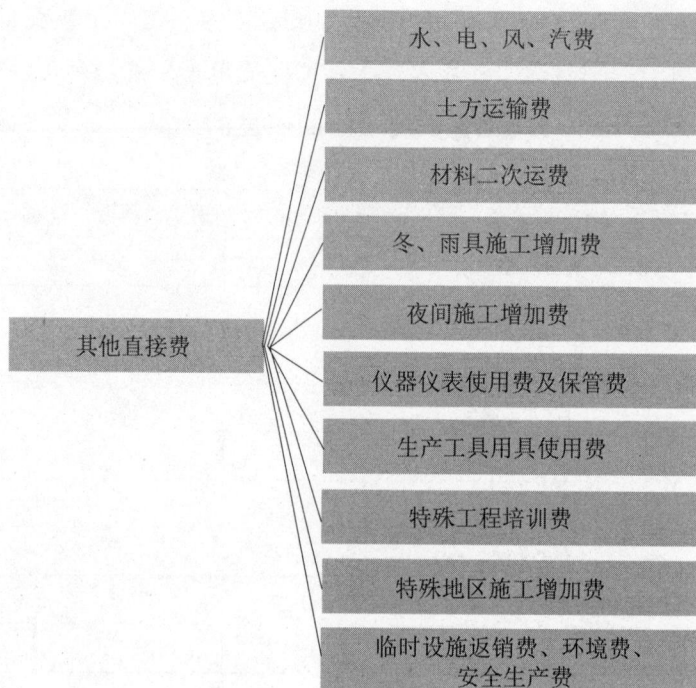

水、电、风、汽费

土方运输费

材料二次运费

冬、雨具施工增加费

夜间施工增加费

仪器仪表使用费及保管费

生产工具用具使用费

特殊工程培训费

特殊地区施工增加费

临时设施返销费、环境费、安全生产费

其他直接费

图 5-4　其他直接费的内容

（1）施工过程中耗用的水、电、风、汽费。

（2）材料二次搬运费：因施工场地狭小等特殊情况而发生的材料二次倒运支出的费用。

（3）冬、雨季施工增加费：在冬季、雨季施工期间，为了确保工程质量，采取保温、防雨措施所增加的材料费、人工费和设施费用，以及因工效和机械作业效率降低所增加的费用。具体来讲，冬季施工增加费主要包括以下几点：因冬季施工所需增加的一切人工、机械与材料的支出；施工机具所需修建暖棚（包括拆、移），增加油脂及其他保温设备；因施工组织设计确定，需增加的一切保温、加温及照明等有关支出；与冬季施工有关的其他各项费用，如清除工作地点的冰雪等费用。

（4）夜间施工增加费：为确保工期和工程质量，需要在夜间连续施工或在白天施工需增加照明设施（如在炉窑、烟囱、地下室等处施工）及发放夜餐补助等发生的费用。

（5）仪器仪表使用费：通信、电子等设备安装工程所需安装、测试仪器、仪表的摊销及维持费用。

（6）生产工具用具使用费：施工、生产所需的不属于固定资产的生产工具和检验、试验用具等的摊销费和维修费，以及支付给工人自备工具的补贴费。

（7）特殊工程培训费：在承担某些特殊工程、新型建筑施工任务时，根据技术规范要求对某些特殊工种的培训费。

（8）特殊地区施工增加费：铁路、公路、通信、输电、长距离输送管道等工程在原始森林、高原、沙漠等特殊地区施工增加的费用。

【例 5-9】2017 年 1 月，力讯建筑公司发生其他直接费用 29 000 元，其中分配给江城 1 期工程 17 000 元，江城 2 期工程 12 000 元。账务处理如下。

借：工程施工——江城 1 期工程（其他直接费）　　　17 000

　　　　　　——江城 2 期工程（其他直接费）　　　12 000

　　贷：银行存款　　　　　　　　　　　　　　　　　　　29 000

2. 其他直接费的核算

事实上，其他直接费是工程直接费用的组成部分。在计算建筑安装工程造价时，按规定的费率计算，也可直接计入预算定额分项中，但不得重复计算。在实际工作中，其他直接费中的一些费用很难与施工生产中发生的正常的人工费、材料费区分清楚，可按照费率计算计入"人工费""材料费"等成本项目内核算。为了使实际成本与预算定额的口径一致，在编制成本报表时，应将预算成本的成本项目按照要求进行调整。

建设单位对于支付给施工企业的建筑安装工程价款（包括其他直接费用）计入"建筑安装工程投资"；施工企业在"工程施工"账户归集实际发生的其他直接费。

具体来讲，其他直接费的账务处理，见表 5-12。

表 5-12　　　　　　　　　　　其他直接费用的账务处理

财务情形	账务处理
小型工具用具如以租赁方式取得，付款时根据工具用具结算单、收据	借：工程施工——其他直接费 　　贷：银行存款
小型工具用具如是一次性摊销的，根据工具用具领用报表	借：工程施工——其他直接费 　　贷：原材料——工具用具
如以现金形式发放给职工承包使用，不发实物，根据发放单	借：工程施工——其他直接费 　　贷：银行存款或库存现金

财务情形	账务处理
工程水电费按水电表实际使用量和预算单价计算，如现场没有水电表的，则按定额计算、编制水电费耗用表	借：工程施工——其他直接费 　　贷：应付账款——水电费
其他费用在支付时，根据发票、合同等	借：工程施工——其他直接费 　　贷：银行存款或应付职工薪酬
临时设施的核算，按工期分期摊入成本	借：工程施工——其他直接费 　　贷：临时设施摊销

【例5-10】2017年3月，某建筑公司承担某高速公路A标段的隧道、桥梁施工，领用生产工具16 401.60元，按生产工日进行分配；检验试验费11 200元、场地清理费13 200元，按工料成本比例分配，根据上述资料和施工统计资料编制"其他直接费分配表"，见表5-13。

表5-13　　　　　　　　　　　　　　**其他直接费分配表**

2017年3月31日　　　　　　　　　　　　　　　　　单位：元

核算对象	工具用具		检验试验费		场地清理费	
	耗用工时	分配金额	工料成本	分配金额	工料成本	分配金额
隧道工程	2 412	9 840.96	1 554 425.22	7 249.80	1 554 425.22	8 544.41
桥梁工程	1 608	6 560.64	846 958.40	3 950.20	846 958.40	4 655.59
合计	4 020	16 401.60	2 401 383.62	11 200.00	2 401 383.62	13 200.00

根据"其他直接费分配表"，做如下会计处理。

（1）分配工具用具使用费

借：工程施工——合同成本（隧道，其他直接费）　　9 840.96

　　　　　　——合同成本（桥梁，其他直接费）　　6 560.64

　　贷：周转材料——低值易耗品　　　　　　　　　　　　　16 401.60

（2）分配检验试验费。

借：工程施工——合同成本（隧道，其他直接费）　　7 249.80

　　　　　　——合同成本（桥梁，其他直接费）　　3 950.20

　　贷：银行存款　　　　　　　　　　　　　　　　　　　　11 200.00

（3）分配场地清理费。

借：工程施工——合同成本（隧道，其他直接费）　　8 544.41

　　　　　　——合同成本（桥梁，其他直接费）　4 655.59

　　　贷：库存现金等　　　　　　　　　　　　　13 200.00

　　【例 5-11】 2016 年 10 月，某施工公司在修建某大桥时因施工场地狭窄，沙石需要二次搬运，发生搬运费 5 000 元；为大桥混凝土试件发生试验费 2 000 元，领用生产工具 5 000 元（经统计隧道应摊销 2 000 元，路基 1 500 元，大桥 1 500 元）。应编制会计分录如下。

　　　借：工程施工——合同成本（大桥工程，其他直接费）　5 000

　　　　　贷：应付职工薪酬　　　　　　　　　　　　　　5 000

　　　借：工程施工——合同成本（大桥工程，其他直接费）　2 000

　　　　　贷：银行存款　　　　　　　　　　　　　　　　2 000

　　　借：工程施工——合同成本（隧道工程，其他直接费）　2 000

　　　　　　　　——合同成本（路基工程，其他直接费）　1 500

　　　　　　　　——合同成本（大桥工程，其他直接费）　1 500

　　　　　贷：周转材料——低值易耗品　　　　　　　　　5 000

5.3.7　施工间接费用的核算

　　工程成本中除了上文所说的各项直接费外，还包括施工单位组织施工、管理所发生的各项费用。这些费用，虽为组织施工、管理所必需，但是不能确定其为某项工程成本所应负担，因而无法将它直接计入各项工程成本。为了简化核算手续，都将它先记入"施工间接费用"账户，然后将它分配计入各项工程成本。

　　施工间接费用的内容，一般包括：

管理人员工资	·施工单位管理人员的工资、工资生津贴、补贴等
职工福利费	·是指按照施工单位管理人员工资总额的一定比例（目前为14%）提取的职工福利费
折旧费	·是指施工单位施工管理使用属于固定资产的房屋、设备、仪器等的折旧费
修理费	·是指施工单位施工管理使用属于固定资产的房屋、设备、仪器等的日常修理费和大修理费

办公费	• 是指施工单位管理部门办公用的文具、纸张、账表、印刷、邮电、书报、会议、水电和集体取暖用煤等的费用
差旅交通费	• 是指施工单位职工因公出差、调动工作的差旅费、驻勤补助费、市内交通和误餐补助费、上下班交通补贴、职工探亲路费、职工离退休退职一次性路费、工伤人员就医路费，以及施工单位管理部门使用的交通工具的油料、燃料、养路费、牌照费等
劳动保护费	• 是指用于施工单位职工的劳动保护用品和技术安全设施的购置、摊销和修理费，供职工保健用的解毒剂、营养品、防署饮料、洗涤肥皂等物品的购置费和补助费以及工地上职工洗澡、饮水的燃料费等
其他费用	• 是指上列各项费用以外的其他间接费用

施工间接费用的明细分类核算，应按施工单位设置"施工间接费用明细分类账"，将发生的施工间接费用按明细项目分栏登记。

每月终了，应对施工间接费用进行分配。为了便于将施工间接费的实际水平与定额比较，以考核施工间接费用的节约或超支情况，施工间接费用在各项建筑安装工程之间的分配，可按照各项工程的施工间接费用定额（即为直接费或人工费的百分比，建筑工程一般按直接费的百分比，水电安装工程、设备安装工程按人工费的百分比）所计算的施工间接费的比例进行分配。

某项工程本期应分配的施工间接费用＝本期实际发生的施工间接费用×该项工程本期实际发生的直接费（或人工费）×该项工程规定的施工间接费用定额÷∑[各项工程本期实际发生的直接费（或人工费）×各项工程规定的施工间接费用定额]

在实际核算工作中，对于施工间接费用的分配，往往先计算本期实际发生的施工间接费用对按施工间接费用定额计算的施工间接费用的百分比，再将各项工程按定额计算的施工间接费用进行调整，即将上列算式改为：

某项工程本期应分配的施工间接费用＝[该项工程本期实际发生的直接费（或人工费）×该项工程本期规定的施工间接费用定额]×本期实际发生的施工间接费用÷∑[各项工程本期实际发生的直接费（或人工费）×各项工程规定的施工间接费用定额]

【例 5-12】某施工单位在 2017 年 7 月份发生施工间接费用 48 000 元，各项工程在 7 月份内发生的直接费和施工间接费用定额，见表 5-14。

表 5-14　　　　　　　　　　　　施工间接费分配表

项　　目	直接费	施工间接费用定额
101 商品房	152 000	施工间接费用定额为直接费的 6％
102 商品房	128 000	施工间接费用定额为直接费的 6％
103 出租房	79 000	施工间接费用定额为直接费的 6％

根据公式：

某项工程本期应分配的施工间接费用＝［该项工程本期实际发生的直接费（或人工费）×该项工程本期规定的施工间接费用定额］×本期实际发生的施工间接费用÷∑［各项工程本期实际发生的直接费（或人工费）×各项工程规定的施工间接费用定额］

则各项工程在 7 月份应分配的施工间接费用如下：

101 商品房：

152 000×6％×48 000÷（152 000×6％＋128 000×6％＋79 000×6％）

＝9 120×48 000/21 540

＝20 323.12（元）

102 商品房：

128 000×6％×48 000÷（152 000×6％＋128 000×6％＋79 000×6％）

＝17 114.21（元）

103 出租房：

79 000×6％×48 000÷（152 000×6％＋128 000×6％＋79 000×6％）

＝10 562.67（元）

对于分配于各项工程成本的施工间接费用，应自"施工间接费用"账户的贷方转入"工程施工"账户的借方，并记入各项工程成本的"施工间接费"项目：

借：工程施工　　　　　　　　　　　　　　　　　　48 000

　　贷：施工间接费用　　　　　　　　　　　　　　　　48 000

5.4　出包工程核算

房地产开发企业的基础设施和建筑安装等工程的施工，如不采用自营方式，可以采用发包方式。对发包的基础设施和建筑安装工程，一般采用招标、议标方式，通过工程公开招标或邀请施工企业议标，将工程发包给施工企业的，按工程标价进行结算。

在工程出包的过程中需要进行的会计核算业务有投标保证金的核算、预付备料款和工程款的核算、工程价款结算及其应付工程款的核算等。

5.4.1 投标保证金的核算

出包工程招标，房地产开发企业会要求投标单位缴纳一定金额的投标保证金。投标结果确定后，在约定期限内房地产开发企业将投标保证金退回未中标的单位，中标单位支付的投标保证金转为履约保证金。如图5-5所示。

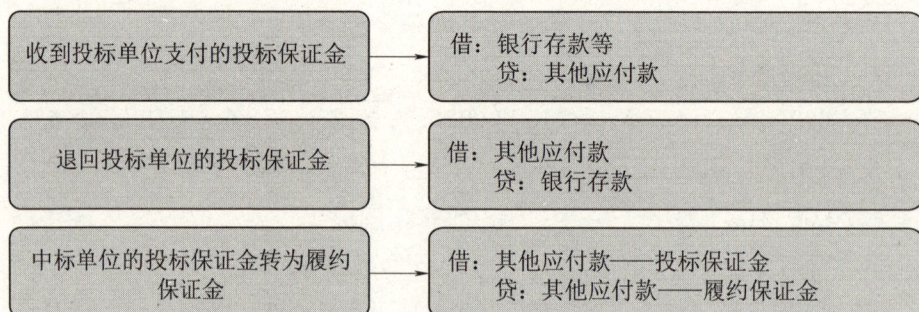

收到投标单位支付的投标保证金	借：银行存款等 　　贷：其他应付款
退回投标单位的投标保证金	借：其他应付款 　　贷：银行存款
中标单位的投标保证金转为履约保证金	借：其他应付款——投标保证金 　　贷：其他应付款——履约保证金

图5-5　投标保证金的核算账务处理

【例5-13】房天下地产有限公司招标采购断桥铝，投标保证金金额为25万元。投标结束，甲公司中标，乙公司中标反悔，丙公司未中标。房天下地产有限公司应作如下账务处理。

（1）收取甲、乙、丙公司的投标保证金。

借：银行存款　　　　　　　　　　　　　　　　750 000
　　贷：其他应付款——甲公司　　　　　　　　250 000
　　　　　　　　　——乙公司　　　　　　　　250 000
　　　　　　　　　——甲公司　　　　　　　　250 000

（2）甲公司中标，依据中标通知书，投标保证金转为履约保证金：

借：其他应付款——甲公司（投标保证金）　　　250 000
　　贷：其他应付款——甲公司（履约保证金）　250 000

（3）乙公司中标反悔，构成违约，投标保证金归房天下地产有限公司所有。

借：其他应付款——乙公司   250 000

  贷：营业外收入   250 000

（4）退回丙公司投标保证金。

借：其他应付款——丙公司   250 000

  贷：银行存款   250 000

5.4.2 预付备料款、工程款的核算

在工程出包中，通常会在工程承包合同中明确规定：房地产开发企业在工程开工前拨付给承包方一定数额的工程预付备料款，以此作为承包商为工程项目储备主要材料所需要的流动资金。

同时，房地产开发企业出包工程，一般是先预付给承包单位一部分工程款，待工程完工结算（或按期结算）时，再确认应付工程价款。开发企业与施工企业有关发包工程款和预付备料款、工程款的核算，应在"应付账款——应付工程款"和"预付账款——预付承包单位款"两个账户进行。为了简化核算，可以将预付工程款和应付工程款合并在"应付账款"一个账户核算。如图5-6所示。

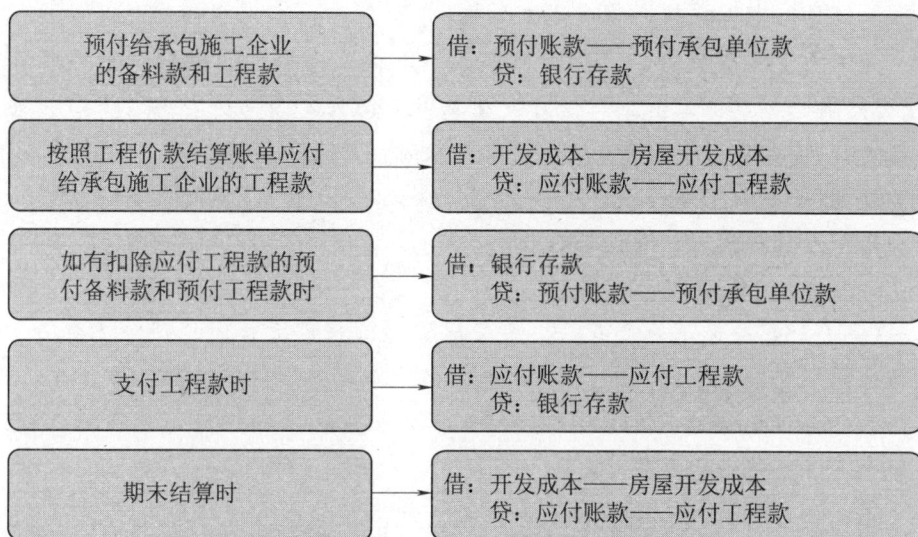

预付给承包施工企业的备料款和工程款	借：预付账款——预付承包单位款 贷：银行存款
按照工程价款结算账单应付给承包施工企业的工程款	借：开发成本——房屋开发成本 贷：应付账款——应付工程款
如有扣除应付工程款的预付备料款和预付工程款时	借：银行存款 贷：预付账款——预付承包单位款
支付工程款时	借：应付账款——应付工程款 贷：银行存款
期末结算时	借：开发成本——房屋开发成本 贷：应付账款——应付工程款

图 5-6 工程款的账务处理

【例5-14】房天下地产有限公司发生下述业务。

（1）按合同规定，预付给甲承包施工企业房屋建筑工程款450万元。依据施工单位开具的收款收据和银行付款凭据，房天下地产有限公司应作如下账务处理。

借：预付账款——甲施工企业　　　　　　　　　4 500 000

　　贷：银行存款　　　　　　　　　　　　　　　　　4 500 000

（2）按合同规定拨付材料（甲供材）一批给甲承包施工企业抵作备料款，材料作价189万元，依据施工单位签收的领料单和收款收据，房天下地产有限公司应作如下账务处理：

借：预付账款——甲施工企业　　　　　　　　　1 890 000

　　贷：原材料　　　　　　　　　　　　　　　　　　1 890 000

（3）承建的房屋建筑工程完工，甲承包单位转来"工程价款结算账单"，应结算工程款2 680万元。依据工程价款结算单和施工单位开具的建筑发票，房天下地产有限公司应作如下账务处理：

借：开发成本——房屋开发　　　　　　　　　26 800 000

　　贷：应付账款——甲施工企业　　　　　　　　　26 800 000

同时将原来预付的账款转入应付账款，以冲减应付的工程账款。房天下地产有限公司应作如下账务处理：

借：应付账款——甲施工企业　　　　　　　　　6 390 000

　　贷：预付账款——甲施工企业　　　　　　　　　6 390 000

经过上述账务处理，"预付账款——甲施工企业"明细账户已被冲平。"应付账款——甲施工企业"借方发生额639万元，贷方发生额2 680万元，余额为2 041万元。待支付该项承包工程款时，房天下地产有限公司应作以下账务处理：

借：应付账款——甲施工企业　　　　　　　　　20 410 000

　　贷：银行存款　　　　　　　　　　　　　　　　20 410 000

【例5-15】房天下地产有限公司某项出包工程年度合同总值为180万元，按照合同规定当年1月动工，10月完工。开工前应预付备料款4.5万元，则在用银行存款支付时，依据施工单位开具的收款收据和银行付款凭据。房天下地产有限公司应作账务处理如下。

借：预付账款——预付承包单位款　　　　　　　45 000

　　贷：银行存款　　　　　　　　　　　　　　　　45 000

1月份，施工企业当月施工计划所列工程量金额为21万元，依据合同规定，本月应预付工程款 10.5 万元。用银行存款预付工程款时，依据施工单位开具的收款收据和银行付款凭据，房天下地产有限公司应作如下账务处理。

借：预付账款——预付承包单位款　　　　　　　　105 000

　　贷：银行存款　　　　　　　　　　　　　　　　105 000

2 月初根据双方确认，1 月份工程价款结算账单中的已完工程价值为 22.5 万元，减去按合同规定，本月应扣回预付备料款 4.5 万元，10 月份预付工程款 10.5 万元，尚应支付工程款 22.5－4.5－10.5＝7.5（万元）。房天下地产有限公司应作如下账务处理：

借：开发成本　　　　　　　　　　　　　　　　　225 000

　　贷：预付账款——预付承包单位款　　　　　　　150 000

　　　　应付账款——应付工程款　　　　　　　　　 75 000

5.4.3　质量保证金的核算

在房地产企业开发建设过程中，项目工程质量保证金＝项目工程价款结算总额×合同约定的比例（一般为 5%）。由房地产开发企业从施工企业工程计量拨款中直接扣留，且一般不计算利息。

施工企业应在项目工程竣工验收合格后的缺陷责任期内，认真履行合同约定的责任，缺陷责任期满后，可及时向房地产开发企业申请返还工程质保金。账务处理如图 5-7 所示。

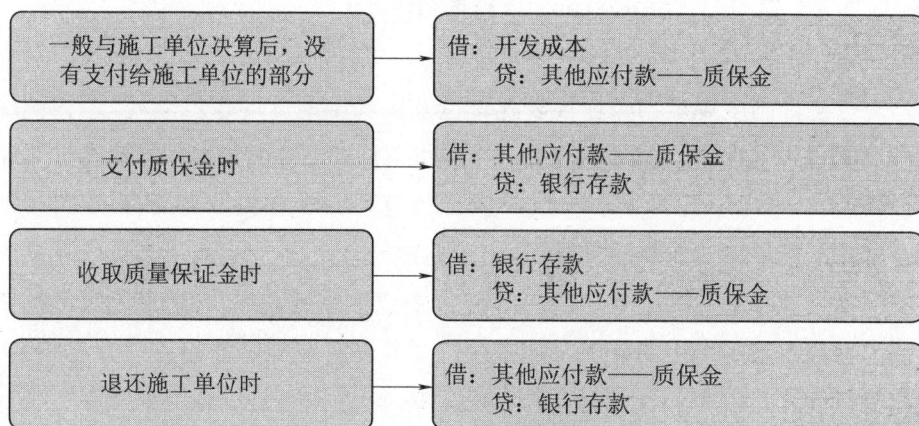

一般与施工单位决算后，没有支付给施工单位的部分	借：开发成本　　　贷：其他应付款——质保金
支付质保金时	借：其他应付款——质保金　　　贷：银行存款
收取质量保证金时	借：银行存款　　　贷：其他应付款——质保金
退还施工单位时	借：其他应付款——质保金　　　贷：银行存款

图 5-7　质量保证金的账务处理

【例5-16】 房天下地产有限公司与乙方施工单位进行决算，决算价为3 200万元，已付款1 600万元，预留5％的保证金160万元，本次开具的全额发票3 200万元，用银行存款预付1 440万元。依据工程结算单和施工单位开具的建筑发票，房天下地产有限公司应作如下账务处理：

借：开发成本——建筑安装工程费　　　　　　　　32 000 000
　　贷：预付账款　　　　　　　　　　　　　　　　16 000 000
　　　　其他应付款——质保金　　　　　　　　　　1 600 000
　　　　银行存款　　　　　　　　　　　　　　　　14 400 000

质保期到期，没有质量问题，用银行存款支付质保金。依据工程验收单及施工单位开具的收款收据和银行付款凭据，房天下地产有限公司应作如下账务处理。

借：其他应付款——质保金　　　　　　　　　　　1 600 000
　　贷：银行存款　　　　　　　　　　　　　　　　1 600 000

5.5　代建工程开发成本的核算

代建工程是指开发企业接受委托单位的委托，代为开发的各种工程，包括土地、房屋、市政工程等。

5.5.1　代建工程成本核算的对象和项目

现行会计制度规定：企业代委托单位开发的土地（即建设场地）、各种房屋所发生的各项支出，应分别通过"开发成本——商品性土地开发成本"和"开发成本——房屋开发成本"账户进行核算，并在这两个账户下分别按土地、房屋成本核算对象和成本项目归集各项支出，进行代建工程项目开发成本的明细分类核算。除土地、房屋以外，企业代委托单位开发的其他工程如市政工程等，其所发生的支出，则应通过"开发成本——代建工程开发成本"账户进行核算。因此，开发企业在"开发成本——代建工程开发成本"账户核算的，仅限于企业接受委托单位委托，代为开发的除土地、房屋以外的其他工程所发生的支出。

代建工程开发成本的核算对象，应根据各项工程实际情况确定。成本项目一般可设置如下几项：①土地征用及拆迁补偿费；②前期工程费；③基础设施费；④建筑安装工程费；⑤开发间接费。在实际核算工作中，应根据代建工程支出内容设置使用。

5.5.2　代建工程开发成本的核算

开发企业发生的各项代建工程支出和对代建工程分配的开发间接费用，应记入"开发成本——代建工程开发成本"账户的借方和"银行存款""应付账款——应付工程款""原材料""应付职工薪酬""开发间接费用"等账户的贷方。同时应按成本核算对象和成本项目分别归类记入各代建工程开发成本明细分类账。代建工程开发成本明细分类账的格式，基本上和房屋开发成本明细分类账相同。

完成全部开发过程并经验收的代建工程，应将其实际开发成本自"开发成本——代建工程开发成本"账户的贷方转入"开发产品"账户的借方，并在将代建工程移交委托代建单位，办妥工程价款结算手续后，将代建工程开发成本自"开发产品"账户的贷方转入"经营成本"账户的借方。

【例 5-17】某开发企业接受市政工程管理部门的委托，代为改建四季花园小区老旧楼房。改建过程中，用银行存款支付拆迁补偿费 370 000 元，应付基础设施工程款 356 000 元，分配开发间接费用 65 000 元，在发生上列各项扩建工程开发支出和分配开发间接费用时，应作如下分录入账。

借：开发成本——代建工程开发成本	791 000	
贷：银行存款		370 000
应付账款——应付工程款		356 000
开发间接费用		65 000

小区扩建工程完工并经验收，结转已完工程成本时，应作如下分录入账：

借：开发产品——代建工程	791 000	
贷：开发成本——代建工程开发成本		791 000

5.6 开发产品核算

5.6.1 开发产品的定义及会计科目的设置

开发产品是指企业已经完成全部开发建设过程，并已验收合格，符合国家建设标准和设计要求，可以按照合同规定的条件移交订购单位，或者作为对外销售、出租的产品，包括土地（建设场地）、房屋、配套设施和代建工程。已完工开发产品实际上是开发建设过程的结束和销售过程的开始。

对于已完工开发产品，应设置"开发产品""周转房"账户进行会计核算。本账户借方登记已竣工验收的开发产品的实际成本，贷方登记月末结转的已销售、转让、结算或出租的开发产品的实际成本。月末借方余额表示尚未销售、转让、结算或出租的各种开发产品的实际成本。本账户应按开发产品的种类，如土地、房屋、配套设施和代建工程等设置明细账户，并在明细账户下，按成本核算对象设置账页。见表5-15。

表 5-15 开发产品会计科目编码的设置

科目代码	总分类科目（一级科目）	明细分类科目		是否辅助核算	辅助核算类别
		二级明细科目	三级明细科目		
1405	开发产品				
140501	开发产品	土地	项目	是	单位名称
140502	开发产品	房屋	项目	是	单位名称
140503	开发产品	配套设施	项目	是	单位名称
140504	开发产品	代建工程	项目	是	单位名称

5.6.2 开发产品增减的核算

1. 开发产品增加

房企的开发产品，在竣工验收时，应按实际成本借记"开发产品"账户，贷记"开发成本"账户。

【例5-18】房天下地产有限公司根据竣工验收单，本月已完工开发产品实际成本为 6 134 万元。其中：土地 124 万元，房屋 5 490 万元，代建工程 420 万元，配套设施 100 万元。应作如下会计处理。

借：开发产品——土地   1 240 000

        ——房屋   54 900 000

        ——代建工程   4 200 000

        ——配套设施   1 000 000

    贷：开发成本   61 340 000

2. 开发产品减少的核算

企业的开发产品会因对外转让、销售等原因而减少。对于减少的开发产品，应区分不同情况及时进行会计处理。

1. 第一种情况

（1）企业对外转让、销售开发产品时，应于月份终了时按开发产品的实际成本，借记"主营业务成本"账户，贷记"开发产品"账户。

（2）采用分期收款结算方式销售开发产品的，在将开发产品移交使用单位或办妥分期收款销售合同后，按分期收款的开发产品的实际成本，借记"分期收款开发产品"账户，贷记"开发产品"账户。

（3）企业将开发的土地和房屋用于出租经营，或将开发的房屋安置拆迁居民周转使用，应于移交使用时，按土地和房屋的实际成本，借记"出租开发产品"或"周转房"等账户，贷记"开发产品——土地（或房屋）"账户。

（4）企业将开发的营业性配套设施，用于本企业从事第三产业经营用房，应视同建造固定资产进行处理，即按该配套设施的实际成本借记"固定资产"账户，贷记"开发产品——配套设施"账户。

房地产开发企业对已完成开发过程的商品房、周转房及投资性房地产，应在竣工验收以后将其开发成本结转"开发产品"账户。会计人员应根据房屋开发成本明细分类账记录的完工房屋实际成本，记入"开发产品——房屋"账户的借方和"开发成本——房屋开发"账户的贷方。

【例 5-19】 房天下地产有限公司根据竣工验收单，本月已完工开发产品实际成本为 2 800 万元。见表 5-16。房天下地产有限公司应作以下账务处理：

借：开发产品——房屋   28 000 000

    贷：开发成本——房屋开发   28 000 000

表 5-16　　　　　　　　　　　　成本计算单　　　　　　　　　　（金额单位：万元）

楼号	面积（m²）	建安工程费	土地征用及拆迁	公共配套	基础设施	前期工程费	开发间接费	利息支出	合计
1 号	1 000.00	165.00	65.00	4.00	22.00	24.00	5.00	10.00	295.00
2 号	1 500.00	247.50	95.00	6.00	33.00	36.00	7.50	15.00	440.00
3 号	2 500.00	412.50	100.00	10.00	55.00	60.00	12.50	25.00	675.00
5 号	2 000.00	330.00	100.00	8.00	44.00	48.00	10.00	20.00	560.00
6 号	3 000.00	495.00	140.00	12.00	66.00	72.00	15.00	30.00	830.00
总计	10 000	1 650.00	500.00	40.00	220.00	240.00	50.00	100.00	2 800.00

【例 5-20】房天下地产有限公司已开发完工的新华联小区 11 号楼采用分期收款方式出售给星辰制药厂，总售价为 7 894 万元，实际总成本 4 875 万元。合同规定，全部价款分两次付清，房屋移交时支付 60%，余款于第二年年底付清。

①办妥分期收款销售合同时。

借：发出开发产品——新华联小区 11 号楼　　　48 750 000

　　贷：开发产品——房屋（新华联小区 11 号楼）　48 750 000

②首次收款时。

借：银行存款　　　　　　　　　　　　　　　　47 364 000

　　贷：主营业务收入——商品房销售收入　　　　47 364 000

③同时按收款比例结转销售成本。

借：主营业务成本——商品房销售成本　　　　　29 250 000

　　贷：发出开发产品——新华联小区 11 号楼　　29 250 000

第二次收款时仍同首次收款一样确认收入，并按比例结转成本。如果按合同规定的时间尚未收到款项，也同样要确认收入和结转成本，未收到的款项作为应收账款处理。

2. 第二种情况

（1）企业将开发的房屋安置拆迁居民周转使用，应于移交使用时，按土地和房屋的实际成本，借记"周转房"账户，贷记"开发产品——土地（或房屋）"账户。

（2）企业将开发产品用于出租时，应按照确定的建造成本，借记"投资性房地产"账户，贷记"开发产品"账户。

（3）企业将开发的房屋转为自用，应于房屋自用时，按开发产品的实际成本，借记"固定资产"账户，贷记"开发产品——房屋"账户。

【例 5-21】2017 年 1 月，房天下地产有限公司确认销售商品房收入，房屋销售成本为 8 750 万元，销售收入 9 945 万元。房天下地产有限公司应作以下账务处理：

借：主营业务成本   87 500 000

    贷：开发产品——房屋   87 500 000

借：预收账款   99 450 000

    贷：主营业务收入   99 450 000

5.7 周转房核算

周转房属于企业自己周转使用的房屋，在周转使用期间，要按期摊销周转房的成本。

"周转房"账户下设"在用周转房"和"周转房累计摊销"两个明细账户，其中"在用周转房"反映的是在用周转房的原始成本，"周转房累计摊销"的贷方余额反映的是在用周转房的累计摊销额。

周转房总账账户的借方余额反映的是周转房的净值。

【例 5-22】房天下地产有限公司发生下列经济业务：

（1）根据需要将一批商品房暂作周转房使用，其实际成本为 6 578 万元。应作如下会计分录：

借：周转房——在用周转房   65 780 000

    贷：开发产品——房屋   65 780 000

（2）计提本月周转房摊销额 520 000 元，应作如下会计分录：

借：开发间接费用   520 000

    贷：周转房——周转房累计摊销   520 000

注意：周转房发生维修，应直接计入管理费用账户。

5.8 开发间接费用的核算

5.8.1 开发间接费用的组成与归集

开发间接费用，是指房地产开发企业内部独立核算单位在开发现场组织管理开发产品而发生的各项费用。这些费用虽也属于直接为房地产开发而发生的费用，但不能确定其为某项开发产品所应负担，因而无法将其直接计入各项开发产品成本。

为了简化核算手续，将其先计入"开发间接费用"账户，然后按照适当分配标准计入各项开发产品成本。"开发间接费用"相当于工业的"制造费用"。

1. 开发间接费用的组成

为了组织开发间接费用的明细分类核算，分析各项费用增减变动的原因，进一步节约费用开支，开发间接费用应分设工资、折旧费、修理费、办公费、水电费、劳动保护费、周转房摊销和利息支出等明细项目进行核算。其中，利息支出指房地产开发企业为开发房地产借入资金所发生而不能直接计入某项开发成本的利息支出及相关手续费，但应冲减使用前暂存银行而发生的利息收入。开发产品完工以后发生的借款利息，应作为财务费用，计入当期损益。但对于符合资本化的利息支出，也可以单独设置为二级科目，即开发成本——房屋开发——利息支出，这样分类对于后期的财务分析及计算土地增值税很方便。

2. 开发间接费用的归集

开发间接费用的总分类核算，在"开发间接费用"账户进行。企业所属各内部独立核算单位发生的各项开发间接费用，都要自"应付职工薪酬""累计折旧""长期待摊费用""银行存款""周转房——周转房摊销"等账户的贷方转入"开发间接费用"账户的借方。

房地产开发企业在开发现场组织和管理房地产开发建设而发生的各项费用。应作为开发间接费用计入开发产品成本。但在实际工作中，除了周转房摊销外，企业很难划清管理费用和开发间接费用的界限。因此，除了周转房摊销列入开发间接费用外，其余费用往往以是否设立现场管理机构为依据进行划分，如果开发企业不设现场管理机构，而由企业定期或不定期地派人到开发现场组织开发建设活动，则其所发生的费用可直接并入企业的管理费用。

开发间接费用科目的设置，见表5-17。

表5-17 开发间接费用会计科目编码的设置

科目代码	总分类科目（一级科目）	明细分类科目		是否辅助核算	辅助核算类别
		二级明细科目	三级明细科目		
5101	开发间接费用				
510101	开发间接费用	职工薪酬	现场	是	项目
510102	开发间接费用	折旧费	现场	是	项目
510103	开发间接费用	修理费	现场	是	项目
510104	开发间接费用	办公费	现场	是	项目
510105	开发间接费用	水电费	现场	是	项目
510106	开发间接费用	劳动保护费	现场	是	项目
510107	开发间接费用	周转房摊销	现场	是	项目
510108	开发间接费用	利息支出	现场	是	项目
510109	开发间接费用	其他费用	现场	是	项目

5.8.2 开发间接费用结转的账务处理

每月终了，应对开发间接费用进行分配，按实际发生数计入有关开发产品的成本。开发间接费用的分配方法，企业可根据开发经营的特点自行确定。不论土地开发、房屋开发、配套设施和代建工程，均应分配开发间接费用。

企业内部独立核算单位发生的开发间接费用，可仅对有关开发房屋、商品性土地、能有偿转让配套设施及代建工程进行分配。开发间接费用的分配标准，可按月份内各项产品实际发生的直接成本（包括土地征用及拆迁补偿费或批租地价、前期工程费、基础设施费、建筑安装工程费及配套设施费）进行：

某项开发产品成本分配的开发间接费用＝本月该项开发产品实际发生的直接成本×（本月实际发生的开发间接费用÷各开发产品实际发生的直接成本总额）

【例5-23】恒昌房地产开发企业某内部独立核算单位在2016年5月共发生了开发间接费用51 680万元，应分配开发间接费用各开发产品实际发生的直接成本见表5-18。

表5-18 　　　　　　　　　　　　分配开发间接费用 　　　　　　　　　　　单位：万元

编号	项目	直接成本
111	商品房	240 000
112	商品房	180 000
113	出租房	98 000
114	周转房	12 000
115	大配套设施——商店	80 000
116	商品性土地	65 000
合计		675 000

根据上列公式，即可为各开发产品算得5月份应分配的开发间接费：

111商品房：240 000×51 680÷675 000＝240 000×7.66％＝18 384（万元）

112商品房：180 000×7.66％＝13 788（万元）

113出租房：98 000×7.66％＝7 506.8（万元）

114周转房：12 000×7.66％＝919.2（万元）

115大配套设施：80 000×7.66％＝6 128（万元）

116商品性土地：65 000×7.66％＝4 954（万元）（摊余金额）

根据计算，编制表5-19的开发间接费用分配表。

表5-19 　　　　　　　　　　　开发间接费用分配表

2016年5月 　　　　　　　　　　　单位：元

编号	开发项目	直接成本	分配开发间接费
111	商品房	240 000	18 384
112	商品房	180 000	13 788
113	出租房	98 000	7 506.8
114	周转房	12 000	919.2
115	大配套设施——商店	80 000	6 128
116	商品性土地	65 000	4 954
合计		675 000	51 680

根据开发间接费用分配表，即可将各开发产品成本分配的开发间接费记入各开发产品成本核算对象的"开发间接费"成本项目，并将它记入"开发成本"各二级账户的借方和"开发间接费用"账户的贷方，作如下分录入账：

借：开发成本——房屋开发成本   40 598

    ——配套设施开发成本   6 128

    ——商品性土地开发成本   4 954

 贷：开发间接费用   51 680

5.9 职工薪酬的核算

职工薪酬，是指企业为获得职工提供的服务或解除劳动关系而给予的各种形式的报酬或补偿。职工薪酬包括短期薪酬、离职后福利、辞退福利和其他长期福利。企业提供给职工配偶、子女、受赡养人、已故员工遗属及其他受益人等的福利，也属于职工薪酬。职工薪酬的内容如图 5-8 所示。

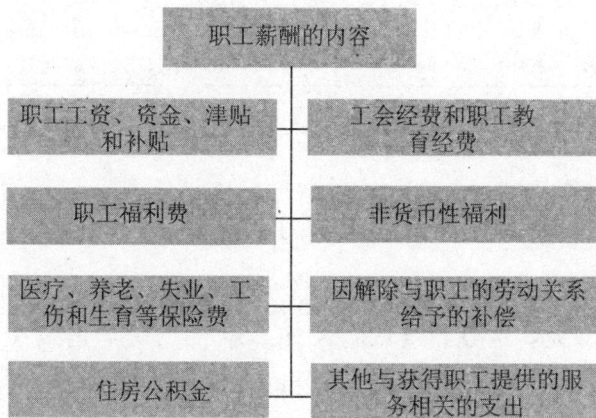

图 5-8　职工薪酬的内容

为了核算应付给职工的各种薪酬，企业应设置"应付职工薪酬"科目。本科目应当按照"工资""职工福利""社会保险费""非货币性福利""住房公积金""工会经费""职工教育经费""解除职工劳动关系补偿"等应付职工薪酬项目进行明细核算。开发间接费用科目具体设置，见表 5-20。

表 5-20 开发间接费用会计科目编码的设置

科目代码	总分类科目（一级科目）	明细分类科目		是否辅助核算	辅助核算类别
		二级明细科目	三级明细科目		
2211	应付职工薪酬				
221101	应付职工薪酬	职工薪酬		是	部门
22110101	应付职工薪酬	职工薪酬	职工工资、奖金、津贴和补贴	是	部门
22110102	应付职工薪酬	职工薪酬	职工福利费	是	部门
22110103	应付职工薪酬	职工薪酬	住房公积金	是	部门
22110104	应付职工薪酬	职工薪酬	工会经费和职工教育经费	是	部门
22110105	应付职工薪酬	职工薪酬	非货币性福利	是	部门
22110106	应付职工薪酬	职工薪酬	因解除与职工的劳动关系给予的补偿	是	部门
22110107	应付职工薪酬	职工薪酬	其他与获得职工提供的服务相关的支出	是	部门
22110108	应付职工薪酬	职工薪酬	医疗、养老、失业、工伤和生育等保险费	是	部门
22110109	应付职工薪酬	职工薪酬	职工福利费	是	部门

（1）房地产开发企业工资薪酬分配的会计处理是：开发现场管理人员的工资记入"开发间接费用"账户，销售部门人员的工资记入"销售费用"账户，管理部门人员的工资记入"管理费用"账户。

【例 5-24】宏远房地产开发公司月末分配本月工资额，其中：开发项目现场人员工资 12 万元，专设销售机构人员工资 25 万元，行政管理人员的工资 21 万元。依据本月工资分配表，宏远房地产开发公司应作如下账务处理：

借：开发间接费用　　　　　　　　　　　　　120 000
　　管理费用　　　　　　　　　　　　　　　210 000
　　销售费用　　　　　　　　　　　　　　　250 000
　　贷：应付职工薪酬——工资　　　　　　　　　　580 000

（2）工资的发放，也称工资的结算，是将应付给职工的工资薪酬发放给职工的过程。在工资发放时要将职工个人所得税、职工个人承担的社会保险和住房公积金等从应发工资中扣除，将扣除后的实发工资用银行存款或库存现金发放。

【例 5-25】2017 年 1 月，宏远房地产开发公司工资总额为 65 万元，应扣除住房公积金 7.9 万元，医疗保险 2.2 万元，养老保险 8.5 万元，个人所得税 3.8 万元，实际用银行存款发放工资 42.6 万元。

依据职工工资单和银行划款凭证，应做账务处理如下。

借：应付职工薪酬——工资　　　　　　　　　　650 000
　　贷：应交税费——个人所得税　　　　　　　　　38 000
　　　　其他应付款——社会保险费（医疗保险）　　22 000
　　　　　　　　——社会保险费（养老保险）　　85 000
　　　　　　　　——住房公积金　　　　　　　79 000
　　　　银行存款　　　　　　　　　　　　　426 000

5.10　期间费用的核算

期间费用是企业日常活动发生的不能计入特定核算对象的成本，而应计入发生当期损益的费用。

管理费用、财务费用和销售费用，也称期间费用。它们绝大部分都是经营期间的费用开支，与开发工程量的关系并不十分密切，如果将期间费用计入开发产品成本，在开发产品开发和销售、出租、转让不同步的情况下，就会增加开发产品的成本，特别是在开发房地产滞销时期，将滞销期间发生的管理费用、财务费用和销售费用计入当期开发产品成本，就会使企业造成大量的潜亏，不能及时反映企业的经营状况。

同时，将期间费用计入开发产品成本，不但要增加核算的工作量，也不利于正确考核企业开发单位的成本水平和成本管理责任。因此，现行会计制度中规定将期间费用计入当期损益，不再计入开发产品成本，也就是说，房地产开发企业开发产品只计算开发成本，不计算完全成本。

5.10.1　销售费用

销售费用是企业销售商品和材料、提供劳务的过程中发生的各种费用，包括保险费、包装费、展览费和广告费、商品维修费、预计产品质量保证损失、运输费、装卸费等以及为销售本企业商品而专设的销售机构（含销售网点、售后服务网点等）的职工薪酬、业务费、折旧费等经营费用。企业发生的与专设销售机构相关的固定资产修理费用等后续支出属于销售费用。

销售费用是与企业销售商品活动有关的费用，但不包括销售商品本身的成本和劳务成本。销售的产品的成本属于"主营业务成本"，提供劳务所发生的成本属于"劳务成本"。

企业发生的与专设销售机构相关的固定资产日常修理费用等后续支出，应在发生时计入销售费用。生产车间发生的固定资产日常修理费计入制造费用，企业除生产车间外的生产部门、管理部门的日常修理费记入管理费用。

本科目可按费用项目进行明细核算。期末，应将本科目余额转入"本年利润"科目，结转后本科目无余额。见表5-21。

表5-21　　　　　　　　　　　　　销售费用会计科目编码的设置

科目代码	总分类科目（一级科目）	明细分类科目			是否辅助核算	辅助核算类别
		二级明细科目	三级明细科目	四级明细科目		
6601	销售费用					
660101	销售费用	职工薪酬				
66010101	销售费用	职工薪酬	基本工资		是	部门
66010102	销售费用	职工薪酬	劳务费		是	部门
66010103	销售费用	职工薪酬	工会经费		是	部门
66010104	销售费用	职工薪酬	职工教育经费		是	部门
6601010501	销售费用	职工薪酬	社会保险费		是	部门
6601010502	销售费用	职工薪酬	社会保险费	养老保险	是	部门
6601010503	销售费用	职工薪酬	社会保险费	工伤保险	是	部门
6601010504	销售费用	职工薪酬	社会保险费	失业保险	是	部门
6601010505	销售费用	职工薪酬	社会保险费	医疗保险	是	部门
6601010506	销售费用	职工薪酬	社会保险费	计划生育保险	是	部门
66010106	销售费用	职工薪酬	住房公积金		是	部门
66010107	销售费用	职工薪酬	职工福利		是	部门
66010108	销售费用	职工薪酬	辞退费用		是	部门
660102	销售费用	折旧费			是	部门
660103	销售费用	长期待摊费用			是	部门
660104	销售费用	无形资产摊销			是	部门

科目代码	总分类科目 （一级科目）	明细分类科目			是否辅 助核算	辅助核 算类别
		二级明细科目	三级明细科目	四级明细科目		
660105	销售费用	费用摊销			是	部门
660106	销售费用	办公费用			是	部门
66010601	销售费用	办公费用	电费		是	部门
66010602	销售费用	办公费用	燃料费用		是	部门
66010603	销售费用	办公费用	其他		是	部门
660107	销售费用	车辆费用			是	部门
66010701	销售费用	车辆费用	燃油费		是	部门
66010702	销售费用	车辆费用	保险费		是	部门
66010703	销售费用	车辆费用	修理费		是	部门
660108	销售费用	印刷费			是	部门
660109	销售费用	邮政费			是	部门
660110	销售费用	业务招待费			是	部门
660111	销售费用	会议费			是	部门
660112	销售费用	接待费			是	部门
660113	销售费用	劳动保护费			是	部门
660114	销售费用	广告宣传费			是	部门
660115	销售费用	业务推广费			是	部门
660116	销售费用	包装费			是	部门
660117	销售费用	差旅费			是	部门
660118	销售费用	培训费			是	部门
660119	销售费用	快递费			是	部门
660120	销售费用	财产保险费			是	部门
660121	销售费用	租赁费			是	部门
660122	销售费用	盘亏损失			是	部门
660123	销售费用	技术开发费			是	部门
660124	销售费用	董事会费			是	部门
660125	销售费用	退休人员补贴			是	部门

企业应通过"销售费用"科目，核算销售费用的发生和结转情况。账务处理如图5-9所示。

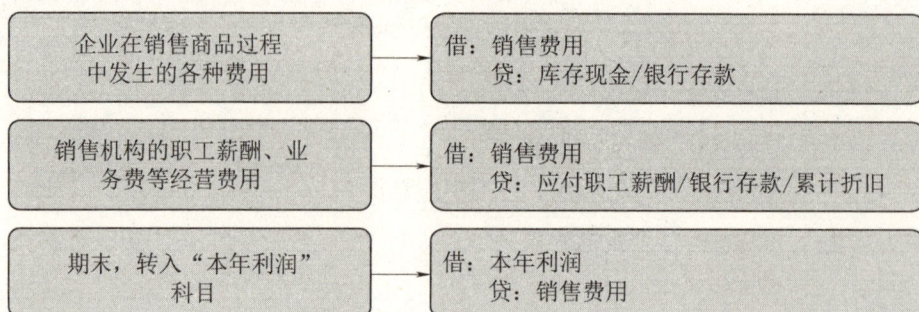

企业在销售商品过程中发生的各种费用	借：销售费用 　　贷：库存现金/银行存款
销售机构的职工薪酬、业务费等经营费用	借：销售费用 　　贷：应付职工薪酬/银行存款/累计折旧
期末，转入"本年利润"科目	借：本年利润 　　贷：销售费用

图 5-9　销售费用的账务处理

（1）房企在销售开发的过程中发生的展览费、广告费和维修费等费用。借记"销售费用"账户，贷记"库存现金""银行存款"等账户。

【例 5-26】恒昌房地产开发企业发生销售费用情况及账务处理如下：

①公司为出售小区商品房，根据客户要求进行改装，发生改装费用 45 万元，款项尚未支付，会计处理如下。

借：销售费用　　　　　　　　　　　　　　　　450 000

　　贷：应付账款　　　　　　　　　　　　　　　450 000

②推销商品房，发生广告费用 120 万元，会计处理如下。

借：销售费用　　　　　　　　　　　　　　　1 200 000

　　贷：应付账款　　　　　　　　　　　　　　1 200 000

（2）发生的为销售本企业商品而专设的销售机构的职工薪酬、业务费等经营费用，借记"销售费用"账户，贷记"应付职工薪酬""银行存款""累计折旧"等账户。

【例 5-27】恒昌房地产开发企业委托市房地产交易中心代售商品房，支付代售手续费 23 万元，会计处理如下。

借：销售费用　　　　　　　　　　　　　　　230 000

　　贷：银行存款　　　　　　　　　　　　　　230 000

期末，应将"销售费用"账户余额转入"本年利润"账户，结转后，"销售费用"账户无余额。恒昌地产公司应作如下账务处理。

销售费用＝45＋120＋23＝188（万元）

借：本年利润   1 880 000

    贷：销售费用   1 880 000

5.10.2 管理费用

    管理费用是企业为组织和管理生产经营发生的各种费用，包括企业董事会和行政管理部门在企业的经营管理中发生的，或者应由企业统一负担的公司经费（包括行政管理部门职工工资、修理费、物料消耗、周转材料摊销、办公费和差旅费等）、工会经费、待业保险费、劳动保险费、董事会会费（包括董事会成员津贴、会议费和差旅费等）、聘请中介机构费、咨询费（含顾问费）、诉讼费、业务招待费、技术转让费、矿产资源补偿费、研究费用、排污费以及除企业生产车间外的生产部门和行政管理部门发生的固定资产日常修理费用等。管理费用科目编码设置见表5-22。

表5-22   管理费用会计科目编码的设置

科目代码	总分类科目（一级科目）	明细分类科目			是否辅助核算	辅助核算类别
		二级明细科目	三级明细科目	四级明细科目		
6602	管理费用					
660201	管理费用	职工薪酬				
66020101	管理费用	职工薪酬	基本工资		是	部门
66020102	管理费用	职工薪酬	劳务费		是	部门
66020103	管理费用	职工薪酬	工会经费		是	部门
66020104	管理费用	职工薪酬	职工教育经费		是	部门
66020105	管理费用	职工薪酬	社会保险费		是	部门
6602010501	管理费用	职工薪酬	社会保险费	养老保险	是	部门
6602010502	管理费用	职工薪酬	社会保险费	工伤保险	是	部门
6602010503	管理费用	职工薪酬	社会保险费	失业保险	是	部门
6602010504	管理费用	职工薪酬	社会保险费	医疗保险	是	部门
6602010505	管理费用	职工薪酬	社会保险费	计划生育保险	是	部门
66020106	管理费用	职工薪酬	住房公积金		是	部门
66020107	管理费用	职工薪酬	职工福利		是	部门
66020108	管理费用	职工薪酬	辞退费用		是	部门

科目代码	总分类科目 （一级科目）	明细分类科目			是否辅 助核算	辅助核 算类别
		二级明细科目	三级明细科目	四级明细科目		
660202	管理费用	折旧费			是	部门
660203	管理费用	长期待摊费用			是	部门
660204	管理费用	无形资产摊销			是	部门
660205	管理费用	费用摊销			是	部门
660206	管理费用	办公费用			是	部门
66020601	管理费用	办公费	电费		是	部门
66020602	管理费用	办公费	燃料费用		是	部门
66020603	管理费用	办公费	水费		是	部门
660207	管理费用	车辆费用				
66020701	管理费用	车辆费用	修理费		是	部门
66020702	管理费用	车辆费用	燃油费		是	部门
66020703	管理费用	车辆费用	保险费		是	部门
66020704	管理费用	车辆费用	其他		是	部门
660208	管理费用	印刷费			是	部门
660209	管理费用	邮政费			是	部门
660210	管理费用	业务招待费			是	部门
660211	管理费用	会议费			是	部门
660212	管理费用	接待费			是	部门
660213	管理费用	劳动保护费			是	部门
660214	管理费用	广告宣传费			是	部门
660215	管理费用	业务推广费			是	部门
660216	管理费用	包装费			是	部门
660217	管理费用	差旅费			是	部门
660218	管理费用	培训费			是	部门
660219	管理费用	快递费			是	部门
660220	管理费用	财产保险费			是	部门
660221	管理费用	租赁费			是	部门

科目代码	总分类科目 (一级科目)	明细分类科目			是否辅 助核算	辅助核 算类别
		二级明细科目	三级明细科目	四级明细科目		
660222	管理费用	盘亏损失			是	部门
660223	管理费用	技术开发费			是	部门
660224	管理费用	董事会费			是	部门
660225	管理费用	退休人员补贴			是	部门

企业应通过"管理费用"科目，核算管理费用的发生和结转情况。该科目借方登记企业发生的各项管理费用，贷方登记期末转入"本年利润"科目的管理费用，结转后该科目应无余额。该科目按管理费用的费用项目进行明细核算。账务处理如图 5-10 所示。

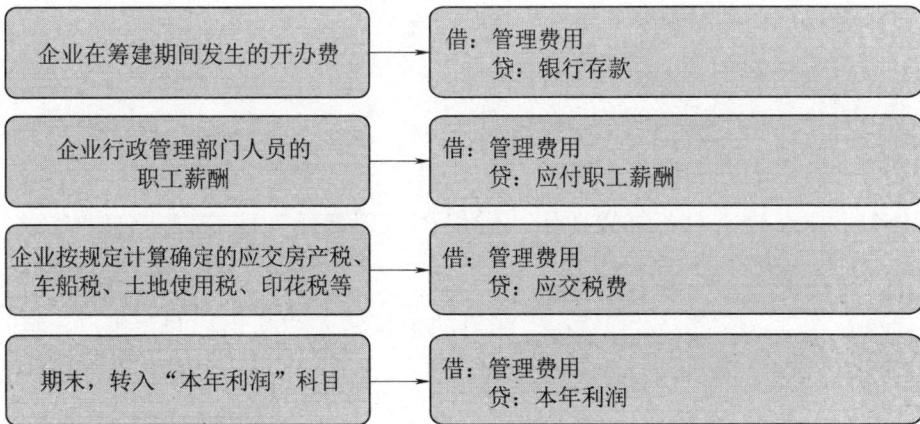

图 5-10　管理费用账务处理

（1）企业在筹建期间发生的开办费，包括人员工资、办公费、培训费、差旅费、印刷费、注册登记费等在实际发生时，借记"管理费用"账户，贷记"银行存款"等账户。

【例 5-28】恒昌房地产开发企业在 2016 年 1 月筹建期间共发生办公费 10 200 元，差旅费 9 000 元，注册登记费 3 400 元，人员工资 8 000 元，全部用现金支付。依据相关发票及工资表，恒昌地产公司应作如下账务处理：

借：管理费用　　　　　　　　　　　　　　　　　　30 600

　　贷：库存现金　　　　　　　　　　　　　　　　　　30 600

（2）行政管理部门人员的职工薪酬，计提职工薪酬时，借记"管理费用"账户，贷记"应付职工薪酬"账户。

【例5-29】恒昌房地产开发企业2016年1月份发生的职工工资中有56万元属于行政管理部门人员的工资。依据工资分配表，恒昌地产公司应作如下账务处理：

借：管理费用 560 000

　　贷：应付职工薪酬 560 000

（3）行政管理部门使用的固定资产计提的固定资产折旧，借记"管理费用"账户，贷记"累计折旧"账户。

【例5-30】2016年1月，恒昌房地产开发企业发生的固定资产折旧中有96 800元属于行政管理部门使用的固定资产计提的折旧。依据固定资产折旧表，恒昌地产公司应作如下账务处理：

借：管理费用 96 800

　　贷：累计折旧 96 800

（4）发生的办公费、水电费、业务招待费、聘请中介机构费、咨询费、诉讼费、技术转让费、研究费用，借记"管理费用"账户，贷记"银行存款"、"研发支出"等账户。

（5）期末，应将"管理费用"账户的余额转入"本年利润"账户，结转后，"管理费用"账户无余额。

恒昌房地产开发企业2016年1月末，结转"管理费用"账户余额687 400元（30 600＋560 000＋96 800）。恒昌房地产开发企业应作如下账务处理：

借：本年利润 687 400

　　贷：管理费用 687 400

5.10.3　财务费用

财务费用是企业为筹集生产经营所需资金等而发生的筹资费用，包括利息支出（减利息收入）、汇兑损益以及相关的手续费、企业发生或收到的现金

折扣等。利息资本化的支出除外（利息资本化的支出记入在建工程）。

企业发生冲减财务费用的利息收入、汇兑损益等，借记"银行存款"等账户，贷记"财务费用"账户；期末将账户余额转入"本年利润"账户，结转后账户无余额。见表5-23。

表5-23　财务费用会计科目编码的设置

科目代码	总分类科目 （一级科目）	明细分类科目	
		二级明细科目	三级明细科目
6603			
660301	财务费用	利息收入	项目
660302	财务费用	汇兑损失	项目
660303	财务费用	汇兑收益	项目
660304	财务费用	手续费	项目
660305	财务费用	利息支出	项目
660306	财务费用	往来折现	项目
660307	财务费用	其他	项目

企业应通过"财务费用"科目，核算财务费用的发生和结转情况。如图5-11所示。

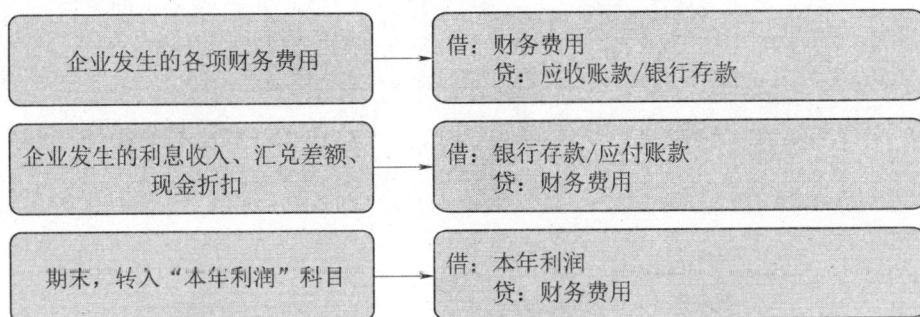

图 5-11　财务费用账务处理

【例5-31】恒昌房地产开发企业本月发生财务费用情况及账务处理如下。

（1）收到开户银行通知，扣收银行结算业务手续费5 000元。

借：财务费用　　　　　　　　　　　　　　　　　　5 000

　　贷：银行存款　　　　　　　　　　　　　　　　　　　5 000

（2）公司 2016 年从银行取得三年期中长期项目贷款，金额 15 000 万元，月利率 5‰（基本利率上浮 20%），计提本月应付借款利息。见表 5-24。

应付利息＝15 000×5‰＝75（万元）

借：财务费用   750 000

贷：应付利息   750 000

表 5-24   借款利息计提表

2016 年 1 月

序号	贷款银行	借款金额	月利率	月利息金额
1	农行	150 000 000	5‰	750 000
合计		150 000 000		750 000

或：将资本化的利息支出单独设立为二级科目，方便以后的财务分析。

借：开发成本——房屋开发——利息支出   750 000

贷：应付利息   750 000

（3）接银行通知，发生银行存款利息收入 650 000 元。见表 5-25。

表 5-25   存（贷）款利息传票

2016 年 6 月

借方	户名	恒昌房地产开发企业		贷方	户名	恒昌房地产开发企业
	账号	02000019092346589 82			账号	02000019092342132 13
备注	起息日期	止息日期	积数		利率	利息
	2017.01.01	2017.06.30			7%	650 000
	调整利息：		冲正利息：			
应收（付）利息合计：陆拾伍万元整						

借：银行存款   650 000

贷：财务费用   650 000

（4）月末，结转"财务费用"账户借方余额 5 000＋750 000－650 000＝105 000 元。

借：本年利润   105 000

贷：财务费用   105 000

5.11　房地产企业营销设施的会计和税务处理

房地产开发企业为了扩展影响，便于接待客户使其充分了解开发产品的性质和结构进而达到销售目的，一般会在不同区域设立售楼部和样板房，其相应的会计处理、纳税处理也必然有不同的方式。

5.11.1　售楼部、样板房的核算

《国家税务总局关于印发〈房地产开发经营业务企业所得税处理办法〉的通知》国税发〔2009〕31号文件规定，开发间接费指企业为直接组织和管理开发项目所发生的，且不能将其归属于特定成本对象的成本费用性支出。主要包括管理人员的工资、职工福利费、折旧费、修理费、办公费、劳动保护费、工程管理费、周转房摊销以及项目营销设施建造费等。

项目小区主体之内的售楼部、样板间等营销设施所发生的费用可以按照相关规定归集先计入开发间接费用，再计入开发成本核算，出售时按照销售开发产品进行税务处理。

【例5-32】辉煌房地产开发公司在开发的临江楼商品住宅楼开设样板间，建筑面积100平方米。该项目楼盘建筑面积4 500平方米，发生建造成本5 600万元，另外样板间的装饰装修费用45万元，其他开发间接费用270万元，项目结束时样板间销售价款450万元，会计处理如下。

（1）住宅楼建造成本会计处理。

借：开发成本　　　　　　　　　　　　　　　56 000 000

　　贷：应付账款　　　　　　　　　　　　　　　56 000 000

（2）样板间装饰装修费用会计处理，即45＋270＝315（万元）。

借：开发间接费用　　　　　　　　　　　　　　3 150 000

　　贷：银行存款　　　　　　　　　　　　　　　3 150 000

借：开发成本　　　　　　　　　　　　　　　　3 150 000

　　贷：开发间接费用　　　　　　　　　　　　　3 150 000

装饰装修费用45万元可以和其他开发间接费用270万元一并在该项目所有商品住宅楼之间按照建筑面积进行分摊，如果需要按套核算开发产品成本，

也可以将装饰装修费用全部结转至该套住宅的开发成本中。

（3）结转完工开发产品。

借：开发产品　　　　　　　　　　　　　　　59 150 000

　　贷：开发成本　　　　　　　　　　　　　　　　59 150 000

（4）样板间出售时的会计处理。

借：银行存款　　　　　　　　　　　　　　　4 500 000

　　贷：预收账款　　　　　　　　　　　　　　　　4 500 000

（5）结转样板间销售收入和销售成本的会计处理。

借：预收账款　　　　　　　　　　　　　　　4 500 000

　　贷：主营业务收入　　　　　　　　　　　　　　4 054 054.05

　　　　应交税费——应交增值税（销项税额）　　　445 945.95

结转成本＝59 150 000÷4 500×100＝1 314 444.44（元）

借：主营业务成本　　　　　　　　　　　　　1 314 444.44

　　贷：开发产品　　　　　　　　　　　　　　　　1 314 444.44

5.11.2　项目营销设施的应用模式

房地产企业的项目营销设施包括售楼部、样板间、接待中心、展台、展位等不同类型，根据其建设与使用的特点，可分为以下 4 种模式。

（1）利用开发完成或部分完成的楼宇内的商品房装修、装饰后作为项目营销设施使用，项目销售完毕，作为开发产品销售处理以及转为企业自用或出租。

根据国税发〔2009〕31 号文件的规定，计入开发间接费用核算的营销设施建造费，包括项目小区楼宇之内的装饰、装修费用和楼宇之外的售楼部、样板间等营销设施的建造费用。将楼宇之内的商品房临时作为售楼部、样板间使用，因其本身就属于特定的成本对象，所以其建造成本按照正常的开发产品核算，其装修、装饰费用若不能判断未来是否可以随同商品房主体一并出售，应归属于开发间接费用核算。

【例 5-33】宏远地产公司在开发的 B 小区某栋楼宇间开设样板间，建造成本 76 万元，装饰、装修后对外开放，样板间装饰、装修支出 43 万元。

①建造成本 76 万元计入该套样板间的"开发成本"，对于装饰、装修的费用 43 万元，如果能够判断未来随同该套商品房一并出售，则可以计入该套样板间"开发成本"，反之，则计入"开发间接费用"核算。

②"开发间接费用"归集的成本费用按期结转到"开发成本——开发间接费用"科目。

③当样板间与其他商品房一起竣工验收时，从"开发成本"转入"开发产品"科目。

④当样板间销售，结转收入和成本时，其成本从"开发产品"转入"主营业务成本"。

⑤当样板间转作自用时，其成本从"开发产品"转入"固定资产"。

⑥当样板间未来出租时，其成本从"开发产品"转入"投资性房地产"。

（2）利用开发小区内楼宇之外的引人注目的位置，建造临时设施，例如售楼部、样板间作为项目营销设施使用，项目销售完毕即行拆除或转为企业自用或出租。

作为售楼部、样板间使用的临时设施，按照《企业会计准则》，其发生的建设成本及装修费用在"在建工程"科目核算。完工后，其成本从"在建工程"转入"开发间接费用"，如果非自用或出租，也可以按照国税发〔2009〕31 号文件的规定，直接计入"开发间接费用"核算。

（3）利用开发小区内的配套设施（例如会所）装修、装饰后，作为项目营销设施临时使用；项目销售完毕作为开发产品销售处理以及转为企业自用或出租，或者移交物业公司，产权归全体业主所有。

这种类型的营销设施其最终用途是小区规划设计已经确定的，即便临时作为项目营销设施使用，也不可以直接计入"开发间接费用"核算，而需要根据国税发〔2009〕31 号文件第十七条的规定处理。

企业在开发区内建造的会所、物业管理场所、电站、热力站、水厂、文体场馆、幼儿园等配套设施，按以下规定进行处理。

①属于非营利性且产权属于全体业主的，或无偿赠与地方政府、公用事业单位的，可将其视为公共配套设施，其建造费用按公共配套设施费的有关规定进行处理。

②属于营利性的，或产权归企业所有的，或未明确产权归属的，或无偿

赠与地方政府、公用事业单位以外其他单位的，应当单独核算其成本。除企业自用应按建造固定资产进行处理外，其他一律按建造开发产品进行处理。

【例5-34】宏远地产公司在开发的B项目小区中心位置，按照规划建造会所一座，装修后暂时作为售楼部使用。售楼部利用会所作为营销设施，会计和税务处理的原则就是要根据以上规定，区分该会所的建造性质，分别适用不同的方式。

（1）如果该会所属于不能有偿转让的公共配套设施，符合国税发〔2009〕31号文件第十七条第一款的规定，例如产权归全体业主所有，则该会所的建造费用计入"公共配套设施费"进行会计处理。

（2）如果该会所属于未来出售转让的公共配套设施，符合国税发〔2009〕31号文件第十七条第二款的规定，则将该会所视为独立的开发产品和成本计算单位，按照开发成本的具体成本项目设置会计科目进行明细分类核算。销售时，按销售不动产征收相应的增值税、城建税、教育费附加、企业所得税、土地增值税、印花税等。

（3）如果该会所属于企业自用，则成本通过"在建工程"归集，完工后，转入"固定资产"或"投资性房地产"科目。会所自用，相应要征收房产税和土地使用税。出租使用的话，则要征收增值税、城建税、教育费附加、企业所得税、房产税、土地使用税、印花税等。

（4）在开发小区之外的人口活跃密集区租入或自建销售网点，项目销售完毕，转为其他项目使用或出租、销售处理。

这些设施有可能是房地产企业租入使用，也有可能为自建行为。在项目小区之外的营销设施销售环节中发生的成本费用，无论税务处理还是会计处理，都应当通过"销售费用"反映；如果属于企业自建构成的固定资产，由此计提的折旧，计入"销售费用"处理。

CHAPTER
SIX

第6章
转让及销售阶段业务核算

　　根据现行的法律法规等有关规定，目前商品房销售分为商品房现售和商品房预售。

　　商品房现售，是指房地产开发企业将竣工验收合格的商品房出售给购房人，并由购房人支付房价款的行为。

　　商品房预售，是指房地产开发企业将尚未竣工验收、正在建设中的商品房预先出售给买受人，并由买受人支付定金或房价款的行为。

6.1 商品房上市销售的条件与账户的设置

6.1.1 商品房具备上市销售的条件

《商品房销售管理办法》第七条规定了商品房现售的条件：

1	·现售商品房的房地产开发企业应当具有企业法人营业执照和房地产开发企业资质证书
2	·取得土地使用权证书或者使用土地的批准文件
3	·持有建设工程规划许可证和施工许可证
4	·已通过竣工验收
5	·拆迁安置已经落实
6	·供水、供电、供热、燃气、通信等配套基础设施具备交付使用条件，其他配套基础设施和公共设施具备交付使用条件或者已确定施工进度和交付日期
7	·物业管理方案已经落实

而较之商品房现售，商品房预售对于购房人来说具有更大的法律风险，国家对商品房预售作出更为严格的规定。

《城市商品房预售管理办法》第五条，规定了商品房预售的条件：

1	·已付全部土地使用权出让金，取得土地使用权证书
2	·持有建设工程规划许可证和施工许可证
3	·按提供预售的商品房计算，投入开发建设的资金达到工程建设总投资的25%以上，并已经确定施工进度和竣工交付日期
4	·开发企业进行商品房预售，应当向房地产管理部门申请预售许可，取得《商品房预售许可证》，未取得《商品房预售许可证》的，不得进行商品房预售

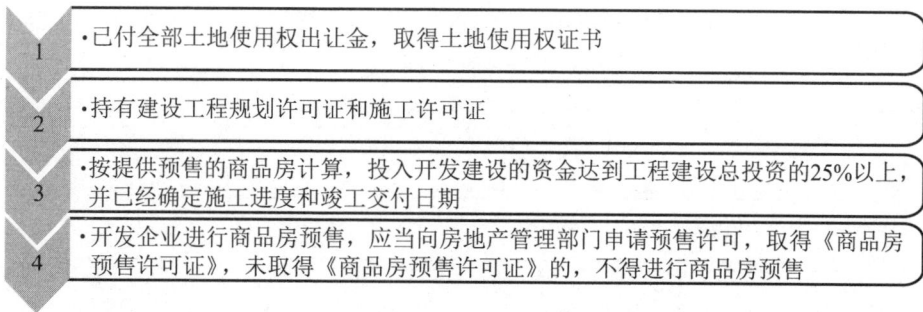

6.1.2 商品房一次性付款、分期付款、按揭付款

1. 一次性付款

一般来说，选择一次性付款可能会得到开发商一定幅度的折扣，但购房者必须有足够的资金。另外，对于购买期房的人来说，一次性付款还有可能加大购房风险，例如，开发商没有按期交房，或者工程"烂尾"。

2. 分期付款

分期付款一般要求买卖双方在合同中约定，根据项目开发的进度，分阶段交付房款，在房屋交付使用时，只留一小部分尾款最后付清。这样做的好处是，购买方可能用房款督促、制约开发商按约定的时间开发建设项目，同时购买方也可缓解一次性付款的压力。

（1）分期付款建议在购买期房时采用。购房人交付首期款时与开发商签订正式的房屋买卖契约，房屋交付使用时，交齐全部房款，办理产权过户。

（2）购买现房分期付款的情况。建议房屋的交付与房价款支付不同时进行，房屋交付在前，现金支付完毕在后。

分期付款与一次性付款比较，不利之处是利率高。因此房款额加在一起会高于一次性付款的金额。有利之处是可降低资金成本。

3. 按揭付款

按揭付款也叫抵押加阶段性保证贷款。即银行在为借款人提供住房贷款时，需以借款人所购买的住房做抵押，但是在该住房的房屋所有权证和抵押登记手续办妥之前，须由售房人（房地产开发公司）为借款人提供阶段性的保证。待售房人（房地产开发公司）为购房人办妥房屋产权所有证后，办理抵押登记手续，将《房屋所有权证》交银行作为对购房人放款抵押的贷款方式。

（1）商业性住房贷款的额度、期限和利率。

1 ·贷款额最高可达购房费用总额的80%，具体的贷款额度由银行根据借款人的资信、经济状况和抵押物的审查情况来确定

2 ·贷款的最多期限不能超过30年

3 ·贷款利率按合同签订时人民银行公布的个人住房贷款利率执行，如果在合同执行期间遇到利率调整，贷款利率将采取一年一定的原则，在第二年的1月1日做相应调整

4 ·固定利率房贷是指商业银行为购房者提供的在一定期间的贷款利率保持固定不变的贷款业务

5 ·发放贷款时，贷款银行会收取一定比例的按揭保证金（一般为贷款额的10%），作为开发商承担连带保证责任的保证金

（2）按揭贷款的操作流程。

房地产开发公司根据业务需要，确定按揭银行，向银行提交《项目合作申请书》。银行对开发商进行资信调查。

1 ·经国家工商局年审通过的企业法人营业执照

2 ·房地产开发企业资质等级证书

3 ·企业资信等级证书

4 ·税务登记证明

（3）房地产开发企业取得项目预售许可证后开展销售活动，采用按揭贷款方式的，承购人按照申请的贷款成数支付首付款，剩余款项向银行申请按揭贷款，并办理商品房买卖合同的登记。

（4）贷款银行审查并批准，对购房者进行发款。房产证办理完毕后，房地产开发企业向贷款银行申请解冻按揭保证金。

6.1.3 房地产开发企业销售设置的会计账户

房地产开发企业在房地产转让及销售阶段会计核算的主要任务是对收入

和预收账款、应收账款及其涉税业务进行核算。房地产开发企业的收入包括转让及销售房地产取得的收入和其他业务收入，转让及销售房地产取得的收入如土地使用权转让收入、商品房销售收入和配套设施销售收入等，其他业务收入是指房地产开发企业不经常发生的收入，如商品房售后服务收入、材料销售收入等。

为了核算房地产开发企业转让与销售房地产阶段的业务、房地产开发企业应设置如下会计账户，见表6-1。

表 6-1　　　　　　　　　　　应设置的会计账户

账　户	核　算	借　方	贷　方	备　注
主营业务收入	核算房地产开发企业对外转让、销售、结算开发产品等所取得的收入	期末结转入"本年利润"账户	登记企业按规定确认的营业收入	期末，该账户的余额转入"本年利润"账户后无余额。该账户应按经营收入的类别设置明细账
主营业务成本	核算房地产开发企业对外转让、销售、结算开发产品等应结转的经营成本	登记本期已对外转让、销售和结算开发产品的实际成本	登记期末结转入"本年利润"账户的经营成本	期末，该账户的余额转入"本年利润"账户后无余额
其他业务收入	核算房地产开发企业其他业务收入的实现和结转情况	登记期末转入"本年利润"账户的其他业务收入	登记企业本期取得的各项其他业务收入	期末结转后，该账户应无余额
其他业务成本	核算房地产开发企业确认的除主营业务活动以外的其他经营活动所发生的支出	登记企业发生的其他业务成本	登记期末转入"本年利润"账户的其他业务成本	期末结转后，该账户应无余额
预收账款	核算房地产开发企业按照合同规定预收的款项	登记企业按规定确认收入转销的预收账款	登记企业销售开发产品等经营活动按合同规定向承购人预收的款项	期末如为借方余额，反映企业应收未收的款项（房地产企业对期末预收款项也可以挂在应收账款科目中）

账 户	核 算	借 方	贷 方	备 注
应收账款	核算房地产开发企业因销售开发产品等经营活动应收取的款项	登记企业销售开发产品等经营活动应收取的款项	登记收回的应收账款	期末借方余额，反映企业尚未收回的应收账款；期末如为贷方余额，反映企业预收的账款
应交税费	核算房地产开发企业按照税法等规定计算应缴纳的各种税费	登记企业上缴的各种税费	登记企业按规定缴纳的各种税费	期末如为贷方余额，反映企业尚未交纳的税费；期末如为借方余额，反映企业预交或多交的税费
营业税金及附加	核算房地产开发企业经营活动发生的城市维护建设税和教育费附加等相关税费	登记企业按规定计算确定的与经营活动相关的税费	贷方登记期末转入"本年利润"账户的营业税金及附加	该账户应无余额

6.2 商品房预售的会计处理

商品房预售是指房地产开发企业将正在建设中的商品房预先出售给买受人，并由买受人支付定金或者房价款的行为。房地产开发企业进行商品房预售，一般涉及诚意金、办卡费、预售定金、预售款以及代收的配套费用、维修基金、办证费等业务的会计核算。预收款包括分期取得的预收款（首付＋按揭＋尾款）、全款取得的预收款。定金属于预收款；诚意金、认筹金和订金不属于预收款。

"定金"是一个法律概念，属于一种法律上的担保方式，《中华人民共和国担保法》第八十九条规定：当事人可以约定一方向对方给付定金作为债权的担保。债务人履行债务后，定金应当抵作价款或者收回。给付定金的一方不履行约定的债务的，无权要求返还定金；收受定金的一方不履行约定的债务的，应当双倍返还定金。签合同时，对定金必须以书面形式进行约定，同时还应约定定金的数额和交付期限。定金数额可以由合同双方当事人自行约定，但是不得超过主合同总价款的20%，超过20%部分无效。

"订金"目前我国现行法律中没有明确规定，它不具备"定金"的担保性质，当合同不能履行时，除不可抗力外，应根据双方当事人的过错承担违约责任，一方违约，另一方无权要求其双倍返还，只能得到原额，也没有 20% 比例的限制。

"意向金（诚意金）"在我国现行法律中不具有法律约束力，主要是房产中介行业为试探购房人的购买诚意及对其有更好地把控而创设出来的概念，在实践中意向金（诚意金）未转定金之前客户可要求返还且无需承担由此产生的不利后果。

综上，定金、订金、意向金、诚意金中，只有"定金"具有法律约束力，而订金、意向金、诚意金都不是法律概念，无论当事人是否违约，支付的款项均需返还。因此，房地产开发企业收到购房人的定金，可视同收到预收款；收到订金、意向金、诚意金，不视同收到预收款。

1. 定金核算

预售商品房时承购人交纳的定金，可以通过"其他应付款"或"预收账款"账户核算，不论财务上如何核算，房地产开发企业收取定金都应缴纳营业税金及附加。但是诚意金及订金，由于尚未签订购房合同，不缴纳营业税金及附加。

2. 预售房款核算

房地产开发企业按照合同或协议规定向承购单位或个人预收的预售房款，在会计处理上有两种方法：

一种处理方法是专设"预收账款"账户来核算。

根据"财税〔2016〕36 号文"以及国家税务总局 2016 年 18 号公告，从纳税义务发生时间的角度，房地产企业在全面"营改增"时有一个重大利好就是在收到预收款时候，不确认纳税义务，但是一般纳税人应在取得预收款的次月纳税申报期向主管国税机关预缴 3% 的税款。会计处理如图 6-1 所示。

另一种处理方法是不设置"预收账款"账户，发生的预收账款直接在"应收账款"账户进行核算。

房地产开发企业收到预收款时，未达到纳税义务发生时间，不开具发票，应按照销售额的 3% 预缴增值税，填报《增值税预缴税款表》。

根据《营业税改征增值税试点实施办法》第四十五条规定，只有建筑企业和提供租赁服务，纳税义务发生时间为收到预收款的当天，收到预收款的当天不是房地产企业销售不动产的纳税义务发生时间，而此前《营业税暂行条例实施细则》规定，销售不动产收到预收款的纳税义务发生时间为收到预收款的当天。

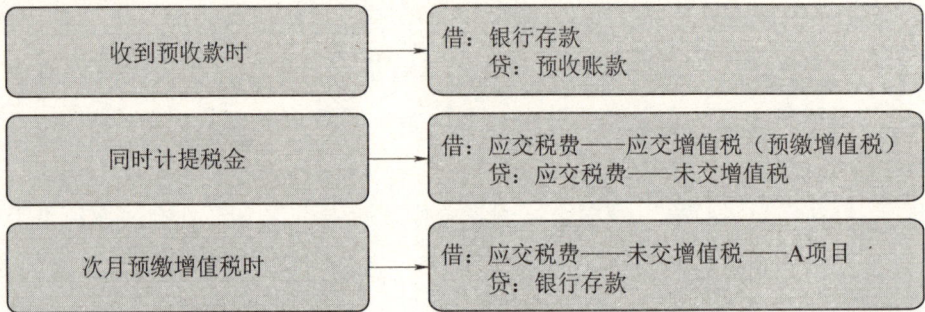

图 6-1　预收款的账务处理

3. 按揭保证金的核算

一般情况下，为便于按揭保证金的划转，银行会要求房地产开发企业同时开立一个一般结算户和一个按揭保证金户。按揭保证金户是不能随便动用的资金，企业在报建的时候，发改委、住房和城乡建设部都会要银行开具相应的资金证明，按揭保证金上的资金额是不能计算在内的。

房地产开发企业向贷款银行交纳的按揭保证金，有的由贷款行在放贷时从贷额中直接扣收，有的是在银行放贷款后由房地产开发企业从一般结算户转入按揭保证金专户，如图 6-2 所示。

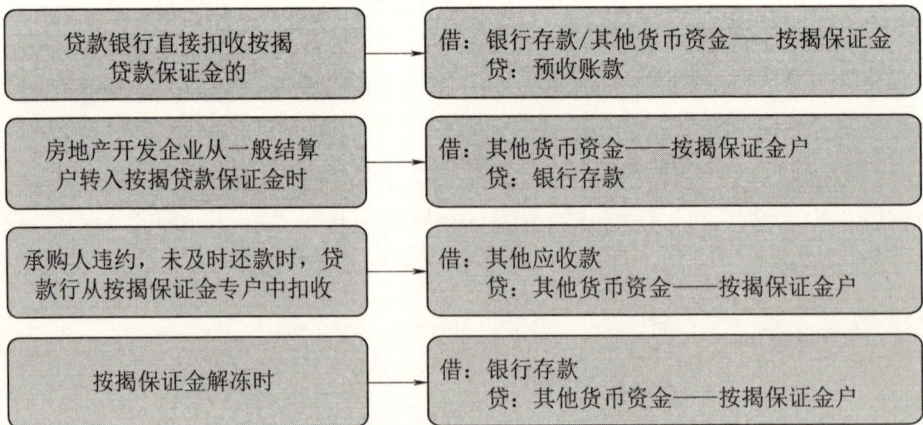

图 6-2　按揭保证金的账务处理

【例 6-1】 房天下地产有限公司采用银行按揭方式销售商品房一套，房屋价款 890 万元，承购人缴纳首付款 350 万元，按揭贷款 540 万元。2017 年 1 月，该套商品房按揭贷款到账，贷款行从按揭贷款额中直接收 10％的按揭保证金。放款次月起，承购人开始还贷款。2017 年 12 月 5 日还款日，承购人未及时还款，贷款银行从公司按揭保证金户扣款 11 000 元；12 月底，承购人补缴了还款额。2017 年 12 月，该套商品房房产证书办理完毕，按揭贷款金解冻转入对应的一般结算账户。

(1) 承购人支付首付款，应依据销售不动产发票记账联、银行收账通知等收款证明，进行账务处理。

借：银行存款	3 500 000
贷：预收账款	3 500 000

(2) 商品房按揭贷款到账，应依据银行收账通知等收款证明进行账务处理。

借：银行存款	4 860 000
其他货币资金——按揭保证金户	540 000
贷：预收账款	5 400 000

（放款的部分仍然做预收账款处理）

(3) 承购人违约，贷款银行从按揭保证金户扣款，应依据贷款银行扣款证明进行账务处理：

借：其他应收款——承购人	11 000
贷：其他货币资金——按揭保证金户	11 000

(4) 承购人补缴还款额，依据银行收账通知等收款证明进行账务处理：

借：其他货币资金——按揭保证金户	11 000
贷：其他应收款——承购人	11 000

(5) 按揭保证金解冻，依据银行转款单据进行账务处理：

借：银行存款	540 000
贷：其他货币资金——按揭保证金户	540 000

4. 代收配套设施费、办证费、维修基金的核算

房地产开发企业在预收房款的同时会代收天然气初装费、暖气初装费、有线电视安装费、房产证办证费以及维修基金等。住宅专项维修资金，是指专项用于住宅共用部位、共用设施设备保修期满后的维修和更新、改造的资

金。住宅共用部位，是指根据法律、法规和房屋买卖合同，由单幢住宅内业主或者单幢住宅内业主及与之结构相连的非住宅业主共有的部位，一般包括：住宅的基础、承重墙体、柱、梁、楼板、屋顶以及户外的墙面、门厅、楼梯间、走廊通道等。共用设施设备，是指根据法律、法规和房屋买卖合同，住宅业主及有关非住宅业主共有的附属设施设备，一般包括电梯、天线、照明、消防设施、绿地、道路、路灯、沟渠、池、井、非经营性车场车库、公益性文体设施和共用设施设备使用的房屋等。代收的配套费用、维修基金应作为"其他应付款"核算。

【例6-2】2018年6月，房天下地产有限公司销售给承购人王宇一套商品房，该套商品房价款330万元，增值税率为10%，城建税率为7%，教育费附加征收率为3%，土地增值税预征率为3%，企业所得税预计毛利率15%。

（1）公司收到承购人王宇的购房定金15万元，依据收款收据记账联、现金缴款单或银行收账通知进行账务处理。

借：银行存款　　　　　　　　　　　　　　150 000
　　贷：预收账款——承购人王宇　　　　　　　150 000

（2）预收承购人王宇支付首付款55万元，依据收款收据记账联、现金缴款单或银行收账通知进行账务处理。

借：银行存款　　　　　　　　　　　　　　550 000
　　贷：预收账款——承购人王宇　　　　　　　550 000

（3）承购人按揭贷款到账263万元，依据销售不动产发票记账联、银行收账通知进行账务处理：

借：银行存款　　　　　　　　　　　　　2 630 000
　　贷：预收账款——承购人王宇　　　　　　2 630 000

（4）收到承购人王宇交纳配套费用55 000元，维修基金16 450元，办证费用330元，依据收款收据记账联、现金缴款单或银行收账通知进行账务处理：

借：银行存款　　　　　　　　　　　　　　71 780
　　贷：其他应付款——承购人王宇（配套费用）　55 000
　　　　　　　　　——承购人王宇（维修基金）　16 450
　　　　　　　　　——承购人王宇（办证费）　　　330

（5）计算应交纳的增值税、税金及附加、企业所得税、土地增值税、印花税。财税〔2016〕36 号文，代收的住房维修基金专项增值税，其他所有代收费用均缴纳增值税。

应交增值税＝（3 300 000＋55 000＋330）/（1＋10％）×10％＝305 030（元）

应交城市维护建设税＝305 030×7％＝21 352.1（元）

应交教育费附加＝305 030×3％＝9 150.9（元）

应交企业所得税＝3 300 000×15％×25％＝123 750（元）

预交土地增值税＝3 300 000×3％＝99 000（元）

应交印花税＝3 300 000×0.5‰＝1 650（元）

借：应交税费——应交增值税（已交税金）　　　305 030
　　　税金及附加——应交所得税　　　　　　　　123 750
　　　　　　　　——应交城市维护建设税　　　　21 352.1
　　　　　　　　——应交教育费附加　　　　　　9 150.9
　　　　　　　　——应交土地增值税　　　　　　99 000
　　　　　　　　——印花税　　　　　　　　　　1 650
　　贷：银行存款　　　　　　　　　　　　　　559 933

（6）支付代收配套费用、维修基金、办证费用时，依据维修基金缴存凭证代收单位留存联和支付维修基金、配套费、办证费的付款证明进行账务处理。

借：其他应付款——承购人王宇（配套费用）　　55 000
　　　　　　　　——承购人王宇（维修基金）　　16 450
　　　　　　　　——承购人王宇（办证费）　　　330
　　贷：银行存款　　　　　　　　　　　　　　71 780

6.3　商品房现房销售的会计核算

房地产开发企业商品房销售包括商品房预售和现房销售。商品房销售的会计核算包括预售的会计核算和收入确认的会计核算。

1. 销售商品房收入的确认

商品房销售收入确认的条件包括以下情形：

1	·企业已将商品所有权上的主要风险和报酬转移给购买方
2	·企业既没有保留通常与所有权相联系的继续管理权，也没有对售出的商品实施控制
3	·收入的金额能够可靠地计量
4	·相关的经济利益很可能流入企业
5	·相关已发生或将发生的成本能够可靠计量

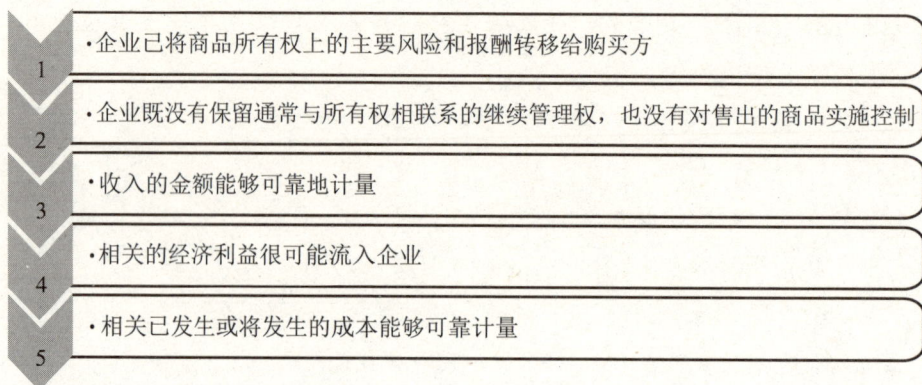

2. 销售商品房收入的计量

销售商品房收入，应按企业与承购人签订的销售合同或协议金额，或双方接受的金额确定。账务处理如图 6-3 所示。

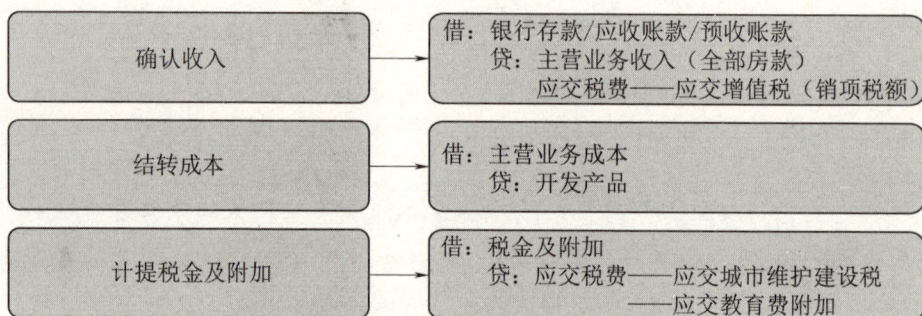

确认收入	借：银行存款/应收账款/预收账款 贷：主营业务收入（全部房款） 　　应交税费——应交增值税（销项税额）
结转成本	借：主营业务成本 贷：开发产品
计提税金及附加	借：税金及附加 贷：应交税费——应交城市维护建设税 　　　　　　　——应交教育费附加

图 6-3　销售商品房的账务处理

【**例 6-3**】2018 年 12 月，房天下地产有限公司将正在开发的商品房预售，与亚越公司签订商品房出售合同，合同收入 10 373.3 万元。亚越公司购入此项房产作为职工宿舍使用。2019 年 4 月开发的商品房已全部办理竣工验收并交房，商品房实际开发成本为 5 780 万元。企业于当月确认商品房销售收入，并办理土地增值税清算，应交土地增值税 1 002.81 万元，已预缴土地增值税 109 万元。

（1）商品房办理竣工验收时，按实际成本结转开发成本。

借：开发产品——房屋　　　　　　　　　　　　57 800 000

　　贷：开发成本　　　　　　　　　　　　　　　　57 800 000

（2）商品房移交时，确认商品房销售收入。见表 6-2，表 6-3。

借：预收账款   103 730 000

    贷：主营业务收入   94 300 000

       应交税费——应交增值税（销项税额）   9 430 000

表 6-2

4402016240  No：010909876

开票日期：2019 年 1 月 9 日

购货单位	名称：亚越公司 统一社会信用代码：114234134977832 地址、电话：南山北路 12 号 025－87651200 开户行及账号：中行南山北路分理处 234180360019432		密码区	略		
货物或应税劳务名称 北麓小区 23564576	规格型号	单位 m²	数量 1 200	单价	金额 ¥94 300 000	税率（%） 10%	税额 ¥9 430 000
价税合计（大写）	⊗壹亿零叁佰柒拾叁万元整		（小写）¥103 730 000			
销货单位	名称：房天下地产有限公司 统一社会信用代码：328101400357612 地址、电话：深圳市龙华新区观澜高新技术企业园 83571221 开户行及账号：深圳工商银行南山支行 62222001909234216734		备注			

收款人：张玉莲   复核：陈梓悦   开票人：刘艳   销货单位：

表 6-3   **中国银行进账单（回单或收账通知）**

进账日期：   2019 年 1 月 15 日   第   号

收款人	全称	房天下地产有限公司	付款人	全称	亚越公司										
	账号	62222001909234216734		账号	234180360019432										
	开户银行	中国工商银行		开户银行	中国银行										
人民币（大写）：⊗玖仟肆佰叁拾万元整					十亿	千	百	拾	万	千	百	十	元	角	分
					¥ 9	4	3	0	0	0	0	0	0	0	0
票据种类	1														
票据张数	转账支票														
主管 会计 复核 记账			收款人开户银行盖章（略）												

（3）月末，结转商品房销售成本。

借：主营业务成本   57 800 000

    贷：开发产品   57 800 000

（4）计算销售商品房收入负担的营业税金及附加。

借：税金及附加   943 000

  贷：应交税费——应交城市维护建设税 660 100

      ——应交教育费附加   282 900

（5）清算土地增值税。

增值额=103 730 000－（57 800 000＋943 000＋57 800 000×20％）

   =103 730 000－70 303 000

   =33 427 000（元）

应交土地增值税=33 427 000×30％

      =10 028 100（元）

借：税金及附加   10 028 100

  贷：应交税费——应交土地增值税   10 028 100

（6）清算后补缴土地增值税时，依据土地增值税完税凭证和付款证明进行账务处理。见表6-4。

借：应交税费——应交土地增值税   8 938 100

  贷：银行存款   8 938 100

表 6-4   **土地增值税纳税申报表（一）**

（从事房地产开发的纳税人适用）

统一社会信用代码 3 2 8 1 0 1 4 0 0 3 5 7 6 1 2

纳税人名称：房天下地产有限公司（公章）

税款所属期限：自 2018 年 12 月 1 日至 2018 年 12 月 31 日

      填表日期：2017 年 1 月 5 日   金额单位：元（列至角分）

项目地址			项目名称	
	项 目		行次	金额
一、转让房地产收入总额 1＝2＋3			1	
其中	货币收入		2	103 730 000
	实物收入及其他收入		3	
二、扣除项目金额合计 4＝5＋6＋13＋16＋20＋21			4	70 303 000
其中：1. 取得土地使用权所支付的金额			5	
2. 房地产开发成本 6＝7＋8＋9＋10＋11＋12			6	57 800 000
其中	土地征用及拆迁补偿费		7	
	前期工程费		8	
	建筑安装工程费		9	
	基础设施费		10	
	公共配套设施费		11	
	开发间接费用		12	

项　目	行次	金额
3. 房地产开发费用 13＝14＋15	13	
其中　利息支出	14	
其他房地产开发费用	15	
4. 与转让房地产有关的税金等 16＝17＋18＋19	16	943 000
其中　营业税	17	
城市维护建设税	18	660 100
教育费附加	19	292 900
5. 财政部、省政府规定的其他扣除项目	20	
6. 加计扣除项目 21＝（5＋6）×20％	21	1 156 000
三、增值额 22＝1－4	22	33 427 000
四、增值额与扣除项目金额之比（％）23＝22÷4	23	47.55％
五、适用税率（预征率）（％）	24	30％
六、速算扣除系数（％）	25	0
七、应缴土地增值税税额 26＝22×24－4×25（预缴土地增值税 26＝1×24）	26	10 028 100
八、已缴（预缴）土地增值税税额	27	1 090 000
九、应补（退）土地增值税税额 28＝26－27	28	8 938 100

土地使用权取得时间	土地面积	土地坐落地点	证书编号	取得土地的方式

纳税人或代理人声明： 此纳税申报表是根据国家税收法律的规定填报的，我确信它是真实的、可靠的，完整的	如纳税人填报，由纳税人填写以下各栏		
	经办人 （签章）	会计主管 （签章）	法定代表人 （签章）
	如委托代理人填报，由代理人填写以下各栏		
	代理人名称		代理人（公章）
	经办人（签章）		
	联系电话		

以下由税务机关填写

受理人		受理日期		受理税务机关（签章）	

6.4 特殊情况下商品房销售方式的处理

6.4.1 委托方式销售开发产品的核算

1. 采用委托方式销售开发产品的核算

房地产开发企业采取支付手续费方式委托销售商品房的，在委托房地产代理销售机构销售商品房时因不需要进行实物交付时，通常不确认销售收入，也不需要进行账务处理。而应在收到受托方开出的代销清单时确认销售商品收入，同时将应支付的代销手续费记入销售费用；受托方应在代销商品销售后，按合同或协议约定的方法计算确定代销手续费，确认劳务收入。

（1）委托方的账务处理，如图 6-4 所示。

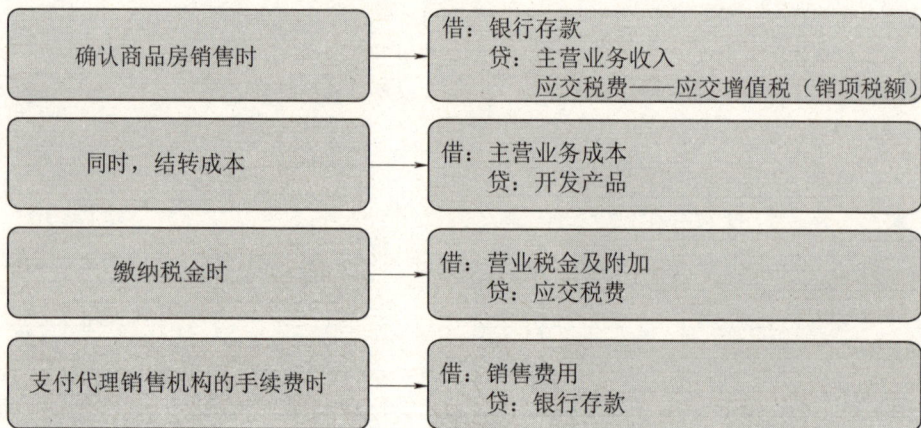

确认商品房销售时	借：银行存款 　　贷：主营业务收入 　　　　应交税费——应交增值税（销项税额）
同时，结转成本	借：主营业务成本 　　贷：开发产品
缴纳税金时	借：营业税金及附加 　　贷：应交税费
支付代理销售机构的手续费时	借：销售费用 　　贷：银行存款

图 6-4　委托方的账务处理

【**例 6-4**】宏远房地产公司委托安家销售代理公司销售商品房，双方约定，房屋销售价格由宏远房地产公司定价，销售收款后安家销售代理公司按售价的 3‰收取手续费，共销售房屋 15 套，售价共计 840 万元，房屋开发成本为 584 万元。

（1）委托销售时，因不需要进行实物交付，不进行账务处理。

（2）买受人缴纳房款时，依据收款收据记账联、现金缴款单或银行收账通知等收款证明进行账务处理。

借：银行存款　　　　　　　　　　　　　　　8 400 000

　　　　贷：预收账款　　　　　　　　　　　　　　　　　8 400 000

　　（3）收到代销清单，支付安家销售代理公司手续费时，依据销售公司开具的代理销售发票和付款证明进行账务处理。

　　　　借：销售费用　　　　　　　　　　　　　　　　252 000

　　　　　贷：银行存款　　　　　　　　　　　　　　　　252 000

　　（4）房屋竣工验收，移交买受人时，应确认商品销售收入。

　　　　借：预收账款　　　　　　　　　　　　　　　　8 400 000

　　　　　贷：主营业务收入　　　　　　　　　　　　　636 363.64

　　　　　　应交税费——应交增值税（销项税额）　　　763 636.36

　　（5）确认收入的同时，结转房屋销售成本。

　　　　借：主营业务成本　　　　　　　　　　　　　　5 840 000

　　　　　贷：开发产品　　　　　　　　　　　　　　　5 840 000

2. 视同买断方式

　　视同买断的代销方式，即由委托方和受托方签订协议，委托方按协议价格收取委托代销商品的货款，实际售价可由受托方自定，实际售价与协议价之间的差额归受托方所有的销售方式。

　　如果委托方和受托方之间的协议明确表明，受托方在取得代销商品后，无论是否能够卖出、是否获利，均与委托方无关，那么委托方和受托方之间的代销商品交易，与委托方直接销售商品给受托方没有实质区别，在符合销销商品收入确认条件时，委托方应确认相关销售商品收入。

　　【例6-5】宏远房地产公司委托宜居销售代理公司销售开发商品房20套，协议价为7 450万元，成本为4 890万元。代销协议约定，双方签订代销协议后，无论商品是否能够卖出、是否获利，均与宏远房地产公司无关。

　　（1）代销商品房移交宜居销售代理公司时，确认收入。

　　　　借：应收账款　　　　　　　　　　　　　　　74 500 000

　　　　　贷：主营业务收入　　　　　　　　　　　　67 727 272.73

　　　　　　应交税费——应交增值税（销项税额）　　67 727 272.73

　　（2）结转房屋销售成本。

　　　　借：主营业务成本　　　　　　　　　　　　　48 900 000

　　　　　贷：开发产品——房屋　　　　　　　　　　48 900 000

　　（3）收到宜居销售代理公司销售商品房款，依据银行收账通知等收款证明进行账务处理。

借：银行存款   74 500 000

  贷：应收账款   74 500 000

6.4.2　分期收款销售开发产品的核算

企业应当按照从购货方已收或应收的合同或协议价款确定销售商品收入金额，但已收或应收的合同或协议价款不公允的除外。

销售成本的结转，应与分期收款销售收入实现的时间一致，当期结转的销售成本应按开发产品销售成本占销售收入的比例进行计算，公式如下：

本期应结转的销售成本＝本期确认的销售收入×销售总成本÷销售总收入

【例6-6】宏远房地产公司采用分期收款结算方式出售一批别墅，合同规定总价款为 47 795 万元，分三次收取价款。房屋移交时，收取总价款的 40%；第二年收取 30%；第三年收取 30%。该商品实际开发成本为 19 786 万元，税率 10%。

(1) 移交商品房时，结转分期收款销售商品房的实际成本。

借：分期收款开发产品   197 860 000

  贷：开发产品——商品房   197 860 000

(2) 移交房屋收到 40% 的价款时。

借：银行存款   191 800 000

  贷：主营业务收入——商品房销售收入 173 800 000

    应交税费——应交增值税（销项税额） 17 380 000

同时，结转相应的营业成本：173 800 000×197 860 000÷434 500 000＝7 194 909.09（元）

借：主营业务成本——商品房销售成本 7 194 909.09

  贷：分期收款开发产品   7 194 909.09

6.4.3　发生销售折扣、折让及退回的核算

确认销售商品收入时，不应考虑预计可能发生的现金折扣和销售折让，

但应考虑商业折扣的净额。即有现金折扣或销售折让的收入，按总价确认；有商业折扣的收入，按扣除商业折扣的净额，按净额确认收入。

（1）商业折扣。

商业折扣是企业为促进商品销售而在商品标价上给予的价格扣除。商业折扣在销售时即已发生，企业销售商品涉及商业折扣的，应当按照扣除商业折扣后的金额确定销售商品收入金额。

（2）现金折扣。

现金折扣是债权人为鼓励债务人在规定的期限内付款而向债务人提供的债务扣除。现金折扣一般用符号"折扣率/付款期限"表示。

例如，"2/10，1/20，n/30"表示：销货方允许客户最长的付款期限为30天，如果客户在10天内付款，销货方可按商品售价给予客户2％的折扣，如果客户在20天内付款，销货方可按商品售价给予客户1％的折扣，如果客户在21天至30天内付款，将不能享受现金折扣。

现金折扣发生在企业销售商品之后，现金折扣在销售时按总价（即按照扣除现金折扣前的金额）入账。在收款时，要区分是否在折扣期限内收到款项。如果在折扣期限内收到款项，少收的部分要记入财务费用。即现金折扣在实际发生时计入当期财务费用。

【例6-7】房天下地产有限公司销售商品房，甲公司购买商品房10套。买卖双方签订的销售合同规定，商品房建筑面积总计1 200平方米，每平方米售价28 000元，房价总计33 600 000元，甲公司先支付30％购房定金，其余款项于交付使用3个月后一次付清。商品房交付使用后，其中1套出现严重质量问题，甲公司要求退房，其余4套也存在不同程度的质量问题，甲公司提出折让。经双方协商同意后，1套作为退回处理，建筑面积120平方米，每平方米成本为15 000元；其余4套商品房按全部价款的3％给予折让。有关会计处理如下：

（1）收到购房定金时，依据收款收据记账联、现金缴款单或银行收账通知等收款证明进行账务处理，即预收账款＝33 600 000×30％＝10 080 000（元）。

借：银行存款　　　　　　　　　　　　　　10 080 000
　　贷：预收账款——甲公司　　　　　　　　　10 080 000

（2）商品房移交甲公司时，确认商品房销售收入。

借：应收账款——甲公司　　　　　　　　　　　　　　23 520 000

　　预收账款——甲公司　　　　　　　　　　　　　　10 080 000

　　贷：主营业务收入——商品房销售收入　　　　　30 545 454.55

　　　　应交税费——应交增值税（销项税额）　　　3 054 545.45

（3）发生销售退回和折让时，应依据销售不动产发票记账联（红字），若甲公司已付清房款，发生销售退回或折让需退甲公司购房款的，还应附退款证明进行账务处理。

退回的一套商品房，应冲减主营业务收入：

冲减的主营业务收入=28 000×120=3 360 000（元）

销售折让金额=（28 000×3%）×120×4=403 200（元）

销售退回和折让总计=3 360 000+403 200=3 763 200（元）

借：主营业务收入——商品房销售收入　　　　　　　3 763 200

　　贷：应收账款——甲公司　　　　　　　　　　　　3 763 200

同时应冲减退回商品房的主营业成本：15 000×120=1 800 000（元）

借：开发产品　　　　　　　　　　　　　　　　　　1 800 000

　　贷：主营业务成本　　　　　　　　　　　　　　　1 800 000

6.4.4　房地产未完工产品销售收入的确认

房地产开发企业销售未完工开发产品一般都属于预收款方式销售开发产品。企业销售未完工开发产品取得的收入会计处理如下。

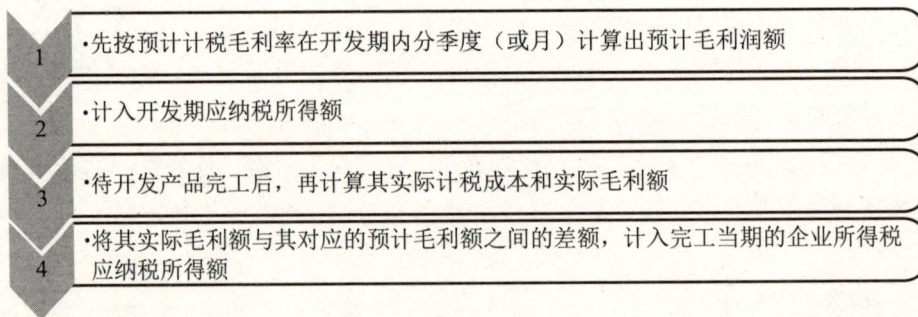

1	• 先按预计计税毛利率在开发期内分季度（或月）计算出预计毛利润额
2	• 计入开发期应纳税所得额
3	• 待开发产品完工后，再计算其实际计税成本和实际毛利额
4	• 将其实际毛利额与其对应的预计毛利额之间的差额，计入完工当期的企业所得税应纳税所得额

预计毛利率由省、自治区、直辖市国税局、地税局确定，但一般位于省、自治区、直辖市和计划单列市人民政府所在地城市城区和郊区的不低于

15%，位于地级市城区及郊区的不低于10%，位于其他地区的不低于5%，经济适用房、限价房和危改房均不低于3%。

6.4.5 面积差的会计核算

根据《房产测绘管理办法》，申请办理商品房产权初始登记时，需要委托房产测绘单位进行房产测绘，商品房实测面积可能大于也可能小于销售合同面积。实测面积大于销售合同面积时，房地产开发企业向承购人收取面积差价，并向承购人就差价补开发票，借记"银行存款""应收账款"账户，贷记"主营业务收入"账户。

实测面积小于销售合同面积时，房地产开发企业应退回多交的房款，开具红字冲销发票，借记"主营业务收入"账户，贷记"银行存款""库存现金""应付账款"账户等。收取的面积差价应并入当期收入缴纳各项税费，支付的面积差价应冲减当期收入应交的各项税费。

【例6-8】房天下地产有限公司已销售的商品房有23套商品房存在的面积差，其中应向承购人收取的面积差价为21万元，应向承购人退回的面积差价为11万元。房天下地产有限公司应进行如下账务处理。

（1）收取面积差价，依据销售不动产发票联、收款凭证进行账务处理。

借：银行存款　　　　　　　　　　　　　　210 000

　　贷：主营业务收入　　　　　　　　　　210 000

（2）支付面积差价，依据销售不动产发票记账联（红字）、付款证明进行账务处理：

借：主营业务收入　　　　　　　　　　　　110 000

　　贷：银行存款　　　　　　　　　　　　110 000

6.5 土地使用权转让的会计核算

房地产开发企业开发的商品性土地，可以将土地使用权进行转让。转让土地使用权应签订转让合同，在合同中载明土地的位置、四周边界、面积、地上附着物、土地用途、建筑物高度、绿化面积、土地转让期限、土地转让金的支付方式和违约责任等。

土地转让交易可以采用协议、招标、拍卖等方式，账务处理如图 6-5 所示。

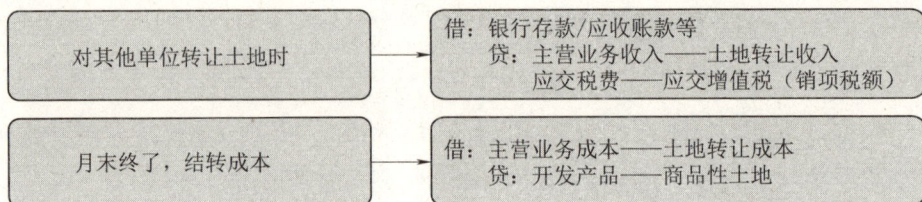

| 对其他单位转让土地时 | → | 借：银行存款/应收账款等
贷：主营业务收入——土地转让收入
应交税费——应交增值税（销项税额） |
| 月末终了，结转成本 | → | 借：主营业务成本——土地转让成本
贷：开发产品——商品性土地 |

图 6-5 土地使用权转让的账务处理

【例 6-9】房天下地产有限公司对外转让已开发完成的一块土地，价值 8 800 万元，实际取得成本为 7 000 万元，已办妥转让手续，价款已收讫并存入银行。（假定城市维护建设为 7%，教育费附加征收率为 3%）

（1）依据发票账单、收款证明、确认已实现的土地转让收入：

借：银行存款　　　　　　　　　　　　　　　88 000 000

　　贷：主营业务收入——土地转让收入　　　　80 000 000

　　　　应交税费——应交增值税（销项税额）　 8 000 000

（2）结转成本

借：主营业务成本——土地转让成本　　　　　70 000 000

　　贷：开发产品——商品性土地　　　　　　　70 000 000

（3）按照规定，计算应交各项税费。

应交城市维护建设税＝8 000 000×7%＝560 000（元）

应交教育费附加＝8 000 000×3%＝240 000（元）

应交印花税＝80 000 000×0.5‰＝40 000（元）

应交土地增值税：

扣除项目金额＝70 000 000＋560 000＋240 000＋40 000＝70 840 000（元）

增值额＝80 000 000－70 840 000＝9 160 000（元）

增值率＝9 160 000÷70 840 000＝12.93%

应交土地增值税＝9 160 000×30%＝2 748 000（元）

借：税金及附加　　　　　　　　　　　　　　3 548 000

贷：应交税费——应交城市维护建设税　　　　　560 000

　　　　　　　　　　——教育费附加　　　　　　　240 000

　　　　　　　　　　——应交土地增值税　　　　 2 748 000

　借：税金及附加——印花税　　　　　　　　　　40 000

　　　贷：银行存款　　　　　　　　　　　　　　　　40 000

6.6　配套设施转让的核算

　　房地产开发企业在开发过程中，按照城市建设规划开发的大型配套设施如商店、邮局、银行等，可再进行有偿转让。对有偿转让的配套设施，应再办理财产交接手续，账务处理如图 6-6 所示。

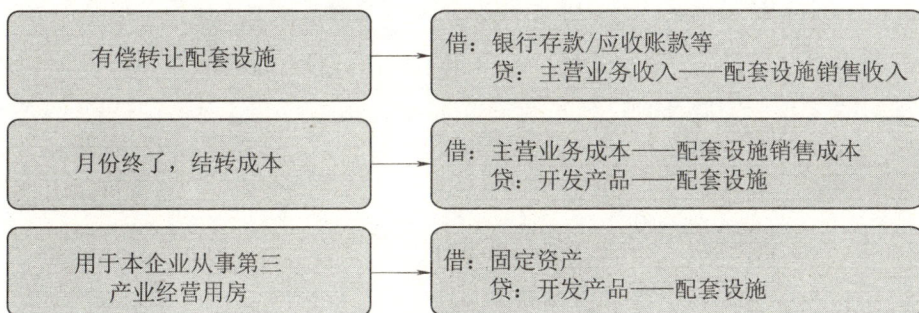

有偿转让配套设施	→	借：银行存款/应收账款等 贷：主营业务收入——配套设施销售收入
月份终了，结转成本	→	借：主营业务成本——配套设施销售成本 贷：开发产品——配套设施
用于本企业从事第三产业经营用房	→	借：固定资产 贷：开发产品——配套设施

图 6-6　配套设施转让的账务处理

6.7　自行建造或分包商建造房产的收入确认

　　房地产购买方在建造工程开始前能够规定房地产设计的主要结构要素，或者能够在建造过程中决定主要结构变动的，房地产建造协议符合建造合同定义，企业应当遵循《企业会计准则第 15 号——建造合同》确认收入。

　　企业自行建造或分包商建造房地产收入的确认，按照建造合同准则的规定，主要分为结果能够可靠估计、结果不能够可靠估计两种类型。

　　合同收入包括合同规定的初始收入和因合同变更、索赔、奖励等形成的收入。

　　合同费用，即合同成本，是指为执行某项合同而发生的相关费用。合同成本包括从合同签订开始至合同完成所发生、与执行合同有关的直接费用和间接费用。

【例6-10】兆和建筑安装公司与宏远地产公司签订了一项建造综合娱乐场的固定造价合同，总造价为9 400万元，该工程采用百分比法确认收入和费用，合同完工进度按照累计实际发生的合同成本占合同预计总成本的比例确定。该工程企业自行建造，于2015年1月开工，2017年12月完工。预计工程总成本为5 641万元，在2016年底，因建筑材料价格下浮等因素，调整预计工程总成本为5 230万元。

(1) 2015年，实际发生合同成本2 400万元，应作如下会计处理。

　　借：工程施工——合同成本　　　　　　　　　24 000 000
　　　　贷：原材料、应付职工薪酬、机械作业等　　　 24 000 000

(2) 结算合同价款4 530万元，应作如下会计处理。

　　借：应收账款——宏远地产公司　　　　　　　 45 300 000
　　　　贷：工程结算——综合娱乐场　　　　　　　　 45 300 000

(3) 实际收到合同价款2 458万元。

　　借：银行存款　　　　　　　　　　　　　　　 24 580 000
　　　　贷：应收账款——宏远地产公司　　　　　　　 24 580 000

(4) 2015年确认当年收入和费用。

　　借：工程施工——合同毛利　　　　　　　　　　4 000 000
　　　　主营业务成本　　　　　　　　　　　　　 16 000 000
　　　　贷：主营业务收入　　　　　　　　　　　 18 018 018.02
　　　　　　应交税费——应交增值税（销项税额）　 1 981 981.98

2016年、2017年的业务会计分录与2015年相似，前（1）（2）（3）步会计分录略，下为第（4）步。

(5) 工程完工结转。

　　借：工程结算——综合娱乐场　　　　　　　　 94 000 000
　　　　贷：工程施工——合同成本　　　　　　　　　 24 000 000
　　　　　　　　　　——合同毛利　　　　　　　　　 70 000 000

【例6-11】恒良建筑公司与利达制药厂签订了建造一栋厂房的建筑合同，该厂房建筑造价为432万元。第一年实际发生工程成本198万元，双方均能履行合同规定的义务，建筑公司在年末对该工程的完工进度无法可靠确定。

如果利达制药厂能够履行合同规定的义务，发生的工程成本 198 万元能够收回，则会计分录为：

借：主营业务成本   1 980 000

  贷：主营业务收入   1 980 000

如果利达制药厂不能履行合同规定的义务，发生的工程成本 198 万元不可能收回，则会计分录为：

借：主营业务成本   1 980 000

  贷：工程施工——合同毛利   1 980 000

房地产购买方影响房地产设计的能力有限。在这种情况下，企业应遵循《企业会计准则第 14 号——收入》中有关商品销售收入的原则确认收入，企业售出房地产后不再保留与房地产所有权相联系的继续管理权，也不再对售出房地产实施有效控制，表明房地产所有权上的主要风险和报酬已经转移给购买方，应在房地产交付使用时确认收入。

6.8　其他业务收入的核算

6.8.1　其他业务收入的设置

房地产开发企业其他业务收入是指除主营业务收入以外，由其他的营业活动所产生的业务收入。

为了反映房地产开发企业其他业务收入的实现和结转情况，应当设置"其他业务收入"账户。

"其他业务收入"账户，应按其他业务的不同种类设置明细账户，进行明细核算。

其他业务收入是指企业确认的除主营业务活动以外的其他经营活动实现的收入。企业应设置"其他业务收入"科目，本科目核算企业确认的除主营业务活动以外的其他经营活动实现的收入，包括出租固定资产、出租无形资产、出租包装物和商品、销售材料、用材料进行非货币性交换（非货币性资产交换具有商业实质且公允价值能够可靠计量）或债务重组等实现的收入。

本科目可按其他业务收入种类进行明细核算。期末结转时，本科目无余额。见表 6-5。

表 6-5 其他业务收入会计科目编码的设置

编号	总分类科目 （一级科目）	明细分类科目		是否辅 助核算	辅助核 算类别
		二级明细科目	三级明细科目		
6051	其他业务收入				
605101	其他业务收入	材料及包装物的销售	项目	是	部门
605102	其他业务收入	代销商品款	项目	是	部门
605103	其他业务收入	包装物出租	项目	是	部门
605104	其他业务收入	无形资产转让	项目	是	部门
605105	其他业务收入	固定资产出租	项目	是	部门
605106	其他业务收入	其他	项目	是	部门

6.8.2 其他业务收入的会计处理

1. 商品房售后服务收入的会计处理

房地产开发企业的商品房售后服务是指企业接受其他单位的委托，对已经售出的商品房进行管理，如房屋及所属设备的维修、电梯看管、卫生清洁、治安管理等劳务性的服务。企业提供的这种售后服务，可向用户收取服务费，从而形成商品房售后服务收入。

【例 6-12】宏远地产公司销售商品房后，在住宅小区设立了管理处，为住户提供治安保卫、卫生清洁、电梯看管和房屋维修等服务，按月向用户收取管理费用。假如本月向住户收取全部管理费用 6.7 万元，税款 4 020 元。待收到管理费用时应做如下会计处理：

借：库存现金（或银行存款） 71 020
   贷：其他业务收入——商品房售后服务收入 67 000
      应交税费——应交增值税（销项税额） 4 020

2. 固定资产出租收入的会计处理

房地产开发企业固定资产出租是指企业将不需用的机械设备等对外出租。（不含出租的房地产，出租房地产应按"投资性房地产"进行处理。）这对房地产开发企业来说，属于非主营业务，其取得的租金收入应计入"其他业务收入"账户。

【例 6-13】怡农建筑公司将不需要的设备对外出租，本月取得租金收入

3.5 万元，款项已存入银行。假设不考虑相关税费，应作如下会计处理。

借：银行存款　　　　　　　　　　　　　　　35 000

　　贷：其他业务收入——设备出租收入　　　　　　35 000

3. 材料销售收入的核算

房地产开发企业的材料销售是指企业将不需用的库存材料对外销售。房地产开发企业的营业周期一般比较长，一个项目开发结束后，往往隔较长时间才开始下一个项目，而且不同项目所用的材料也不完全一样。所以如果企业在开发产品后的材料有剩余，就要进行销售处理。销售材料取得的价款，也是企业的一项其他业务收入。

【例 6-14】恒良建筑公司在开发项目结束后，将一批库存材料对外销售，材料成本为 78 000 元，不含税售价为 97 000 元，税款 15 520 元。材料价款收到并已存入银行，应作如下会计处理。

借：银行存款　　　　　　　　　　　　　　112 520

　　贷：其他业务收入——材料销售收入　　　　　97 000

　　　　应交税费——应交增值税（销项税额）　　15 520

借：其他业务成本　　　　　　　　　　　　　78 000

　　贷：周转材料　　　　　　　　　　　　　　78 000

6.9　转让及销售阶段增值税的核算

房地产开发企业在日常经营过程中遇到一般业务增值税处理和其他企业一样，全面"营改增"之后，根据财税〔2016〕36 号《关于全面推开营业税改征增值税试点的通知》，房地产企业的会计处理需要重点关注的点有：一般计税方法下土地出让金的账务处理、房地产老项目增值税业务核算、房地产行业预缴税款的核算等。

6.9.1　正常销售情况下税费处理

房地产开发企业中的一般纳税人销售其开发的房地产项目（选择简易计税方法的房地产老项目除外），以取得的全部价款和价外费用，扣除受让土地时向政府部门支付的土地价款后的余额为销售额。

1. 销售额允许扣除土地价款的计算

房地产开发企业中的一般纳税人销售自行开发的房地产项目，适用一般计税方法计税，按照取得的全部价款和价外费用，扣除当期销售房地产项目对应的土地价款后的余额计算销售额。销售额的计算公式如下：

销售额＝（全部价款和价外费用－当期允许扣除的土地价款）÷（1＋11％）

1	·土地价款并非一次性从销售额中全扣，而是要随着销售额的确认，逐步扣除。简单的说就是，要把土地价款按照销售进度，在不同的纳税期扣除，是"卖一套房，扣一笔与之相应的土地出让金
2	·允许扣除的土地价款包括新项目和选择一般计税方法的老项目
3	·对于房地产老项目，土地是在2016年5月1日之前取得的，如果选择适用一般计税方法且有合法的财政票据，其5月1日后确认的增值税销售额，也可以扣除对应的土地出让价款
4	·适用简易计税方法的房地产开发项目，不允许扣除土地价款

逐步扣除的土地价款公式计算：

当期允许扣除的土地价款＝（当期销售房地产项目建筑面积÷房地产项目可供销售建筑面积）×支付的土地价款

需要注意的是，从政府部门取得的土地出让金返还款，可不从支付的土地价款中扣除。

2. 房地产销售额不得扣除土地成本的情形

不得扣除土地成本的情形如下：

1	·土地价款以外的其他土地成本项目
2	·超过纳税人实际支付的土地价款
3	·销售自行开发房地产老项目
4	·预收款预缴增值税土地价款
5	·计算应税销售额非当期对应的土地价款
6	·支付土地预付款没有取得行政事业性收据
7	·缴纳的土地出让金的滞纳金，属于处罚性质的行政收费，无法取得增值税专用发票或财政性票据，因此不可抵扣。

房地产开发企业土地价款扣除范围。房地产开发企业中的一般纳税人，销售其开发的房地产项目（选择适用简易计税方式的除外），单独作价销售的配套设施，例如幼儿园、会所等项目，其销售额可以扣除该配套设施所对应的土地价款。

【例 6-15】房天下地产有限公司是一家主营房地产开发经营的企业（一般纳税人），机构所在地圣水区，开发的江城小区项目在房城区，企业对江城小区项目选择了一般计税方法计税。

（1）2017 年 7 月，该公司为开发江城小区，取得土地 250 000 平方米，支付土地出让金金额 325 000 万元，并取得相应财政票据；江城小区可供销售建筑面积 100 000 平方米。

（2）2017 年 11 月，总计支付工程款 2 400 万元（不含税价），均取得增值税专用发票。其中地质勘察费 30 万元，规划设计、施工图设计及其他设计费 570 万元，增值税税费 6%。其他工程费用 1 800 万元。

（3）2017 年 12 月，总计发生建安工程费 4 200 万元（不含税价），并取得增值税专用发票。其中主体承包工程 2 800 万元，水暖工程 200 万元，工程监理费 200 万元，其他工程 1 000 万元。

（4）2018 年 2 月，房天下地产有限公司除江城小区项目外，在同一地块，同时配建政府公租房田园公寓，建筑面积为 20 000 平方米。当月共计发生人力外包费 4 200 万元。劳务派遣公司开具增值税专用发票，不含税金额 1 400 万元，增值税普通发票 2 800 万元。该笔人工费用于江城小区、田园公寓项目，无法合理划分。

（5）2018 年 8 月，江城小区项目主体封顶，并取得预售许可证。当月取得预收房款 550 000 万元，并开具统一收据。

（6）2019 年 11 月，江城小区项目预售部分开始交房，并结转预收收入 550 000 万元。已知交房面积为 80 000 平方米，开具预收款发票。

（7）2019 年 12 月，实现剩余现房销售 156 200 万元（含税价），给业主开具全额房款发票。

根据上述资料，编制会计分录如下。

①支付土地价款

借：开发成本——江城小区土地出让金　　　　3 250 000 000

　　贷：银行存款　　　　　　　　　　　　　　　　3 250 000 000

②支付前期工程款：

进项税额＝（30＋570）×6％＋1 800×11％＝36＋198＝234（万元）

借：开发成本——江城小区勘察设计费   300 000

      ——江城小区规划设计费   5 700 000

      ——江城小区其他工程费   18 000 000

    应交税费——应交增值税（进项税额）

        2 340 000

    贷：银行存款   26 340 000

③支付建安工程款：进项税额＝200×6％＋（2 800＋200＋1 000）×11％＝12＋440＝452（万元）。

借：开发成本——江城小区建安工程费   42 000 000

  应交税费——应交增值税（进项税额）   4 520 000

    贷：银行存款   46 520 000

④支付外包人力成本。

由于公租房为免征增值税项目，江城小区、田园公寓项目无法划分进项税额；同时劳务派遣公司采取差额纳税计算方法，因此，不得抵扣的进项税额＝当期无法划分的全部进项税额×（简易计税、免税房地产项目建设规模÷房地产项目总建设规模）＝1 400×5％×20 000÷（20 000＋80 000）＝14（万元）

借：开发成本——人力成本   41 860 000

  应交税费——应交增值税（进项税额）   140 000

    贷：银行存款   42 000 000

⑤2018年8月预收房款。

预收款预交税金＝550 000÷（1＋10％）×3％＝15 000（万元）

借：银行存款   5 500 000 000

    贷：预收账款   5 500 000 000

借：应交税费——应交增值税（预缴增值税）   150 000 000

    贷：应交税费——未交增值税——江城小区项目预收增值税

        150 000 000

2018年9月（暂不考虑8月份其他进项税额）：

借：应交税费——未交增值税——江城小区项目 150 000 000

　　　　　贷：银行存款　　　　　　　　　　　　　150 000 000

⑥结转预收款收入。

　　土地价款抵减的销项税额＝支付的土地价款不含税金额×11%×（当期销售房地产项目建筑面积÷房地产项目可供销售建筑面积）＝325 000÷（1＋11%）×11%×（80 000÷100 000）＝25 765.77（万元）

　　预收款实现的销项税额＝550 000÷（1＋10%）×10%＝55 000（万元）。

　　冲减开发成本：

　　借：应交税费——应交增值税（销项税额抵减）　257 657 700
　　　　贷：开发成本——江城小区项目土地出让金　　257 657 700

　　预收款合计确认的销项税额＝55 000－25 765.77＝29 234.23（万元）

　　借：预收账款　　　　　　　　　　　　　　5 500 000 000
　　　　贷：应交税费——应交增值税（销项税额）　　500 000 000
　　　　　　主营业务收入　　　　　　　　　　5 000 000 000

⑦现房销售时，直接确认收入实现：

　　土地价款抵减的销项税额＝325 000÷（1＋11%）×11%×（20 000÷80 000）＝8 051.80（万元）。

　　现房款合计确认的销项税额＝156 200÷（1＋10%）×10%＝14 200（万元）

　　冲减开发成本：

　　借：应交税费——应交增值税（销项税额抵减）　80 518 000
　　　　贷：开发成本——A项目土地出让金　　　　80 518 000

　　借：银行存款　　　　　　　　　　　　　1 562 000 000
　　　　贷：应交税费——应交增值税（销项税额）1 420 000 00
　　　　　　主营业务收入　　　　　　　　　1 420 000 000

6.9.2　一次购地、分期开发的土地成本扣除

（1）计算出已开发项目所对应的土地出让金。

　　已开发项目所对应的土地出让金＝土地出让金×（已开发项目占地面积÷开发用地总面积）

（2）计算当期允许扣除的土地价款。

当期允许扣除的土地价款＝（当期销售房地产项目建筑面积÷房地产项目可供销售建筑面积）×已开发项目所对应的土地出让金

当期销售房地产项目建筑面积，是指当期进行纳税申报的增值税销售额对应的建筑面积。

房地产项目可供销售建筑面积，是指房地产项目可以出售的总建筑面积，不包括销售房地产项目时未单独作价结算的配套公共设施的建筑面积。

（3）按上述公式计算出的允许扣除的土地价款要按项目进行清算，且其总额不得超过支付的土地出让金总额。

6.9.3　土地成本中拆迁补偿费、政府规费等的处理

如果房地产企业取得土地的成本由土地出让金及协议拆迁补偿费两部分构成，则问题的关键就要看二者是否均作为土地出让金统一归集的，是否能取得统一的土地价款的财政票据。假设土地的成本是既定的前提下，一个企业支付的成本全部归集为土地出让金，而另一个企业支付的成本由土地出让金和拆迁补偿费两部分构成，则两者的增值税税负是完全不同的。核心仍然是因为支付给个人、其他单位或组织的拆迁补偿费是无法获得相应财政票据的。

取得土地时交纳的市政配套费、政府规费、排污费、契税、异地人防建设费等情况和拆迁补偿费处理情况是类似的。

6.9.4　采用股权收购拿地方式的土地成本扣减

房地产企业通过股权收购拿地方式，取得的土地相关成本能否扣减或抵扣呢？

例如，飞天房地产企业通过现金支付，收购运通公司100％股权，其中甲地块为运通公司所属资产。

股权拿地后，分两种情况。

第一种情况，如果通过股权取得的公司不注销，以项目公司的名义经营

开发相关土地。这种情况是回归了正常的房地产公司土地价款抵扣的问题。但是能否抵扣的主体是运通公司，飞天房地产企业无所谓抵扣的问题。即：如果土地是通过招、拍、挂取得的，收购方按被收购方原来取得的国土部门出具的行政事业性收据，在确认销项税额时进行扣减；如果被收购方的土地是通过转让所得到的土地，可以抵扣取得增值税专用发票上的进项税额；如果被收购方是通过国家无偿划拨来的则不能抵扣进项税的。

第二种情况，如果通过股权取得的公司股权后，对运通公司进项吸收合并，运通公司注销。甲地块土地权属登记到飞天房地产企业，这时候飞天房地产企业取得甲地块土地，但是能否抵扣的主体变为了飞天房地产企业。

根据全面"营改增"相关政策"在资产重组过程中，通过合并、分立、出售、置换等方式，将全部或者部分实物资产以及与其相关联的债权、负债和劳动力一并转让给其他单位和个人，其中涉及的不动产、土地使用权转让行为不征收增值税"。所以飞天房地产企业取得土地，不属于增值税应税范围，不征收增值税。但是无法取得相关票据，不能抵扣任何有关土地的增值税进项税额。

6.9.5 "拆一还一"的税务处理

（1）业务模式。

"拆一还一"实物补偿形式是指拆迁人以自己建设的房屋或者外购的房屋补偿给被拆除房屋的所有人，使原所有人继续保持其对房屋的所有权。

根据《城市房屋拆迁管理条例》的规定，房地产企业的拆迁补偿形式可归纳为两种：一种是实行货币补偿，拆迁人将被拆除房屋的价值，以货币结算方式补偿给被拆除房屋的所有人。另一种是实行房屋产权调换。房地产开发公司以自己建设的房屋或者外购的房屋补偿给被拆除房屋的所有人，使原所有人继续保持其对房屋的所有权，房地产开发公司获得了相应的经济利益，实际上是以房屋换被拆迁人的土地使用权，即使其中涉及价差补款，属于典型的非货币交易。

（2）税务处理。

根据实务中"拆一还一"的业务模式，房地产开发公司不管是通过货币补偿，还是产权调换，均应该按照全面"营改增"相关政策，交纳增值税。但是如何交纳增值税呢？

如果房地产规划部门批复立项的文件规定，该建设项目为拆迁安置或其他政策性项目，原则上就以"建安成本"为组成计税价格依据，房地产开发企业取得土地方式上就可能是无偿划拨或者有出让金返还等形式，比如以政府划拨土地建造，就无所谓扣除土地价款差额缴纳增值税的问题。

如果是商品房项目，又依法取得土地并支付土地价款，还可以抵减增值税销项税额，再用"拆一还一"的模式，在核定征收时候，有被税务机关确定为包含低价的风险。

6.9.6　参与政府土地一级开发项目税务处理

（1）代理支出拆迁补偿费并进行土地一级开发。

房地产开发公司受托进行建筑物拆除、平整土地并代委托方向原土地使用权人支付拆迁补偿费的过程中，其提供建筑物拆除、平整土地劳务取得的收入应按照"建筑业"税目缴纳增值税，一般计税方法下，税率为11%。

房地产开发公司代委托方向原土地使用权人支付拆迁补偿费的行为属于提供"经纪代理服务"行为，应以提供代理劳务取得的全部收入减去其代委托方支付的拆迁补偿费后的余额为营业额计算缴纳增值税，税率为6%。

（2）投资政府土地改造项目。

房地产开发公司与地方政府合作，投资政府土地改造项目（包括企业搬迁、危房拆除、土地平整等土地整理工作）。

后期土地上市后，用取得收益偿还投资方的成本。具体情况如下：

第一，如果是投资方仅是一个财务投资者，不参与项目运作，并且合同等证据必须列明风险共担。

且土地拆迁、安置及补偿工作由地方政府指定其他企业进行，房地产开发公司作为投资方负责按计划支付土地整理所需资金。

同时，投资方作为建设方与规划设计单位、施工单位签订合同，协助地方政府完成土地规划设计、场地平整、地块周边绿化等工作，并直接向规划设计单位和施工单位支付设计费和工程款。当该地块符合国家土地出让条件时，地方政府将该地块进行挂牌出让，若成交价低于投资方投入的所有资金，亏损由投资方自行承担；若成交价超过投资方投入的所有资金，则所获收益归投资方。

那么这种行为按照《国家税务总局关于纳税人投资政府土地改造项目有关营业税问题的公告》（国家税务总局公告 2013 年第 15 号）文件精神，就是一种投资行为，产生投资收益的情况下，不在《销售服务、无形资产、不动产注释》中，不是增值税的应税范围。

注意，这种情况认定的关键点：一是投资人负责筹集整个土地一级开发整理所需的全部资金；二是投资人作为土地一级开发整理的主体，与规划设计单位、施工单位签订相关合同并直接支付设计费用和工程款项；三是投资人承担土地一级开发整理的投资风险，即盈亏自负，风险自担。

第二，如果该投资方在投资政府土地改造项目过程中，只承担了项目全部资金的投入，不参与土地开发整理的具体管理事项，且投资收益采取计算投资资金利息和按一定比例计算投资资金回报的固定方式，不承担项目投资风险。

这种情况，不管该投资公司在财务上如何核算，全面"营改增"后，应当认定为资金借贷行为，即资金贷与他人使用的行为，对所取得的投资资金利息和按一定比例计算的投资资金回报，应根据取得的固定资金回报金额按照"金融服务"交纳增值税，税率为 6%。

第三，如果该投资方在投资政府土地改造项目过程中，承担了项目全部资金的投入，同时具体实施了土地一级开发（包括企业搬迁、危房拆除、土地平整等土地工作）事项，并且要求政府给予固定比例的利润。

这种情况下，要进项业务分拆和支出项目单独核算。如果在土地以及开发过程中提供了"建筑业"服务，则土地上市后补足建筑服务成本的收入应该按照 11% 交纳增值税；取得固定比例的利润收入，应该按照"金融服务"交纳增值税，税率为 6%。

CHAPTER
SEVEN

第7章
房地产合作开发的核算

　　合作建房常见有两种方式：一是甲方拥有土地，乙方拥有资金及资质，乙方立项，合作建房，然后分房子或者甲方提取固定利润；二是甲方拥有土地，也拥有开发资质，乙方拥有资金，合作建房，然后分房子。

7.1 房地产开发立项及核算

7.1.1 房地产合作开发立项

房地产合作开发基本操作模式是：①以提供土地方为主体开发，实际由出资方运作；②出资方将资金投入到提供土地方，出资方提取固定利润或分配利润。

办理初始登记在确认房屋所有权人时，依据的是土地使用权证。而土地使用权证，则是开发项目的立项人持国家批准的建设项目有关文件，取得建设用地规划许可证后，向土地管理部门申请的。简而言之，就是合作建房双方谁立项，新建的房屋就属于谁。因此，"合作建房"的立项人不同，其土地和房屋归属也不一样，也就会直接影响合作各方是否应纳税或纳多少税。

房地产合作开发立项账务处理，如图7-1所示。

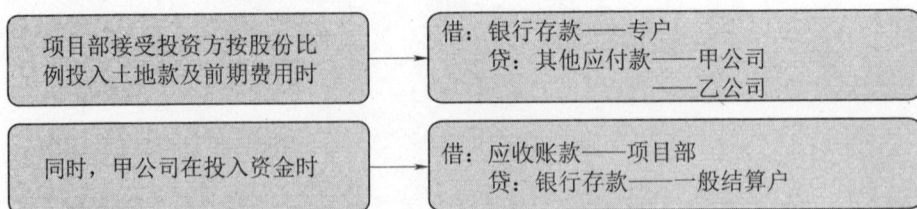

图 7-1 房地产合作开发账务处理

7.1.2 联合开发的会计核算

联合开发房地产项目应成立非独立法人的项目公司（项目部），双方按股份比例派员参与管理，以一方名义开设银行专户，在会计核算上作为一个会计主体，采取独立核算，自负盈亏，独立纳税，利润分成。

账务处理如图 7-2 所示。

（1）项目部接受投资方按股份比例投入土地款及前期费。

接受投入土地款及前期费时	借：银行存款 　　贷：其他应付款

（2）在领取"四证"后，以公司名义用土地使用权作抵押物取得银行借款时。

取得银行借款时	借：银行存款 　　贷：短期借款

（3）支付土地价款或工程款时。

支付土地价款或工程款时	借：开发成本 　　贷：银行存款——专户

（4）开发产品预售时。

开发产品预售时	借：银行存款——专户 　　贷：预收账款

（5）预缴税款时以越秀公司名义申报。

按季计提预交所得税时	借：应交税费——应交增值税（销项税额） 　　贷：银行存款
应交增值税时	借：递延税款 　　贷：应交税费——应交所得税

图 7-2　联合开发的账务处理

月末，项目部单独编制有关财务报表，但由于该项目从拍卖土地、立项、领取预售证等都是以一方公司名义办理，对外仍属于一方公司开发的项目之一，因此必须将项目部的财务报表与一方公司的财务报表合并。将两张报表相同的会计项目金额相加，把一方公司的"应收账款——项目部"与项目部的"其他应付款——一方公司"抵消。

（6）结转收入、成本并形成项目利润，交纳所得税后，对投资方分配利润时：

借：利润分配

贷：其他应付款——××公司

（7）项目部业务结束，将全部资产、负债与一方公司（母公司）并账。

【例7-1】2017年1月，房天下地产有限公司在开发佳景丽园住宅区时，因为资金不足，吸收越秀地产公司投资8 000万元，四方地产公司投资4 000万元，三方约定，房产建成后，越秀地产公司可得7 000平方米，四方地产公司可得3 000平方米，剩余归房天下地产有限公司所有，当年11月，佳景丽园住宅区开发完成。假如"首次分配"时，能够计算出计税成本为45 000元/平方米。

国税发〔2009〕31号文件规定：开发企业在首次分配开发产品时，如该项目已经结算计税成本，其应分配给投资方开发产品的计税成本与其投资额之间的差额计入当期应纳税所得额。

由于未能成立独立法人公司，越秀地产公司、四方地产公司不是法律意义上的股东，也不属于代建性质，只是定向销售的客户，因此，会计处理如下。

（1）收到甲、乙公司投入资金时。

借：银行存款   120 000 000

  贷：其他应付款——越秀地产公司   80 000 000

       ——四方地产公司   40 000 000

（2）分配开发产品时：

借：主营业务成本 450 000 000 ［（7 000＋3 000）×45 000］

  贷：开发产品   450 000 000

同时结转收入：

借：其他应付款——越秀地产公司   80 000 000

      ——四方地产公司   40 000 000

贷：主营业务收入　　　　　　　　　　　108 108 108.11

　　应交税费——应交增值税（销项税额）　11 891 891.89

2. 挂靠经营的处理

【例 7-2】慧智房地产开发公司受让了某破产企业的一宗土地，各项开发审批手续都已办齐，但迟迟未能动工。大通建筑公司以 3 000 万元的价格将慧智房地产开发公司一部分土地进行开发，为了方便，大通建筑公司以慧智房地产开发公司的名义进行开发，所以土地一直未办理过户手续。目前所开发的商品房也已开始预售。但最近税务机关在检查中发现，慧智房地产开发公司所取得的售房款均未确认收入，而是全额转给了大通建筑公司，且慧智房地产开发公司账务中未见开发项目支出票据。经过询问得知，开发过程中所发生的价款是大通建筑公司直接对外结算，票据直接开给了大通建筑公司，或者是发票虽开给慧智房地产开发公司，但最后也转给了大通建筑公司，即该项目实际是由大通建筑公司开发运作。

税务机关认为：虽然慧智房地产开发公司转让给大通建筑公司的土地未办理过户手续，但按照国税函〔2007〕645 号，土地使用者转让、抵押或置换土地，无论其是否取得了该土地的使用权属证书，无论其在转让、抵押或置换土地过程中是否与对方当事人办理了土地使用权属证书变更登记手续，只要土地使用者享有占有、使用、收益或处分该土地的权利，且有合同等证据表明其实质转让、抵押或置换了土地并取得了相应的经济利益，土地使用者及其对方当事人应当依照税法规定缴纳增值税、土地增值税和契税等相关税费。

大通建筑公司虽然名义上受让了土地，但没有过户，从法律上来说，该经济行为尚未完成，还有重新认识和定性的余地。即，可以规范为大通建筑公司与慧智房地产房地产开发公司以某种合作方式共同开发房地产。

在此基础上，税务机关检查人员认定：慧智房地产开发公司转让土地使用权未按规定缴纳增值税、土地增值税等相关税费，大通建筑公司未缴纳契税；大通建筑公司开发房地产所取得预售收入未按规定缴纳增值税，要求企业尽快整改，补办相关手续，规范运作。

7.2 合作建房方式的增值税处理

全面"营改增"后，合作建房增值税的计税原理主要是视同销售即核定征收原则。主要政策依据是"财税〔2016〕36号文"附件1第十四条、第四十四条的规定。

7.2.1 "以物易物"式合作建房

纯粹的"以物易物"，即双方以各自拥有的土地使用权和房屋所有权相互交换。具体的交换方式也有以下两种：

1. 土地使用权和房屋所有权相互交换，双方都取得了拥有部分房屋的所有权

（1）甲方以转让部分土地使用权为代价，换取部分房屋的所有权，发生了转让土地使用权的行为；对甲方应按"销售无形资产"税目中"转让土地使用权"缴纳增值税，税率为10%，如果是老项目还可以是5%，具体可见《销售服务、无形资产、不动产注释》。

（2）乙方则以转让部分房屋的所有权为代价，换取部分土地的使用权，发生了销售不动产的行为。对甲方应按"销售不动产"税目缴纳增值税，税率为10%，如果是老项目还可以是5%。

由于双方没有进行货币结算，按照视同销售的原则，销售额应该依据"财税〔2016〕36号文"附件1第四十四条计算。具体如下：

纳税人发生应税行为价格明显偏低或者偏高且不具有合理商业目的的，或者发生本办法第十四条所列行为而无销售额的，主管税务机关有权按照下列顺序确定销售额：

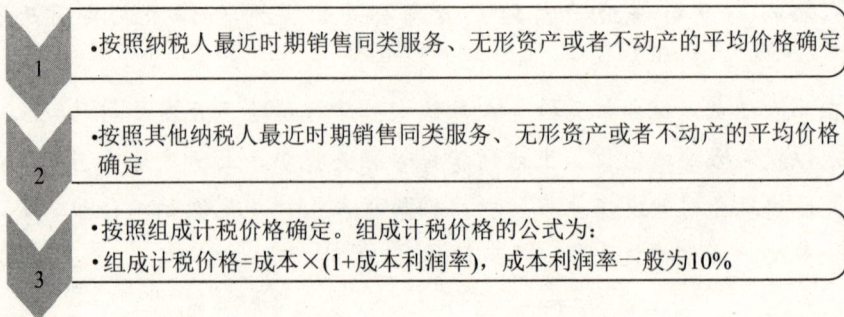

1. ·按照纳税人最近时期销售同类服务、无形资产或者不动产的平均价格确定

2. ·按照其他纳税人最近时期销售同类服务、无形资产或者不动产的平均价格确定

3. ·按照组成计税价格确定。组成计税价格的公式为：
   ·组成计税价格=成本×(1+成本利润率)，成本利润率一般为10%

不具有合理商业目的，是指以谋取税收利益为主要目的，通过人为安排，减少、免除、推迟缴纳增值税税款，或者增加退还增值税税款。

（3）如果合作建房的双方（或任何一方）将分得的房屋销售出去，则又发生了销售不动产行为，应对其销售收入再按"销售不动产"税目交纳增值税。

2. 以出租土地使用权为代价换取房屋所有权

例如，甲方将土地使用权出租给乙方若干年，乙方投资在该土地上建造建筑物并使用，租赁期满后，乙方将土地使用权连同所建的建筑物归还甲方。在这一经营过程中，乙方是以建筑物为代价换得若干年的土地使用权，甲方是以出租土地使用权为代价换取建筑物。

（1）甲方发生了出租土地使用权的行为，对其按"销售服务—现代服务业—租赁服务"缴纳增值税，税率为10％，如果为老项目可以为5％。

（2）乙方发生了销售不动产的行为，对其按"销售不动产"税目缴纳增值税，税率为10％，如果是老项目，税率是5％。

（3）同样，甲乙双方的增值税需要核定计算。

7.2.2　成立合营企业，合作建房

甲方以土地使用权、乙方以货币资金合股，成立合营企业，合作建房。对此种形式的合作建房，则要视具体情况确定如何征税。

1. 房屋建成后如果双方采取风险共担，利润共享的分配方式运营

（1）对甲方向合营企业提供的土地使用权，视为投资入股，按照取得合营公司的股权价值确定缴纳增值税，对其按"销售不动产"税目缴纳增值税，税率为10％，如果是老项目，税率是5％，同时甲方可以向合营企业开具专用发票用于抵扣。

（2）对乙方而言，以货币资金出资，不存在交纳增值税的问题。

（3）合营企业后期销售房屋取得的收入按"销售不动产"缴纳增值税，按规定缴纳增值税、城建税、教育费附加、土地增值税、企业所得税、印花税等税费。

2. 房屋建成后双方按一定比例分配房屋或收取固定利润

房屋建成后双方（或其中一方）如果采取按销售收入的一定比例提成的方式参与分配，或提取固定利润。

（1）甲方将土地使用权用于合营企业，相当于转让，按"转让无形资产—转让自然资源使用权—转让土地使用权"缴纳增值税，税率为11％，如果是老项目，税率是5％，可以向合营企业开具专用发票用于抵扣。

（2）由于乙方是以货币出资，乙方收取固定利润，相当于收取利息，按"贷款业务"缴纳增值税，税率为6％。利息不能抵扣，只能向合营企业开具普通发票，合营企业不允许抵扣进项税额。

3. 房屋建成后双方按一定比例分配房屋

（1）对甲方向合营企业提供的土地使用权，相当于转让，按"转让无形资产—转让自然资源使用权—转让土地使用权"缴纳增值税，税率为11％，如果是老项目，税率是5％，可以向合营企业开具专用发票用于抵扣。

（2）对乙方而言，以货币资金出资，不存在交纳增值税的问题。

（3）对合营企业的房屋，在分配给甲乙方后，如果各自销售，则再按"销售不动产"征税，税率为10％，如果是老项目，税率是5％。

CHAPTER
EIGHT

第 *8* 章

投资性房地产

投资性房地产是指为赚取租金或资本增值，或者两者兼有而持有的房地产。投资性房地产应当能够单独计量和出售。

8.1 投资性房地产的界定与科目设置

8.1.1 投资性房地产的界定

用于出租或增值的房地产就是投资性房地产，它在用途、状态、目的等方面与企业自用的厂房、办公楼等作为生产经营场所的房地产和房地产公司用于销售的房地产是不同的。

投资性房地产有两大特征：①投资性房地产是一种经营性活动；②投资性房地产在用途、状态、目的等方面区别于自用房地产和用于出售的房地产。

下列项目不属于投资性房地产：

1. 自用房地产

自用房地产是指为生产商品、提供劳务或者经营管理而持有的房地产。

2. 作为存货的房地产

作为存货的房地产通常是指房地产开发企业在正常经营过程中销售的或为销售而正在开发的商品房和土地。

8.1.2 投资性房地产科目的具体运用

投资性房地产科目核算投资性房地产的价值，包括采用成本模式计量的投资性房地产和采用公允价值模式计量的投资性房地产。企业应当按照投资性房地产类别和项目并分别"成本"和"公允价值变动"进行明细核算。见表 8-1。

表 8-1 投资性房地产会计科目编码的设置

科目代码	总分类科目（一级科目）	明细分类科目		是否辅助核算	辅助核算类别
		二级明细科目	三级明细科目		
1521	投资性房地产				
152101	投资性房地产	（公允价值模式计量）		是	项目
15210101	投资性房地产	已出租的土地使用权	成本	是	项目
15210102	投资性房地产	已出租的土地使用权	公允价值变动	是	项目
152102	投资性房地产	持有并准备增值后转让的土地使用权		是	项目
15210201	投资性房地产	持有并准备增值后转让的土地使用权	成本	是	项目
15210202	投资性房地产	持有并准备增值后转让的土地使用权	公允价值变动	是	项目
152103	投资性房地产	已出租的房屋		是	项目
15210301	投资性房地产	已出租的房屋	成本	是	项目
15210302	投资性房地产	已出租的房屋	公允价值变动	是	项目
152104	投资性房地产	（成本模式计量）		是	项目
15210401	投资性房地产	成本模式计量	已出租的土地使用权	是	项目
15210402	投资性房地产	成本模式计量	持有并准备增值后转让的土地使用权	是	项目
15210403	投资性房地产	成本模式计量	已出租的房屋	是	项目

8.2 投资性房地产的初始计量

8.2.1 外购投资性房地产初始计量

外购投资性房地产的成本，包括购买价款、相关税费和可直接归属于该资产的其他支出。当企业购入房地产时，自用一段时间之后再改为出租或资本增值的，应当首先将外购的房地产确认为固定资产或无形资产，自租赁开始日或用于资本增值日起，再从固定资产或无形资产转换为投资性房地产。账务处理如图 8-1 所示。

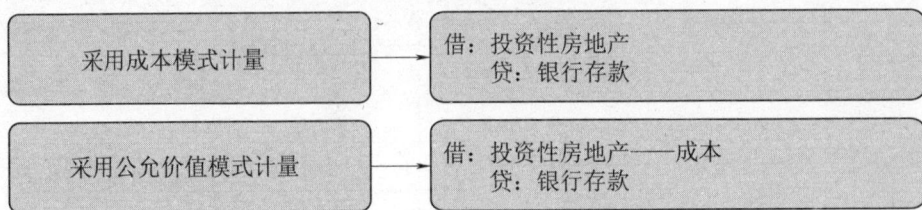

图 8-1　外购投资性房地产账务处理

【例 8-1】2017 年 4 月 3 日，顺远房地产开发公司支付 40 000 000 元价款和 500 000 元相关税费购入了 600 平方米商业用房，当日出租给华谊公司。在采用成本模式下，顺远房地产开发公司购入投资性房地产的账务处理如下。

借：投资性房地产　　　　　　　　　　　　　　　　40 500 000

　　贷：银行存款（40 000 000＋500 000）　　　　　　　40 500 000

8.2.2　自行建造投资性房地产初始计量

企业自行建造（或开发，下同）的房地产，只有在自行建造或开发活动完成（即达到预定可使用状态）的同时开始对外出租或用于资本增值，才能将自行建造的房地产确认为投资性房地产，账务处理如图 8-2 所示。

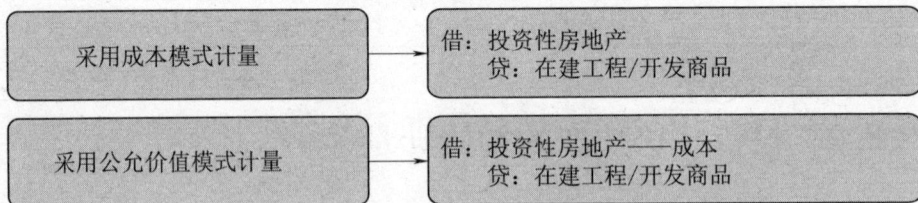

图 8-2　自行建造的投资性房地产账务处理

【例 8-2】2016 年 2 月，宏远房地产开发公司开始开发一栋商铺。2016 年 10 月，宏远房地产开发公司预计写字楼即将完工，与凡诚书店签订了经营租赁合同，约定该写字楼完工达到预定可使用状态立即租赁给凡诚书店使用，租期为 10 年。2016 年 11 月 1 日，该写字楼完工达到预定可使用状态，工程全部造价为 6 000 万元。凡诚书店于 2016 年 11 月 1 日正式出租。宏远房地产开发公司应于 2016 年 11 月 1 日作如下会计处理。

借：投资性房地产——商铺   60 000 000

    贷：开发成本——房屋开发（写字楼）   60 000 000

8.3 投资性房地产的后续计量

投资性房地产的后续计量主要是指企业应该在资产负债表日对投资性房地产的期末价值进行重新计量。企业对投资性房地产的后续计量主要采用成本模式和公允价值模式。但是同一企业只能采用一种模式对所有的投资性房地产进行后续计量，不得同时采用两种计量模式。

1. 采用成本模式进行后续计量的投资性房地产

设置"投资性房地产"科目、投资性房地产累计折旧（摊销）、投资性房地产减值准备账务处理，如图 8-3 所示。

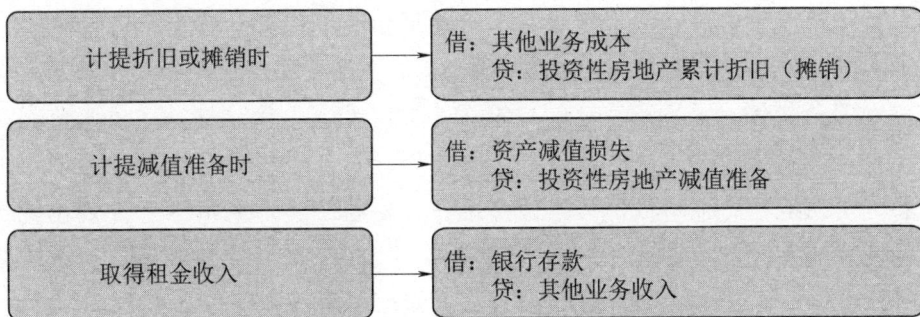

计提折旧或摊销时	→	借：其他业务成本 贷：投资性房地产累计折旧（摊销）
计提减值准备时	→	借：资产减值损失 贷：投资性房地产减值准备
取得租金收入	→	借：银行存款 贷：其他业务收入

图 8-3 采用成本模式进行后续计量的投资性房地产

2. 采用公允价值模式进行后续计量的投资性房地产

采用公允价值模式时需要同时满足以下两个条件：

（1）投资性房地产所在地有活跃的房地产交易市场。

（2）企业能够从活跃的房地产交易市场上取得同类或类似房地产的市场价格以及其他相关信息，从而对投资性房地产的公允价值作出合理的估计。

采用公允价值模式进行后续计量的会计处理如下：

同样要设置"投资性房地产"科目核算，明细科目为"成本""公允价值变动"。另外还要设置"公允价值变动损益"科目。

与采用成本模式计量的区别是：采用公允价值模式计量的投资性房地产不再计提折旧，不再进行摊销，也不需要计提减值准备。如图 8-4 所示。

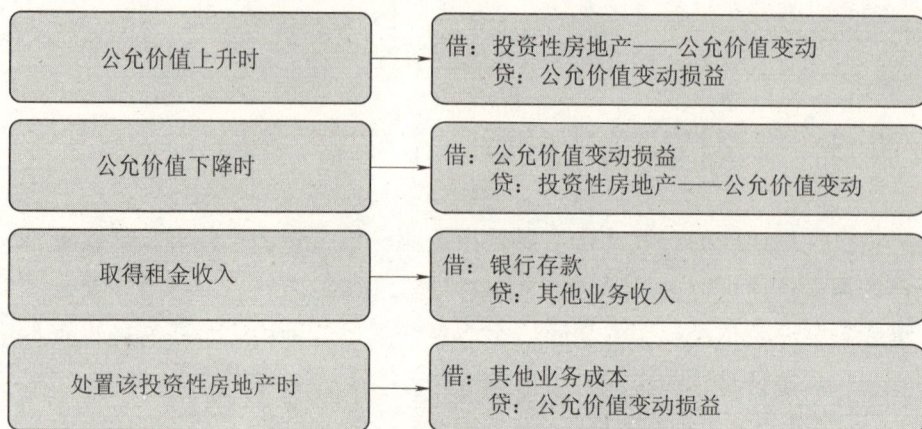

公允价值上升时	→	借：投资性房地产——公允价值变动 贷：公允价值变动损益
公允价值下降时	→	借：公允价值变动损益 贷：投资性房地产——公允价值变动
取得租金收入	→	借：银行存款 贷：其他业务收入
处置该投资性房地产时	→	借：其他业务成本 贷：公允价值变动损益

图 8-4 采用公允价值模式进行后续计量的投资性房地产

【例 8-3】2016 年 7 月 15 日，华谊房地产开发企业与丰华公司签订租赁协议，约定华谊房地产开发企业将开发的一栋精装修的写字楼于开发完成的同时开始租赁给丰华公司使用，租赁期为 10 年。当年 8 月 1 日，该写字楼开发完成并开始起租，写字楼的造价为 45 000 000 元。由于该栋写字楼地处商业繁华区，所在城区有活跃的房地产交易市场，而且能够从房地产交易市场上取得同类房地产的市场报价，华谊房地产开发企业决定采用公允价值模式对该项出租的房地产进行后续计量。2016 年 12 月 31 日，该写字楼的公允价值为 50 000 000 元。2017 年 12 月 31 日，该写字楼的公允价值为 51 000 000 元。

华谊房地产开发企业的账务处理如下：

（1）2016 年 8 月 1 日，华谊房地产开发企业开发完成写字楼并出租。

借：投资性房地产——××写字楼（成本）　　　45 000 000

　　贷：开发产品　　　　　　　　　　　　　　　　45 000 000

（2）2016 年 12 月 31 日，以资产负债表日投资性房地产的公允价值为基础调整其账面价值，公允价值与原账面价值之间的差额计入当期损益。

借：投资性房地产——××写字楼（公允价值变动）

　　　　　　　　　　　　　　　　　　　　　　5 000 000

　　贷：公允价值变动损益　　　　　　　　　　　　5 000 000

(3) 2017 年 12 月 31 日，公允价值又发生变动。

借：投资性房地产——××写字楼（公允价值变动）

　　　　　　　　　　　　　　　　　　　　　　　　1 000 000

　　贷：公允价值变动损益　　　　　　　　1 000 000

8.4　投资性房地产的转换和处置

8.4.1　投资性房地产转换的会计处理

1. 投资性房地产转换为自用房地产

企业将原本用于赚取租金或资本增值的房地产改用于生产商品、提供劳务或者经营管理，投资性房地产相应地转换为固定资产或无形资产。例如，企业将出租的厂房收回，并用于生产本企业的产品。在此种情况下，转换日为房地产达到自用状态，企业开始将房地产用于生产商品、提供劳务或者经营管理的日期。

【例 8-4】 2017 年 1 月，宏远房地产开发公司将出租在外的写字楼收回，开始用于本公司日常办公。该项房地产在转换前采用成本模式计量，其账面价值为 2 800 万元，其中，原价 8 400 万元，累计已提折旧 3 600 万元。宏远房地产开发公司的账务处理如下：

借：固定资产　　　　　　　　　　　　　84 000 000
　　投资性房地产——累计折旧（摊销）　　36 000 000
　　贷：投资性房地产——写字楼　　　　　　84 000 000
　　　　累计折旧　　　　　　　　　　　　　36 000 000

2. 投资性房地产转换为存货并出售

房地产开发企业将用于经营租出的房地产重新开发用于对外销售的，从投资性房地产转换为存货。这种情况下，转换日为租赁期届满、企业董事会或类似机构作出书面决议明确表明将其重新开发用于对外销售的日期。

【例 8-5】 2016 年 3 月 1 日，宏远房地产开发公司与乙企业签订了租赁协议，将其开发的一栋写字楼出租给乙企业使用，租赁期开始日为 2016 年 6 月

15 日。2016 年 6 月 15 日，该写字楼的账面余额 53 000 万元，公允价值为 54 000万元。2016 年 12 月 31 日，该项投资性房地产的公允价值为 56 000 万元。2017 年 6 月租赁期届满，企业收回该项投资性房地产，并以 64 380 万元出售，出售款项已收讫。宏远房地产开发公司采用公允价值模式计量。

宏远房地产开发公司的账务处理如下。

(1) 2016 年 6 月 15 日，存货转换为投资性房地产。

借：投资性房地产——成本   540 000 000

  贷：开发产品   530 000 000

    其他综合收益——公允价值变动 10 000 000

(2) 2016 年 12 月 31 日，公允价值变动。

借：投资性房地产——公允价值变动 20 000 000

  贷：公允价值变动损益   20 000 000

(3) 2017 年 6 月，出售投资性房地产。

借：银行存款   643 800 000

  公允价值变动损益   20 000 000

  其他综合收益——公允价值变动 10 000 000

  其他业务成本   530 000 000

  贷：投资性房地产——成本   540 000 000

       ——公允价值变动 20 000 000

    其他业务收入   580 000 000

    应交税费——应交增值税（销项税额） 63 800 000

根据《企业会计准则第 3 号——投资性房地产》有关规定，如果转换日实现盈余，即转换日公允价值大于账面价值之差，计入"其他综合收益"账户，待出售时，因转换计入其他综合收益的部分应转入当期损益。

按实际成本计量模式的投资性房地产转换为自用房地产的核算不存在资产价值的变动，不存在损益方面的核算。但为了保持投资性房地产价值的原貌，应当将该项投资性房地产在转换日的账面余额、累计折旧（或累计摊销）、减值准备等，分别转入"固定资产（或无形资产）""累计折旧（或累计摊销）""固定资产（或无形资产）减值准备"等科目。

【例 8-6】2017 年 1 月，宏远房地产开发公司出租一处酒店，账面原值 3 500万元，已提累计折旧 1 340 万元，收回用于办公楼。宏远房地产开发公司账务处理如下：

　　借：固定资产——酒店 35 000 000

　　　　投资性房地产——累计摊销 13 400 000

　　　　贷：投资性房地产——酒店 35 000 000

　　　　　　累计折旧 13 400 000

　　按公允价值模式计量的投资性房地产转换为自用房地产时，应当按转换日的公允价值作为自用房地产的账面价值，公允价值与原账面价值之差计入"公允价值变动损益"科目，待自用房地产处置或报废时，再将公允价值变动损益转入"其他业务收入"科目。

　　【例8-7】2017年1月，宏远房地产开发公司将其出租的公寓收回，作为职工宿舍。公寓按公允价值计量模式计量，收回日公寓的公允价值为5 200万元，预计尚可使用年限6年，无残值。公寓原账面价值为4 900万元，其中，成本为4 000万元，公允价值变动为增值900万元。假设不考虑税费，其账务处理如下：

　　借：固定资产 52 000 000

　　　　贷：投资性房地产——成本 40 000 000

　　　　　　投资性房地产——公允价值变动 9 000 000

　　　　　　公允价值变动损益 3 000 000

8.4.2　投资性房地产处置的会计处理

　　当投资性房地产被处置，或者永久退出使用却不能从其处置中取得经济利益时，应当终止确认该投资性房地产。

　　企业出售、转让、报废投资性房地产或者发生投资性房地产毁损，应当将处置收入扣除其账面价值和相关税费后的金额计入当期损益。

　　一般采用成本模式处置投资性房地产：

1. 采用成本模式计量的投资性房地产的处置

　　出售、转让按成本模式进行后续计量的投资性房地产时，账务处理如图8-5所示。

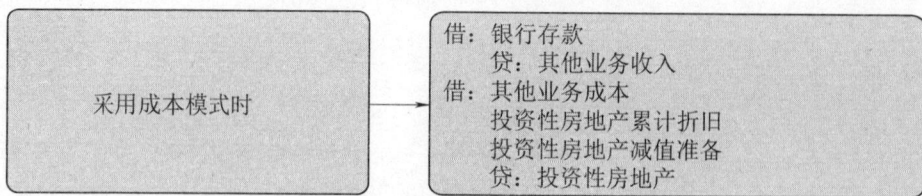

采用成本模式时 →

借：银行存款
　　贷：其他业务收入
借：其他业务成本
　　投资性房地产累计折旧
　　投资性房地产减值准备
　　贷：投资性房地产

图8-5　采用成本模式计量的投资性房地产的处置

【例8-8】宏远房地产开发公司将其出租的一栋写字楼确认为投资性房地产，采用成本模式计量。租赁期届满后，宏远房地产开发公司将该栋写字楼出售给乙公司，合同价款为3.33亿元，乙公司已用银行存款付清。出售时，该栋写字楼的成本为28 000万元，已计提折旧3 000万元。宏远房地产开发公司的账务处理如下：

借：银行存款　　　　　　　　　　　　　　　　333 000 000
　　贷：其他业务收入　　　　　　　　　　　　　　300 000 000
　　　　应交税费——应交增值税（销项税额）　　　33 000 000
借：其他业务成本　　　　　　　　　　　　　　250 000 000
　　投资性房地产——累计折旧（摊销）　　　　　30 000 000
　　贷：投资性房地产——写字楼　　　　　　　　280 000 000

2. 采用公允价值模式计量的投资性房地产的处置

采用公允价值模式计量的投资性房地产的处置，如图8-6所示。

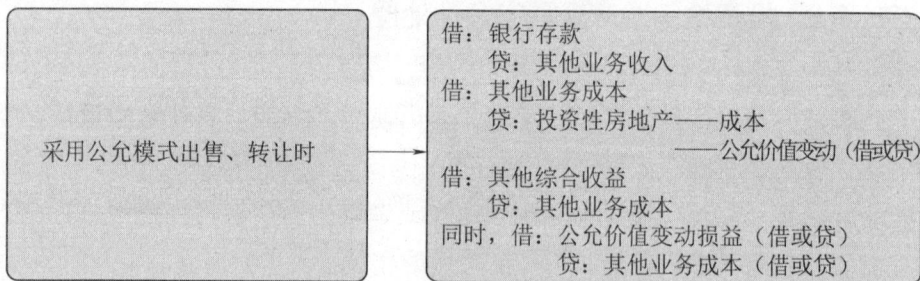

采用公允模式出售、转让时 →

借：银行存款
　　贷：其他业务收入
借：其他业务成本
　　贷：投资性房地产——成本
　　　　　　　　　　　——公允价值变动（借或贷）
借：其他综合收益
　　贷：其他业务成本
同时，借：公允价值变动损益（借或贷）
　　　　　贷：其他业务成本（借或贷）

图8-6　采用公允价值模式计量的投资性房地产的处置

【例8-9】宏远房地产开发企业为一般纳税人，2014年2月购入一幢办公楼，买价13 000 000元。2016年12月31日涨到16 000 000元，增加投资性房地产公允价值变动3 000 000元。2017年1月1日将此房地产出售，收到价款 18 870 000 元。账务处理：

借：银行存款   18 870 000
　　贷：其他业务收入   17 000 000
　　　　应交税费——应交增值税（销项税额）   1 870 000
结转其他业务成本：
借：其他业务成本   16 000 000
　　贷：投资性房地产——×房地产（成本）   13 000 000
　　　　　　　　——×房地产（公允价值变动）   3 000 000
借：公允价值变动的损益   3 000 000
　　贷：其他业务成本   3 000 000

CHAPTER
NINE

第*9*章

房地产企业投资业务的核算

企业投资业务具体核算有以下几种：股权投资、金融投资等。本章具体介绍长期股权投资、交易性金融资产、持有至到期投资、可供出售金融资产的会计核算。

9.1 长期股权投资

长期股权投资是指企业持有的对其子公司、合营企业及联营企业的权益性投资以及企业持有的对被投资单位不具有控制、共同控制或重大影响，并且在活跃市场中没有报价、公允价值不能可靠计量的权益性投资。

长期股权投资科目核算企业持有的采用成本法和权益法核算的长期股权投资。企业采用权益法对长期股权投资进行核算的，应当设置"成本""损益调整""其他权益变动""其他综合收益"四个二级明细科目。

企业采用成本法对长期股权投资进行核算的，可按被投资单位进行明细核算。

长期股权投资科目具体设置，见表9-1。

表 9-1　　　　　　　　　　长期股权投资会计科目编码的设置

科目代码	总分类科目（一级科目）	明细分类科目		是否辅助核算	辅助核算类别
		二级明细科目	三级明细科目		
1511	长期股权投资				
151101	长期股权投资	股票投资		是	按投资单位
15110101	长期股权投资	股票投资	成本	是	按投资单位
15110102	长期股权投资	股票投资	损益调整	是	按投资单位
15110103	长期股权投资	股票投资	其他权益变动	是	按投资单位
15110104	长期股权投资	股票投资	其他综合收益	是	按投资单位
151102	长期股权投资	其他股权投资		是	按投资单位
15110201	长期股权投资	其他股权投资	成本	是	按投资单位
15110202	长期股权投资	其他股权投资	损益调整	是	按投资单位
15110203	长期股权投资	其他股权投资	其他权益变动	是	按投资单位
15110204	长期股权投资	其他股权投资	其他综合收益	是	按投资单位

9.1.1 长期股权投资的初始计量

企业合并形成的长期股权投资，应分为同一控制下控股合并与非同一控制下控股合并确定其初始成本。

1. 同一控制下企业合并形成的长期股权投资

合并方以支付现金、转让非现金资产或承担债务方式作为合并对价的，应当在合并日按照所取得的被合并方在最终控制方合并财务报表中的净资产的账面价值的份额作为长期股权投资的初始投资成本。

长期股权投资的初始投资成本与支付的现金、转让的非现金资产及所承担债务账面价值之间的差额，应当调整资本公积（资本溢价或股本溢价）；资本公积（资本溢价或股本溢价）的余额不足冲减的，依次冲减盈余公积和未分配利润。合并方以发行权益性工具作为合并对价的，应按发行股份的面值总额作为股本，长期股权投资的初始投资成本与所发行股份面值总额之间的差额，应当调整资本公积（股本溢价）；资本公积（股本溢价）不足冲减的，依次冲减盈余公积和未分配利润。

账务处理如图 9-1 所示。

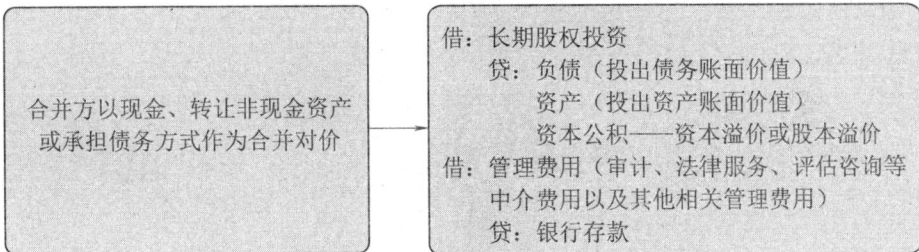

图 9-1 同一控制下企业合并形成的长期股权投资

【例 9-1】成达、成方两家建筑公司同为立帆集团的子公司，成达公司通过转让一项专利权，取得成方公司 60% 的股份，该专利权账面价值为 1 500 000 元，实现了对成方公司的控制。合并日，成方公司所有者权益总额为 1 000 000 元，成达公司的资本公积余额为 300 000 元，盈余公积为 200 000 元。

借：长期股权投资——成方建筑公司　　　　　　　　　600 000

　　资本公积　　　　　　　　　　　　　　　　　　　300 000

　　盈余公积　　　　　　　　　　　　　　　　　　　200 000

利润分配——未分配利润　　　　　　　　　　　　　　400 000

　　　贷：无形资产　　　　　　　　　　　　　　　　　　　　　1 500 000

2. 非同一控制下企业合并形成的长期股权投资

　　非同一控制下的控股合并中，购买方应当按照确定的企业合并成本作为长期股权投资的初始投资成本。购买方为企业合并发生的审计、法律服务、评估咨询等中介费用以及其他相关管理费用，应于发生时计入当期损益；购买方作为合并对价发行的权益性工具或债务性工具的交易费用，应当计入权益性工具或债务性工具的初始确认金额。账务处理如图9-2所示。

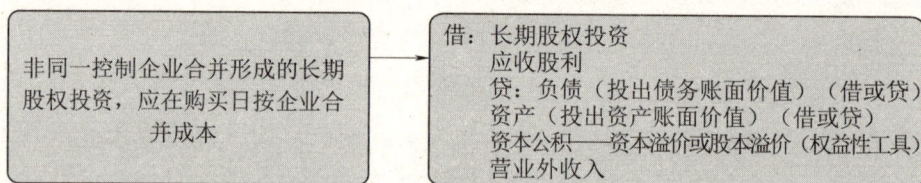

图9-2　非同一控制企业合并形成的长期股权投资账务处理

　　【例9-2】蓝翔、立健建筑公司不具关联方关系，2016年12月1日，两家公司达成协议，蓝翔公司以一批钢材作为对价投资于立健公司，取得立健公司60%的股权。该批钢材成本为400万元，公允价值为550万元，该批钢材应交增值税销项税额为93.5万元。则蓝翔公司编制会计分录如下：

　　借：长期股权投资——立健公司　　　　　　　　　5 500 000

　　　贷：原材料　　　　　　　　　　　　　　　　　　　　4 000 000

　　　　应交税费——应交增值税（销项税额）　　　　　　935 000

　　　　营业外收入　　　　　　　　　　　　　　　　　　565 000

3. 非企业合并形成的长期股权投资

　　（1）以支付现金取得的长期股权投资，应当按照实际支付的购买价款作为长期股权投资的初始投资成本，包括购买过程中支付的手续费等必要支出，但不包括被投资单位已宣告发放的现金股利或利润。

　　（2）以发行权益性证券方式取得的长期股权投资，其成本为所发行权益性证券的公允价值。为发行权益性证券支付的手续费、佣金等应自权益性证券的溢价发行收入中扣除，溢价收入不足的，应冲减盈余公积和未分配利润。

　　【例9-3】蓝翔建筑公司以增发普通股股票200万股的方式，作为对价投资于立帆公司，该股票每股面值 2 元，实际发行价为每股 5 元，支付手续费 20 000 元。

借：长期股权投资——立帆公司　　　　　　　　10 000 000
　　贷：股本　　　　　　　　　　　　　　　　　　4 000 000
　　　　资本公积——股本溢价　　　　　　　　　　6 000 000
借：资本公积——股本溢价　　　　　　　　　　　20 000
　　贷：银行存款　　　　　　　　　　　　　　　　　20 000

9.1.2　长期股权投资持有期间的核算

长期股权投资的会计核算方法有两种：一是成本法；二是权益法。具体要求见表 9-2。

表 9-2　　　　　　　　　　　　　　　长期股权投资

类　　型		持股比例	核算方法	初始计量	后续计量
控制（对子公司投资，属于企业合并方式取得）	同一控制	50%以上	成本法	按享有被合并方所有者权益账面价值份额进行初始计量	采用成本法
	非同一控制	50%以上	成本法	按合并成本（付出对价的公允价值）进行初始计量	采用成本法
共同控制（对合营企业投资）		等于50%	权益法	按付出对价的公允价值进行初始计量	采用权益法
重大影响（对联营企业投资）		20%～50%	权益法	按付出对价的公允价值进行初始计量	采用权益法
企业对被投资单位不具有控制、共同控制或重大影响，在活跃市场上没有报价且公允价值不能可靠计量的权益性投资		20%以下	成本法	按付出对价的公允价值进行初始计量	采用成本法

1. 成本法核算的科目设置

对长期股权投资采用成本法核算时，应设置"长期股权投资""应收股利""投资收益"等科目。企业采用成本法对长期股权投资进行核算的，可按被投资单位进行明细核算。

采用成本法核算的账务处理，如图 9-3 所示。

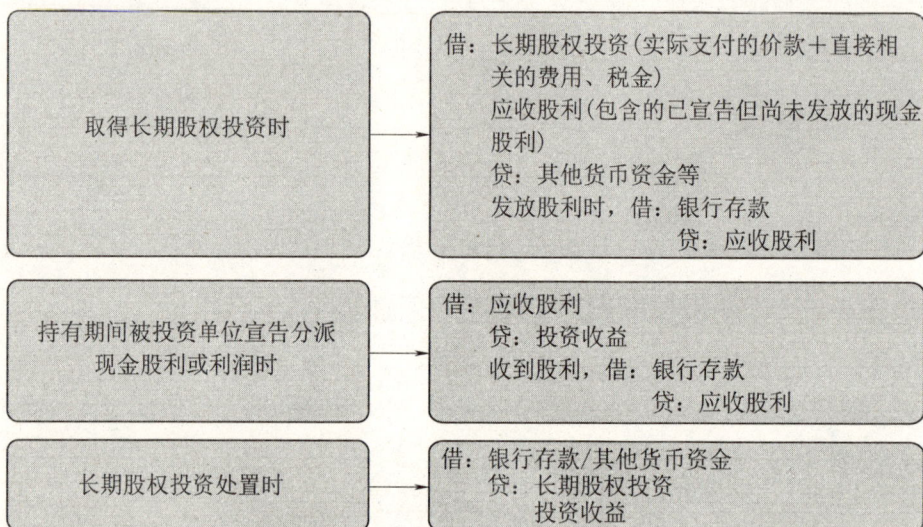

取得长期股权投资时	借：长期股权投资(实际支付的价款＋直接相关的费用、税金) 应收股利(包含的已宣告但尚未发放的现金股利) 贷：其他货币资金等 发放股利时，借：银行存款 贷：应收股利
持有期间被投资单位宣告分派现金股利或利润时	借：应收股利 贷：投资收益 收到股利，借：银行存款 贷：应收股利
长期股权投资处置时	借：银行存款/其他货币资金 贷：长期股权投资 投资收益

图 9-3 采用成本法核算的账务处理

【例 9-4】2015 年 1 月 1 日，上地建筑公司以每股 5 元购入 A 公司面值 1 元的普通股 30 万股作为长期股权投资，取得 A 公司 5％具有表决权的股份，支付的价款包括 A 公司已宣告但尚未分派的现金股利 60 000 元，并支付相关税费 6 800 元。2015 年 12 月 31 日，A 公司实现净利润 500 万元，2016 年 1 月 5 日，A 公司宣告分派每股 0.1 元的现金股利。

(1) 2015 年 1 月 1 日，购入时初始投资成本＝300 000×5－60 000＋6 800＝1 446 800（元）。

借：长期股权投资	1 446 800
应收股利——A 公司	60 000
贷：银行存款	1 506 800

发放股利时：

借：银行存款	60 000
贷：应收股利——A 公司	60 000

(2) 2016 年 1 月 5 日，宣告发放股利时，300 000×0.1＝30 000（元）。

借：应收股利	30 000
贷：投资收益	30 000

（3）收到股利时。

借：银行存款   30 000

  贷：应收股利   30 000

2. 长期股权投资采用权益法的账务处理

权益法是指投资以初始投资成本计量后，在投资持有期间根据投资企业享有被投资单位所有者权益份额的变动对投资的账面价值进行调整的方法。

（1）权益法核算的科目设置。

对长期股权投资采用权益法核算时，应设置"长期股权投资""长期股权投资减值准备""其他综合收益""投资收益""营业外收入"等科目。其中"长期股权投资"科目还应设置"投资成本""损益调整""其他权益变动"等二级明细科目。

（2）权益法核算的账务处理，如图9-4所示。

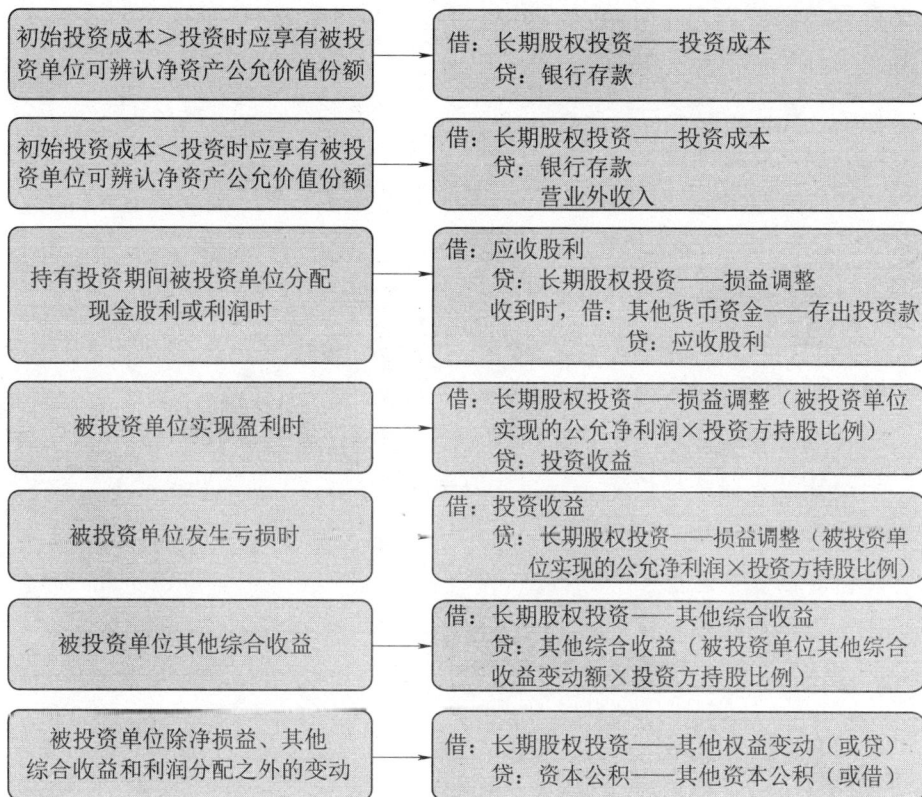

初始投资成本＞投资时应享有被投资单位可辨认净资产公允价值份额	借：长期股权投资——投资成本 贷：银行存款
初始投资成本＜投资时应享有被投资单位可辨认净资产公允价值份额	借：长期股权投资——投资成本 贷：银行存款 营业外收入
持有投资期间被投资单位分配现金股利或利润时	借：应收股利 贷：长期股权投资——损益调整 收到时，借：其他货币资金——存出投资款 贷：应收股利
被投资单位实现盈利时	借：长期股权投资——损益调整（被投资单位实现的公允净利润×投资方持股比例） 贷：投资收益
被投资单位发生亏损时	借：投资收益 贷：长期股权投资——损益调整（被投资单位实现的公允净利润×投资方持股比例）
被投资单位其他综合收益	借：长期股权投资——其他综合收益 贷：其他综合收益（被投资单位其他综合收益变动额×投资方持股比例）
被投资单位除净损益、其他综合收益和利润分配之外的变动	借：长期股权投资——其他权益变动（或贷） 贷：资本公积——其他资本公积（或借）

图9-4 权益法核算的账务处理

【例 9-5】2015 年 1 月 1 日，上地建筑公司以每股 5 元购入 A 公司面值 1 元的普通股 50 万股作为长期股权投资，取得 A 公司 40% 股份，能够对 A 公司实施重大影响，支付的价款包括 A 公司已宣告但尚未分派的现金股利 100 000 元。并支付相关税费 9 800 元。取得时 A 公司可辨认净资产的公允价值为 10 000 000 元。假定 A 公司可辨认净资产的公允价值与账面价值相等。2015 年 12 月 31 日，A 公司实现净利润 5 000 000 元，2016 年 1 月 5 日，A 公司宣告分派每股 0.1 元的现金股利。

(1) 2015 年 1 月 1 日，购入时初始投资成本＝500 000×5－100 000＋9 800＝2 409 800（元）。

  借：长期股权投资——成本   2 409 800

    应收股利——A 公司   100 000

    贷：其他货币资金——存出投资款   2 509 800

(2) 对于长期股权投资的初始成本小于应享有的被投资单位可辨认净资产公允价值差额，则上地建筑公司应确认营业外收入＝10 000 000×40%－2 409 800＝1 590 200（元）。

  借：长期股权投资——成本   1 590 200

    贷：营业外收入   1 590 200

(3) 2015 年 12 月 31 日，A 公司实现净利润时，5 000 000×40%＝2 000 000（元）。

  借：长期股权投资——损益调整   2 000 000

    贷：投资收益   2 000 000

(4) 2016 年 1 月 5 日，宣告发放股利时。

  借：应收股利   50 000

    贷：长期股权投资——损益调整   50 000

(5) 收到股利时。

  借：其他货币资金——存出投资款   50 000

    贷：应收股利   50 000

9.1.3 长期股权投资的处置

长期股权投资处置时，按实际取得的价款和长期股权投资账面价值的差额确认为投资损益，同时结转已计提的长期股权投资减值准备。如图 9-5 所示。

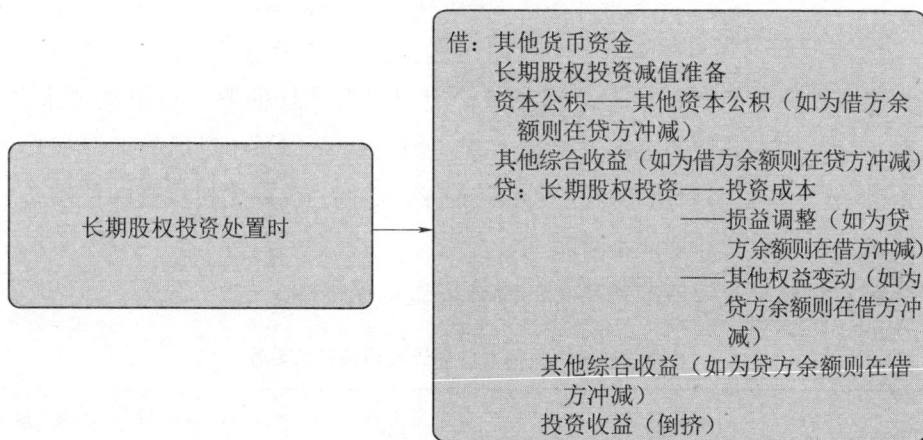

图 9-5 长期股权投资的处置的账务处理

【例 9-6】中天蓝海公司原持有申华在线公司 40％的股权，2017 年 3 月 15 日，中天蓝海公司出售所持有的申华在线公司股权中的 25％，出售时中天蓝海公司账面上对申华在线公司长期股权投资的构成为：投资成本 12 000 000 元，损益调整为 4 000 000 元，其他权益变动 2 400 000 元，出售取得的价款为 5 100 000 元。

（1）确认处置损益的账务处理。

借：银行存款   5 100 000

    贷：长期股权投资——申华在线公司——成本   3 000 000

                        ——损益调整   1 000 000

                        ——其他权益变动   600 000

        投资收益   500 000

（2）除了应将实际取得的价款与出售长期股权投资的账面价值进行结转，确认为处置当期损益外，还应将原计入资本公积的部分按比例转入当期损益。

    借：其他综合收益——申华在线公司   600 000

        贷：投资收益   600 000

9.1.4 长期股权投资减值准备

1. 长期股权投资减值准备科目的设置

企业计提长期股权投资减值准备，应当设置"长期股权投资减值准备"核算，企业按应减记的金额，借记"资产减值损失——计提的长期股权投资减值准备"，贷记"长期股权投资减值准备"科目。长期股权投资减值准备一经确认，在以后会计期间不得转回。

长期股权投资减值准备科目的具体设置，见表9-3。

表9-3　　　　　　　　　　长期股权投资减值准备会计科目编码的设置

科目代码	总分类科目 （一级科目）	明细分类科目		是否辅助 核算	辅助核算 类别
		二级明细科目	三级明细科目		
1512	长期股权投资减值准备				
151201	长期股权投资减值准备	股票投资	投资单位名称	是	按存放地点
151202	长期股权投资减值准备	其他投资	投资单位名称	是	按存放地点

2. 长期股权投资减值的会计处理

发生长期股权投资减值时，会计处理为：借记"资产减值损失"，贷记"长期股权投资减值准备"。处置长期股权投资时，应同时结转已计提的长期股权投资减值准备。

长期股权投资减值准备的主要账务处理。见表9-4。

表9-4　　　　　　　　　　长期股权投资减值准备账务处理

业务情景	账务处理
资产负债表日	借：资产减值损失 　贷：长期股权投资减值准备

【例9-7】2016年年底，亚迪公司确认的长期股权投资减值准备金额为32 900元。

借：资产减值损失　　　　　　　　　　　　　　　　32 900

　　贷：长期股权投资减值准备　　　　　　　　　　　　32 900

9.2　交易性金融资产

交易性金融资产，是指企业为了近期内出售而持有的金融资产。交易性金融资产是 2007 年新增加的科目，主要是为了适应股票、债券、基金等出现的市场交易。

9.2.1　交易性金融资产的科目设置

交易性金融资产的特点包括以下两点。

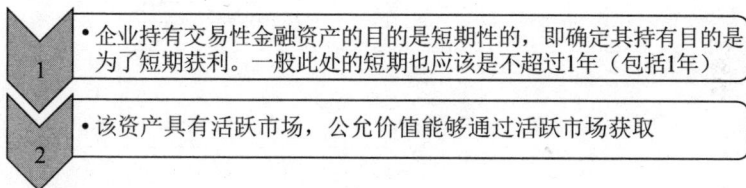

1 • 企业持有交易性金融资产的目的是短期性的，即确定其持有目的是为了短期获利。一般此处的短期也应该是不超过1年（包括1年）

2 • 该资产具有活跃市场，公允价值能够通过活跃市场获取

1. 交易性金融资产适用范围

交易性金融资产适用范围包括：

（1）取得金融资产的目的是为了近期内出售或回购。

（2）属于进行集中管理的可辨认金融工具组合的一部分，具有客观证据表明企业近期采用短期获利方式对该组合进行管理。

（3）属于金融衍生工具，但是，如果衍生工具被企业指定为有效套期工具，则不应确认为交易性金融资产。

2. 交易性金融资产的具体运用

企业应设置"交易性金融资产"科目，本科目核算企业持有的以公允价值计量且其变动计入当期损益的金融资产，包括为交易目的所持有的债券投资、股票投资、基金投资、权证投资和直接指定为以公允价值计量且其变动直接计入当期损益的金融资产。

本科目应当按照交易性金融资产的类别和品种，分别"成本""公允价值变动"进行明细核算，"公允价值变动损益"科目核算企业交易性金融资产等公允价值变动而形成的应计入当期损益的利得或损失。

交易性金融资产科目编码设置，见表9-5。

表9-5 交易性金融资产会计科目编码的设置

编号	总分类科目（一级科目）	明细分类科目		是否辅助核算	辅助核算类型
		二级明细科目	三级明细科目		
1101	交易性金融资产				
11010101	交易性金融资产	债券投资	成本	是	投资项目
11010102	交易性金融资产	债券投资	公允价值变动	是	投资项目
11010201	交易性金融资产	股票投资	成本	是	投资项目
11010202	交易性金融资产	股票投资	公允价值变动	是	投资项目
11010301	交易性金融资产	基金投资	成本	是	投资项目
11010302	交易性金融资产	基金投资	公允价值变动	是	投资项目
11010401	交易性金融资产	国债投资	成本	是	投资项目
11010402	交易性金融资产	国债投资	公允价值变动	是	投资项目

9.2.2 交易性金融资产的账务处理

交易性金融资产的账务处理，见表9-6。

表9-6 交易性金融资产的账务处理

财务情况		账务处理
取得时		借：交易性金融资产——成本（公允价值） 应收股利或应收利息（已宣告未发放的股利利息） 投资收益（交易费用） 贷：银行存款
持有时	收到股利利息时	借：应收股利/应收利息 贷：投资收益
	期末计价公允价值＞账面价值时	借：交易性金融资产——公允价值变动 贷：公允价值变动损益
	期末计价公允价值＜账面价值时	借：公允价值变动损益 贷：交易性金融资产——公允价值变动

财务情况		账务处理

处置时	盈利	借：银行存款
		    贷：交易性金融资产——成本
		        交易性金融资产——公允价值变动
		        投资收益

	亏损	借：银行存款
		    投资收益
		    贷：交易性金融资产——成本
		            ——公允价值变动

同时结转公允价值变动损益到投资收益	盈利	借：公允价值变动损益 贷：投资收益
	亏损	借：投资收益 贷：公允价值变动损益

【例9-8】2017年5月20日，维达建筑有限公司从深圳证券交易所购入敦煌种业股票1 000 000股，占敦煌种业公司有表决权股份的5%，支付价款合计5 080 000元，其中，证券交易税等交易费用8 000元，已宣告发放现金股利72 000元。维达建筑有限公司没在敦煌种业公司董事会中派出代表，维达建筑有限公司将其划分为交易性金融资产。

（1）2017年5月20日，购入敦煌种业公司股票1 000 000股。见表9-7、表9-8、表9-9。

表9-7 中国银行进账单（回单或收账通知）

进账日期：2017年5月20日　　　　　第　号

收款人	全称	深圳证券交易所	付款人	全称	维达建筑有限公司
	账号	1121001909234213398		账号	1121001909234213541
	开户银行	深圳工商银行龙华支行		开户银行	工行证券部

美元（大写）：伍佰零捌万捌仟元整	千	百	十	万	千	百	十	元	角	分
	¥	5	0	8	8	0	0	0	0	0

中国工商深圳龙华支行
2017.05.20
付讫

| 票据种类 | 1 | |
| 票据张数 | 转账支票 | 收款人开户银行盖章 |

主管　会计　复核　记账

此联给收款人的收账通知

表 9-8

中国工商银行

转账支票存根

IV V000067

科　　目：＿＿＿＿＿＿＿＿＿＿

对方科目：＿＿＿＿＿＿＿＿＿

出票日期：2017 年 5 月 20 日

| 收款人：深圳证券交易所 |
| 金　　额：5 088 000 |
| 用　　途：投资 |

单位主管　曲漫　　会计　沙芳

表 9-9　　　　　　　　　　　　　成交过户交割单

5/20/2017		成交过户交割单	
股东编号：	A23325346546	成交证券：	敦煌种业
电脑编号：	67 890	成交数量：	1 000 000
公司代号：	9 868	成交价格：	5.08
申请编号：	8978	成交金额：	5 080 000
申报时间：	11：11：11	标准佣金：	8 000
成交时间：	11：15：31	过户费用：	0.00
上次余额：	5 000（股）	印花税：	0.00
本次成交：	1 000 000（股）	应付金额：	5 088 000
本次余额：	1 000 000（股）	附加费用：	0.00
本次库存：	1 000 000（股）	实付金额：	5 088 000

借：交易性金融资产——敦煌种业公司——成本　　　5 000 000

应收股利——敦煌种业公司　　　　　　　　　　　72 000

投资收益　　　　　　　　　　　　　　　　　　　8 000

贷：银行存款　　　　　　　　　　　　　　　　5 080 000

敦煌种业公司股票的单位成本＝（5 080 000－72 000－8 000）÷1 000 000
＝5.00（元/股）。

（2）2017 年 6 月 20 日，维达建筑有限公司收到敦煌种业公司发放的
2017 年现金股利 72 000 元。

借：银行存款   72 000

  贷：应收股利——敦煌种业公司   72 000

（3）2017 年 6 月 30 日，敦煌种业公司股票收盘价为每股 5.20 元。

敦煌种业公司股票公允价值变动＝（5.2－5.00）×1 000 000＝200 000（元）

借：交易性金融资产——敦煌种业股票——公允价值变动

                200 000

  贷：公允价值变动损益——敦煌种业 200 000

（4）2017 年 12 月 31 日，维达建筑有限公司仍持有敦煌种业公司股票。当日，敦煌种业公司股票收盘价为每股 4.9 元。

敦煌种业公司股票公允价值变动＝（4.9－5.20）×1 000 000＝－300 000（元）

借：公允价值变动损益——敦煌种业 300 000

  贷：交易性金融资产——敦煌种业股票——公允价值变动

                300 000

（5）2018 年 4 月 20 日，敦煌种业公司宣告发放 2017 年现金股利 2 000 000元。

应收到的现金股利＝2 000 000×5％＝100 000（元）

借：应收股利——敦煌种业   100 000

  贷：投资收益   100 000

（6）2018 年 5 月 10 日，维达建筑有限公司收到敦煌种业公司发放的 2017 年现金股利。

借：银行存款   100 000

  贷：应收股利——敦煌种业   100 000

（7）2018 年 5 月 17 日，维达建筑有限公司以每股 4.50 元的价格将股票全部转让，同时支付证券交易税等 7 200 元。

借：银行存款   4 492 800

  投资收益   407 200

  交易性金融资产——敦煌种业——公允价值变动 100 000

  贷：交易性金融资产——敦煌种业——成本 5 000 000

敦煌种业公司股票出售价格＝4.50×1000 000＝4 500 000（元）

出售敦煌种业公司股票取得的价款＝4 500 000－7 200＝4 492 800（元）

敦煌种业公司股票持有期间公允价值变动计入当期损益的金额＝200 000－300 000＝－100 000（元）

出售敦煌种业公司股票时的账面余额＝5 000 000＋（－100 000）＝4 900 000（元）

出售敦煌种业公司股票的损益＝4 492 800－4 900 000＝－407 200（元）

同时，借：投资收益——敦煌种业公司　　　　　　100 000

　　　　　贷：公允价值变动损益——敦煌种业公司　　100 000

9.3　持有至到期投资

9.3.1　持有至到期投资的科目设置

1. 持有至到期投资的定义

持有至到期投资，是指到期日固定、回收金额固定或可确定，且企业有明确意图和能力持有至到期的非衍生金融资产。企业从二级市场上购入的固定利率国债、浮动利率公司债券等，都属于持有至到期投资。持有至到期投资通常具有长期性质，但期限较短（一年以内）的债券投资，符合持有至到期投资条件的，也可以划分为持有至到期投资。

企业不能将下列非衍生金融资产划分为持有至到期投资：

（1）初始确认时即被指定为以公允价值计量且其变动计入当期损益的非衍生金融资产；

（2）初始确认时被指定为可供出售的非衍生金融资产；

（3）符合贷款和应收款项定义的非衍生金融资产。

如果企业管理层决定将某项金融资产持有至到期，则在该金融资产未到期前，不能随意地改变其"最初意图"。也就是说，投资者在取得投资时的意图就应当是明确的，除非遇到一些企业所不能控制、预期不会重复发生且难以合理预计的独立事件，否则将持有至到期。

2. 持有至到期投资科目的设置

持有至到期投资应当按照投资的类别和品种，分别设置"成本""利息调整""应计利息""应收利息"等明细科目核算。本科目期末借方余额，反映企业持有至到期投资的摊余成本。见表9-10。

表 9-10　　　　　　　持有至到期投资会计科目编码的设置

科目代码	总分类科目 （一级科目）	明细分类科目		是否辅助 核算	辅助核算 类别
		二级明细科目	三级明细科目		
1501					
150101	持有至到期投资	公司债券			
15010101	持有至到期投资	公司债券	成本	是	投资单位
15010102	持有至到期投资	公司债券	利息调整	是	投资单位
15010103	持有至到期投资	公司债券	应计利息	是	投资单位

9.3.2　持有至到期投资的具体运用

1. 持有至到期投资初始确认

持有至到期投资初始确认时，应当按照公允价值计量和相关交易费用之和作为初始入账金额。

2. 持有至到期投资的后续计量

持有至到期投资应采用实际利率法，按摊余成本计量。实际利率法指按实际利率计算摊余成本及各期利息费用的方法，摊余成本为持有至到期投资初始金额扣除已偿还的本金和加上或减去累计摊销额以及扣除减值损失后的金额。

金融资产的摊余成本，是指该金融资产初始确认金额经下列调整后的结果：

（1）扣除已偿还的本金；

（2）加上或减去采用实际利率法将该初始确认金额与到期日金额之间的差额进行摊销形成的累计摊销额；

（3）扣除已发生的减值损失。

如何理解"加上或减去采用实际利率法将该初始确认金额与到期日金额之间的差额进行摊销形成的累计摊销额"，如图9-6所示。

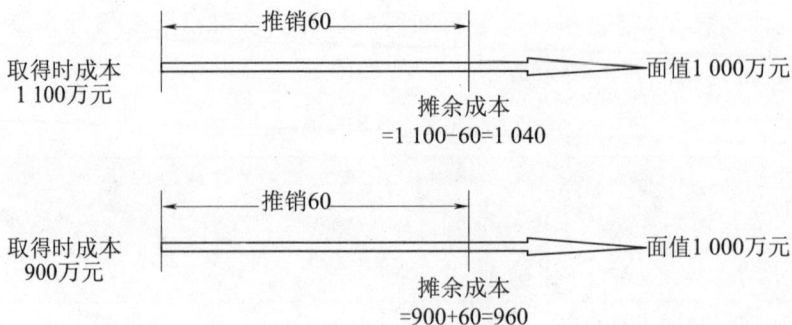

图 9-6　摊余成本图示

3. 持有至到期投资计算

$$本期计提的利息＝期初摊余成本×实际利率$$

$$期末摊余成本＝期初摊余成本＋本期计提的利息－本期收回的$$

$$利息和本金－本期计提的减值准备$$

提示：就持有至到期投资来说，摊余成本即为其账面价值。

4. 持有至到期投资的会计处理

持有至到期投资的主要账务处理，见表 9-11。

表 9-11　　　　　　　　　持有至到期投资的主要账务处理

财务情形		账务处理
取得时		借：持有至到期投资——成本 　　应收利息 　　持有至到期投资——利息调整（借或贷） 　贷：银行存款
持有时	资产负债表日的处理	借：应收利息 　　持有至到期投资——利息调整（借或贷） 　贷：投资收益 借：银行存款 　贷：应收利息
重分类	持有至到期投资重分类为可供出售金融资产	借：可供出售金融资产 　贷：持有至到期投资——成本 　　　　　　　　　　——利息调整 　　　　　　　　　　——应计利息 　　其他综合收益（借或贷） 注：已计提减值准备的，还应同时结转减值准备

财务情况		账务处理
处置时	盈利	借：银行存款 　　贷：持有至到期投资——成本 　　　　　　　　　　　——利息调整 　　　　　　　　　　　——应计利息 　　　　　　投资收益
	亏损	借：银行存款 　　投资收益 　　贷：持有至到期投资——成本 　　　　　　　　　　　——利息调整 　　　　　　　　　　　——应计利息

【例 9-9】2013 年 1 月 1 日，维达建筑有限公司支付价款 1 000 000 元（含交易费用）从深圳证券交易所购入上海电力股份公司同日发行的 5 年期公司债券 12 500 份，债券票面价值总额为 1 250 000 元，票面年利率为 4.72％，于年末支付本年度债券利息，本金在债券到期一次性偿还。维达建筑有限公司有意图也有能力将该债券持有至到期，划分为到期投资。

假设不考虑其他因素，计算该债券的实际利率 r。

$$59\,000 \times (1+r)^{-1} + 59\,000 \times (1+r)^{-2} + 59\,000 \times (1+r)^{-3} + 59\,000 \times (1+r)^{-4} + (59\,000 + 125\,000) \times (1+r)^{-5} = 1\,000\,000\,(元)$$

采用插值法，计算得出 r＝10％，见表 9-12。

表 9-12

日期	现金流入 (a)	实际利息收入(b)＝ 期初(d)×10％	已收回本金(c)＝ (a)－(b)	摊余成本余额(d)＝ 期初(d)－(c)
2013 年 1 月 1 日				1 000 000
2013 年 12 月 31 日	59 000	100 000	－41 000	1 041 000
2014 年 12 月 31 日	59 000	104 100	－45 100	1 086 100
2015 年 12 月 31 日	59 000	108 610	－49 610	1 135 710
2016 年 12 月 31 日	59 000	113 571	－54 571	1 190 281
2017 年 12 月 31 日	59 000	118 719	－59 719	1 250 000
小计	295 000	545 000	－250 000	1 250 000
2017 年 12 月 31 日	1 250 000	—	1 250 000	0
合计	1 545 000	545 000	1 000 000	—

根据表 9-12，账务处理如下。

(1) 2013 年 1 月 1 日，购入上海电力股份公司债券。

借：持有至到期投资——上海电力股份公司——成本

　　　　　　　　　　　　　　　　　　　　　　1 250 000

　　贷：银行存款　　　　　　　　　　　　　1 000 000

　　　　持有至到期投资——上海电力股份公司——利息调整

　　　　　　　　　　　　　　　　　　　　　　250 000

(2) 2013 年 12 月 31 日，确认上海电力股份公司债券实际利息收入、收到债券利息。

借：应收利息——上海电力股份公司　　　　　59 000

　　持有至到期投资——上海电力股份公司——利息调整

　　　　　　　　　　　　　　　　　　　　　　41 000

　　贷：投资收益——上海电力股份公司　　　100 000

借：银行存款　　　　　　　　　　　　　　　59 000

　　贷：应收利息——上海电力股份公司　　　　59 000

(3) 2014 年 12 月 31 日，确认上海电力股份公司债券实际利息收入、收到债券利息。

借：应收利息——上海电力股份公司　　　　　59 000

　　持有至到期投资——上海电力股份公司——利息调整

　　　　　　　　　　　　　　　　　　　　　　45 100

　　贷：投资收益——上海电力股份公司　　　104 100

借：银行存款　　　　　　　　　　　　　　　59 000

　　贷：应收利息——上海电力股份公司　　　　59 000

(4) 2015 年 12 月 31 日，确认上海电力股份公司债券实际利息收入、收到债券利息。

借：应收利息——上海电力股份公司　　　　　59 000

　　持有至到期投资——上海电力股份公司——利息调整

　　　　　　　　　　　　　　　　　　　　　　49 610

　　贷：投资收益——上海电力股份公司　　　108 610

借：银行存款　　　　　　　　　　　　　　　59 000

　　贷：应收利息——上海电力股份公司　　　　59 000

（5）2016 年 12 月 31 日，确认上海电力股份公司债券实际利息收入、收到债券利息。

借：应收利息——上海电力股份公司　　　　　　　59 000
　　持有至到期投资——上海电力股份公司——利息调整
　　　　　　　　　　　　　　　　　　　　　　　　54 571
　　　贷：投资收益——上海电力股份公司　　　　　113 571
借：银行存款　　　　　　　　　　　　　　　　　　59 000
　　　贷：应收利息——上海电力股份公司　　　　　　59 000

（6）2017 年 12 月 31 日，确认上海电力股份公司债券实际利息收入、收到债券利息。

借：应收利息——上海电力股份公司　　　　　　　59 000
　　持有至到期投资——上海电力股份公司——利息调整
　　　　　　　　　　　　　　　　　　　　　　　　59 719
　　　贷：投资收益——上海电力股份公司　　　　　118 719
借：银行存款　　　　　　　　　　　　　　　　　　59 000
　　　贷：应收利息——上海电力股份公司　　　　　　59 000
借：银行存款　　　　　　　　　　　　　　　1 250 000
　　　贷：持有至到期投资——上海电力股份公司——成本
　　　　　　　　　　　　　　　　　　　　　1 250 000

9.3.3　持有至到期投资减值准备

1. 持有至到期投资减值准备的具体运用

持有至到期投资以摊余成本进行后续计量，其发生减值时，应当将该金融资产的账面价值与预计未来现金流量现值之间的差额，确认为减值损失，计入当期损益。

持有至到期投资减值准备核算企业持有至到期投资的减值准备。本科目可按持有至到期投资类别和品种进行明细核算。本科目期末贷方余额，反映企业已计提但尚未转销的持有至到期投资减值准备。具体科目设置，见表 9-13。

表 9-13　　　　　　　　持有至到期投资减值准备会计科目编码的设置

科目代码	总分类科目（一级科目）	明细分类科目		是否辅助核算	辅助核算类别
		二级明细科目	三级明细科目		
1502	持有至到期投资减值准备				
150201	持有至到期投资减值准备	公司债券	按类别和品种	是	投资单位
150202	持有至到期投资减值准备	委托银行或金融机构向其他单位贷出的款项	按类别和品种	是	投资单位
101203	持有至到期投资减值准备	其他	按类别和品种	是	投资单位

2. 持有至到期投资减值的账务处理

持有至到期投资减值的账务处理，见表 9-14。

表 9-14　　　　　　　持有至到期投资减值的主要账务处理

财务情形	账务处理
资产负债表日，计提减值准备（持有至到期投资）	借：资产减值损失 　　贷：持有至到期投资减值准备
对持有至到期投资确认减值损失后，如有客观证据表明该金融资产价值已恢复，应在原确认的减值损失范围内按已恢复的金额予以转回	借：持有至到期投资减值准备 　　贷：资产减值损失

【例 9-10】2012 年 1 月 1 日，维达建筑有限公司购入春兰企业债券，5 年期，面值 2 000 000 元，实际支付价款为 1850 000 元（含交易费用 2 000 元），年利率为 10%。维达建筑有限公司将其划分为持有至到期投资，初始确认时确定的实际利率为 12%。

2014 年 12 月 31 日，有客观证据表明春兰企业发生严重财务困难，维达建筑有限公司据此认定春兰企业的债券发生了减值，并预期 2015 年 12 月 31 日将收到利息 200 000 元，但 2016 年 12 月 31 日将仅收到本金 1 800 000 元。

(1) 2012 年 1 月 1 日购入债券时。

借：持有至到期投资——春兰企业债券——成本　　2 000 000

　　贷：持有至到期投资——利息调整　　　　　　　　　150 000

　　　　银行存款　　　　　　　　　　　　　　　　　1 850 000

（2）2012年12月31日，确认债券实际利息收入、收到债券利息。

应收利息＝2 000 000×10%＝200 000（元）

实际利息＝1 850 000×12%＝222 000（元）

利息调整＝222 000－200 000＝22 000（元）

摊余成本＝1 850 000＋22 000＝1 872 000（元）

借：应收利息——春兰企业   200 000

　　持有至到期投资——利息调整   22 000

　　　贷：投资收益——春兰企业   222 000

（3）2013年12月31日，确认债券实际利息收入、收到债券利息。

应收利息＝200 000×10%＝200 000（元）

实际利息＝1 872 000×12%＝224 640（元）

利息调整＝224 640－200 000＝24 640（元）

摊余成本＝1 872 000＋24 640＝1 896 640（元）

借：应收利息——春兰企业   200 000

　　持有至到期投资——春兰企业债券——利息调整   24 640

　　　贷：投资收益——春兰企业   224 640

（4）2014年12月31日，确认债券实际利息收入、收到债券利息。

应收利息＝2 000000×10%＝200 000（元）

实际利息＝1 896 640×12%＝227 596.80（元）

利息调整＝227 596.80－200 000＝27 596.8（元）

摊余成本＝1 896 640＋27 596.8＝1 924 236.8（元）

借：应收利息——春兰企业债券   200 000

　　持有至到期投资——春兰企业债券——利息调整

                                              27 596.8

　　　贷：投资收益   227 596.8

（5）2014年12月31日，确认减值损失前的摊余成本＝1 924 236.8（元）。

预计从对春兰企业债券将收到现金流量的现值＝$200\,000×(1+12\%)^{-1}+1\,800\,000×(1+12\%)^{-2}$

＝200 000×0.892 9＋1 800 000×0.797 2（元）

＝178 580＋1 434 960

＝1 613 540（元）

应确认的减值损失＝1 924 236.8－1 613 540＝310 696.8（元）

借：资产减值损失　　　　　　　　　　　　　　310 696.8

　　　贷：持有至到期投资减值准备　　　　　　　　　　310 696.8

（6）2015 年 12 月 31 日，计算持有至到期投资的摊余成本。

应收利息＝2 000 000×10％＝200 000（元）

实际利息＝1 613 540×12％＝193 624.80（元）

利息调整＝193 624.80－200 000＝－6 375.2（元）

摊余成本＝1 613 540－6 375.2＝1 607 164.8（元）

借：应收利息　　　　　　　　　　　　　　　　200 000

　　　贷：投资收益　　　　　　　　　　　　　　　193 624.80

　　　　　持有至到期投资——利息调整　　　　　　　6 375.2

借：银行存款　　　　　　　　　　　　　　　　200 000

　　　贷：应收利息　　　　　　　　　　　　　　　　200 000

（7）计算 2016 年 12 月 31 日持有至到期投资的摊余成本。

利息调整余额＝150 000－22 000－24 640－27 596.8＋6 375.2＝82 138.4

（元）（贷方），这个余额应该全部在最后一年结平。

摊余成本＝0（元）

假设 2016 年 12 月 31 日将仅收到本金 1 500 000 元。

借：银行存款　　　　　　　　　　　　　　　　1 500 000

　　　持有至到期投资减值准备　　　　　　　　　　310 696.8

　　　持有至到期投资——利息调整　　　　　　　　82 138.4

　　　投资收益　　　　　　　　　　　　　　　　107 164.8

　　　贷：持有至到期投资——成本　　　　　　　　　2 000 000

9.4　可供出售的金融资产

可供出售的金融资产，是指初始确认时即被指定为可供出售的非衍生金融资产，以及没有划分为持有至到期投资、贷款和应收款项、以公允价值计量且其变动计入当期损益的金融资产的金融资产。

9.4.1 可供出售金融资产科目设置

可供出售金融资产的会计处理，与交易性金融资产的会计处理有类似之处。可供出售金融资产科目核算企业持有的可供出售金融资产的公允价值，包括划分为可供出售的股票投资、债券投资等金融资产。按照可供出售金融资产的类别和品种，分别"成本""利息调整""应计利息""公允价值变动"等进行明细核算。可供出售金融资产发生减值的，可以单独设置"可供出售金融资产减值准备"科目。具体设置见表9-15。

表 9-15　　　　　　　　可供出售的金融资产股票及债券投资的科目设置

科目代码	总分类科目（一级科目）	明细分类科目		是否辅助核算	辅助核算类别
		二级明细科目	三级明细科目		
1503	可供出售金融资产				
150301	可供出售金额资产	股票			
15030101	可供出售金融资产	股票	成本	是	投资单位
15030102	可供出售金融资产	股票	公允价值变动	是	投资单位
150302	可供出售金融资产	债券			
15030201	可供出售金融资产	债券	成本	是	投资单位
15030202	可供出售金融资产	债券	利息调整	是	投资单位
15030203	可供出售金融资产	债券	应计利息	是	投资单位
15030204	可供出售金融资产	债券	公允价值变动	是	投资单位

9.4.2 可供出售金融资产科目具体运用

可供出售金融资产的主要账务处理，见表9-16。

表 9-16　　　　　　　　可供出售金融资产的主要账务处理

财务情况	账务处理
取得时	借：可供出售的金融资产——成本 应收股利（或应收利息） 可供出售的金融资产——利息调整（借或贷） 贷：银行存款

财务情况		账务处理
债券持有时	资产负债表日的处理，债券为分期付息	借：应收利息 　　可供出售的金融资产——利息调整（借或贷） 　　　贷：投资收益 借：银行存款 　　　贷：应收利息
	债券为一次还本付息	借：可供出售的金融资产——应计利息 　　可供出售的金融资产——利息调整（借或贷） 　　　贷：投资收益
股票持有时	赢利时	借：可供出售的金融资产——公允价值变动 　　　贷：其他综合收益
	亏损时	借：其他综合收益 　　　贷：可供出售的金融资产——公允价值变动
处置时		借：银行存款 　　　贷：可供出售金融资产——成本 　　　　　　　　　　　　——公允价值变动 　　　　　　　　　　　　——利息调整 　　　　　　　　　　　　——应计利息 同时，借：其他综合收益（借或贷） 　　　　　贷：投资收益（借或贷）

【**例 9-11**】2015 年 5 月 20 日，维达建筑有限公司从深圳证券交易所购入深发展股票 250 000 股，占深发展公司有表决权股份的 2%，支付价款合计 4 080 000 元，其中，证券交易税等交易费用 6 000 元，已宣告发放现金股利 65 000 元。维达建筑有限公司将其划分为可供出售的金融资产。

(1) 2015 年 5 月 20 日，维达建筑有限公司从深圳证券交易所购入深发展股票 250 000 股。

借：可供出售的金融资产——深发展公司股票——成本

　　　　　　　　　　　　　　　　　　　4 015 000

　　应收股利——深发展公司　　　　　　　　 65 000

　　　贷：银行存款　　　　　　　　　　　　4 080 000

深发展公司股票的单位成本 =（4 080 000 - 65 000）÷ 250 000 = 16.06（元）

(2) 2015 年 6 月 20 日，维达建筑有限公司收到深发展发放的 2014 年现金股利 65 000 元。

借：银行存款　　　　　　　　　　　　　　　　　　　　65 000
　　贷：应收股利——深发展公司　　　　　　　　　　　　　　65 000

（3）2014 年 6 月 30 日，深发展股票收盘价为 17.20 元。确认深发展公司股票公允价值变动为 285 000 元〔（17.20－16.06）×250 000〕。

借：可供出售的金融资产——深发展公司股票——公允价值变动
　　　　　　　　　　　　　　　　　　　　　　　　285 000
　　贷：其他综合收益——公允价值变动　　　　　　285 000

（4）2015 年 12 月 31 日，深发展股票收盘价为 15.80 元。确认深发展公司股票公允价值变动为－350 000 元〔（15.80－17.20）×250 000〕。

借：其他综合收益——公允价值变动——深发展公司股票
　　　　　　　　　　　　　　　　　　　　　　　　350 000
　　贷：可供出售的金融资产——深发展公司股票——公允价值变动
　　　　　　　　　　　　　　　　　　　　　　　　350 000

（5）2016 年 4 月 20 日，深发展宣告发放 2015 年现金股利 2 000 000 元。维达建筑有限公司应享有的份额为 2 000 000×2%＝40 000（元）

借：应收股利——深发展公司　　　　　　　　　　　　　40 000
　　贷：投资收益——深发展公司　　　　　　　　　　　　　40 000

（6）2016 年 5 月 10 日，收到深发展公司发放的现金股利。

借：银行存款　　　　　　　　　　　　　　　　　　　　40 000
　　贷：应收股利——深发展公司　　　　　　　　　　　　　40 000

（7）2016 年 12 月 10 日，维达建筑有限公司以每股 15.80 元的价格将股票全部转让，同时支付交易税等费用 4 800 元。

维达建筑有限公司出售价格＝15.80×250 000＝3 950 000（元）

出售深发展股票取得的价款＝3 950 000－4 800＝3 945 200（元）

维达建筑有限公司持有深发展股票期间公允价值变动计入所有者权益的金额＝285 000－350 000＝－65 000（元）

出售深发展股票时的账面余额＝4 015 000＋（－65 000）＝3 950 000（元）

借：银行存款　　　　　　　　　　　　　　　　　　3 945 200
　　投资收益——深发展股票　　　　　　　　　　　　　4 800

可供出售的金融资产——深发展公司股票——公允价值变动

65 000

　　贷：可供出售的金融资产——深发展公司股票——成本

4 015 000

同时，借：投资收益——深发展股票　　　　　　　65 000

　　贷：其他综合收益——公允价值变动——深发展股票　65 000

CHAPTER
TEN

第 *10* 章
流动性负债

　　流动负债是指将在 1 年（含 1 年）或者超过 1 年的一个营业周期内清偿的债务，或者自资产负债表日起一年内应予以清偿的债务，以及企业无权自主地将清偿推迟至资产负债表日后一年以上的债务，包括短期借款、应付账款、应付票据、预收账款、应付职工薪酬、应交税费、其他应付款和一年内到期的长期借款等。本章主要介绍短期借款和其他应付款。

10.1 短期借款

1. 取得和偿还时的账务处理

短期借款是企业向银行或其他金融机构等借入的期限在 1 年以下（含 1 年）的各种借款，通常是为了满足正常生产经营的需要。

企业应通过"短期借款"科目，核算短期借款的取得及偿还情况。账务处理如图 10-1 所示。

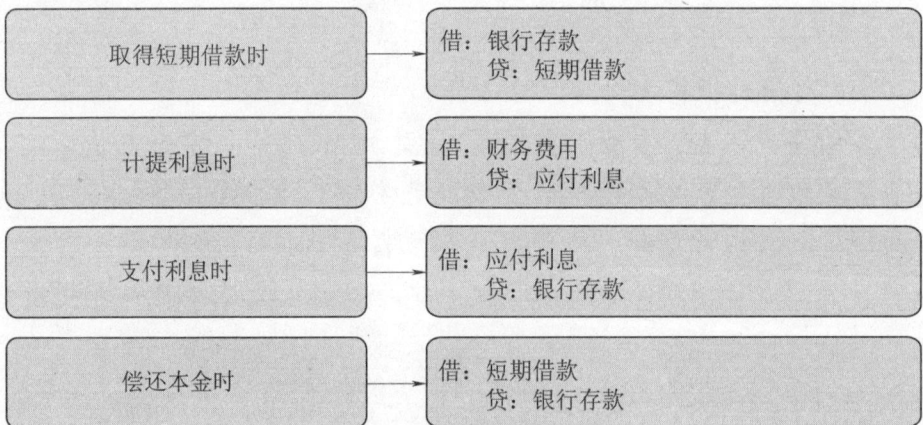

| 取得短期借款时 | → | 借：银行存款
　贷：短期借款 |

| 计提利息时 | → | 借：财务费用
　贷：应付利息 |

| 支付利息时 | → | 借：应付利息
　贷：银行存款 |

| 偿还本金时 | → | 借：短期借款
　贷：银行存款 |

图 10-1　短期借款的账务处理

2. 短期借款科目的具体运用

工商企业的短期借款主要有：经营周转借款、临时借款、结算借款、票据贴现借款、卖方信贷、预购定金借款和专项储备借款等。见表 10-1。

表 10-1　　　　　　　　　短期借款会计科目编码的设置

科目代码	总分类科目（一级科目）	明细分类科目		是否辅助核算	辅助核算项目
		二级明细科目	三级明细科目		
2001	短期借款				
200101	短期借款	人民币			
20010101	短期借款	人民币	经营周转借款	贷款人	
20010102	短期借款	人民币	临时借款	贷款人	
20010103	短期借款	人民币	结算借款	贷款人	
20010104	短期借款	人民币	票据贴现借款	贷款人	
20010105	短期借款	人民币	卖方信贷	贷款人	
20010106	短期借款	人民币	预购定金借款	贷款人	
20010107	短期借款	人民币	专项储备借款	贷款人	
200102	短期借款	外币			
200108	短期借款	外币	美元	贷款人	
200109	短期借款	外币	欧元	贷款人	
200110	短期借款	外币	其他	贷款人	

短期借款利息较大需要计提的，在资产负债表日，按照应计的金额，借记"财务费用"账户，贷记"应付利息"账户；若利息不大无须计提，在支付利息时记入"财务费用"账户。

【例 10-1】房天下地产有限公司取得短期借款 280 000 元，年利率 7%，借款期限 6 个月。利息数额较少，不进行计提，一直到期还本付息。

6 个月的利息＝280 000×7%÷12×6＝9 800（元）

（1）2017 年 1 月 1 日，取得借款时。见表 10-2。

借：银行存款　　　　　　　　　　　　　　　　·　　　　　280 000

　　贷：短期借款　　　　　　　　　　　　　　　　　　　　　280 000

表 10-2　　　　　　　中国工商银行流动资金借款收据（回单）

2017 年 1 月 1 日

借款单位全称	房天下地产有限公司		存款账号	0200001909234213213						
贷款种类		年利率	贷款户账号	0200001909234658982						
贷款金额	人民币（大写）⊗贰拾捌万元整		百	万	千	百	十	元	角	分
			8	0	0	0	0	0	0	0
借款原因或用途：流动资金			约定还款期限	2017 年 6 月 30 日						
备注：			上列贷款已转入你单位存款户							

（2）2017 年 6 月 30 日，还本付息时。见表 10-3、表 10-4、表 10-5。

借：短期借款　　　　　　　　　　　　　　　　　　　280 000

	财务费用		9 800
	贷：银行存款		289 800

表 10-3 　　　　　　　　　　　　　　　**存（贷）款利息传票**

2017 年 6 月 30 日

借方	户名	房天下地产有限公司	贷方	户名	房天下地产有限公司
	账号	62222001909234216734		账号	62222001909234216734
备注	起息日期	止息日期	积数	利率	利息
	2017.01.01	2017.06.30		7‰	9 800
	调整利息：		冲正利息：		
	应收（付）利息合计：玖仟捌佰元整				

表 10-4 　　　　　　　　　　　**中国工商银行进账单**（回单或收账通知）

进账日期：　　　　　　　　　　2017 年 6 月 30 日　　　　　　　　　第×××号

收款人	全　　称	中国工商银行深圳宝安支行	付款人	全　　称	房天下地产有限公司	此联给收款人的收账通知
	账　　号	0200001909234254367		账　　号	62222001909234216734	
	开户银行	工商银行深圳宝安支行		开户银行	深圳工商银行南山支行	

人民币（大写）：⊗贰拾捌万玖仟捌佰元整	千	百	十	万	千	百	十	元	角	分
		￥	2	8	9	8	0	0	0	0

票据种类	转账支票	收款人开户银行盖章（略）
票据张数	1	工行深圳南山支行　2017.6.30　转讫
主管　魏青　　会计　陈丽 复核　　　记账		

表 10-5 　　　　　　　　　　　　　　　**中国工商银行**

转账支票存根

Ⅳ V000067

科　　目：

对方科目：

出票日期 2017 年 6 月 30 日

收款人：中国工商银行深圳宝安支行
金　　额：289 800
用　　途：短期借款

单位主管　魏青　　会计　陈丽

10.2 其他应付款

其他应付款是企业除应付票据、应付账款、预收账款、应付职工薪酬、应交税费、应付股利等经营活动以外的其他各项应付、暂收的款项。

其他应付款核算的内容：应付租入包装物的租金、经营租入固定资产的应付租金、出租或出借包装物收取的押金（存入保证金）、应付以及暂收其他单位款项。本科目期末贷方余额，反映企业尚未支付的其他应付款项。

其他应付款会计科目设置，见表 10-6。

表 10-6 其他应付款会计科目编码的设置

科目代码	总分类科目 （一级科目）	明细分类科目		是否辅助 核算	辅助核算 类别
		二级明细科目	三级明细科目		
22417	其他应付款				
2241701	其他应付款	应收个人往来款项	按借款人设置	是	人员档案
2241702	其他应付款	应收单位往来款项	按单位设置	是	客户档案
2241703	其他应付款	公司内部往来款项	按单位设置	是	客户档案
2241704	其他应付款	存入保证金	按单位设置	是	客户档案
2241705	其他应付款	经营租入资产和包装物租金	按单位设置	是	客户档案
2241706	其他应付款	其他	按单位设置	是	客户档案

其他应付款账务处理，如图 10-2 所示。

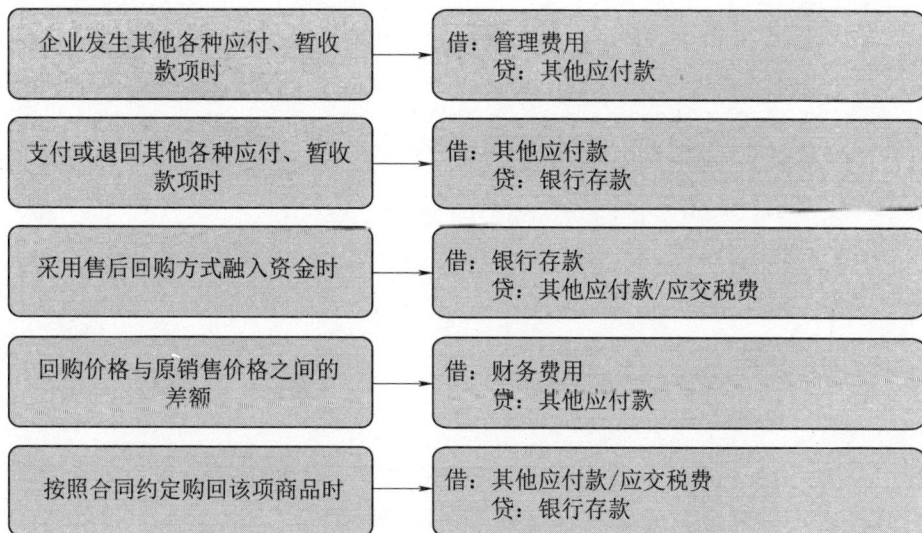

企业发生其他各种应付、暂收款项时	借：管理费用 贷：其他应付款
支付或退回其他各种应付、暂收款项时	借：其他应付款 贷：银行存款
采用售后回购方式融入资金时	借：银行存款 贷：其他应付款/应交税费
回购价格与原销售价格之间的差额	借：财务费用 贷：其他应付款
按照合同约定购回该项商品时	借：其他应付款/应交税费 贷：银行存款

图 10-2 其他应付款账务处理

【例 10-2】宏远房地产有限公司由于季节性生产需要，租入一座仓库，租期 3 个月，每个月租金 11 250 元，合同规定，租金于租赁期满时一次支付。

（1）预提第一个月租金时。

借：管理费用　　　　　　　　　　　　　　　　　　11 250
　　贷：其他应付款　　　　　　　　　　　　　　　　　　　11 250

（2）预提第二个月租金时。

借：管理费用　　　　　　　　　　　　　　　　　　11 250
　　贷：其他应付款　　　　　　　　　　　　　　　　　　　11 250

（3）租赁期满，支付三个月租金时。

借：其他应付款　　　　　　　　　　　　　　　　　22 500
　　管理费用　　　　　　　　　　　　　　　　　　11 250
　　贷：银行存款　　　　　　　　　　　　　　　　　　　33 750

CHAPTER
ELEVEN

第*11*章

非流动性负债

  非流动负债是指偿还期在1年以上或者超过1年的一个营业周期以上的负债。与流动负债相比，非流动负债具有偿还性较长、金额较大的特点。这就决定了其会计基础也具有不同于流动负债的特点。由于非流动负债的偿还期限较长且金额较大，未来的现金流出量（未来支付的利息和本金）与其现值之间的差额较大，因而理论上讲，非流动负债按其现值入账，而不宜按其未来应偿付金额入账。

  常见的非流动负债主要有长期借款、应付债券、长期应付款等。

11.1 长期借款

长期借款是企业向银行或其他金融机构借入的期限在 1 年以上（不含 1 年）的各种借款，一般用于固定资产的构建、改扩建工程以及保持长期经营能力等方面。

11.1.1 长期借款科目的具体运用

企业应通过"长期借款"科目核算长期借款的取得和偿还情况，并分别设置"本金""应计利息""利息调整"等二级科目进行明细核算。本科目期末贷方余额，反映企业尚未偿还的长期借款的摊余成本。见表 11-1。

表 11-1   长期借款会计科目编码的设置

科目代码	总分类科目（一级科目）	明细分类科目		是否辅助核算	辅助核算类别
		二级明细科目	三级明细科目		
2501	长期借款				
250101	长期借款	本金	贷款种类	是	贷款单位
250102	长期借款	利息调整	贷款种类	是	贷款单位
250103	长期借款	应计利息	贷款种类	是	贷款单位
250104	长期借款	交易费用	贷款种类	是	贷款单位
250105	长期借款	其他	贷款种类	是	贷款单位

长期借款的账务处理，如图 11-1 所示。

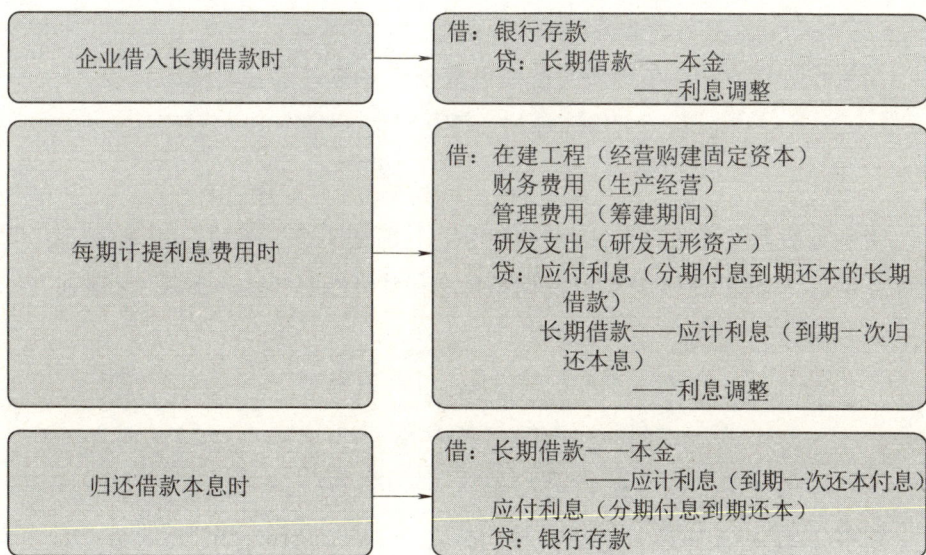

| 企业借入长期借款时 | 借：银行存款
　　贷：长期借款——本金
　　　　　　　　——利息调整 |

| 每期计提利息费用时 | 借：在建工程（经营购建固定资本）
　　财务费用（生产经营）
　　管理费用（筹建期间）
　　研发支出（研发无形资产）
　　贷：应付利息（分期付息到期还本的长期
　　　　　　借款）
　　　　长期借款——应计利息（到期一次归
　　　　　　还本息）
　　　　　　　　——利息调整 |

| 归还借款本息时 | 借：长期借款——本金
　　　　　　　——应计利息（到期一次还本付息）
　　应付利息（分期付息到期还本）
　　贷：银行存款 |

图 11-1　长期借款的账务处理

11.1.2　长期借款的核算

长期借款利息的计算有单利和复利两种方法。

1. 单利

单利是指只按照借款本金计算利息。其所发生的利息不再计入本金重复计算利息。

其计算公式为：

$$利息＝本金×利率×期数$$
$$本利和＝本金＋利息$$
$$＝本金＋本金×利率×期数$$
$$＝本金×（1＋利率×期数）$$

【例 11-1】宏远房地产有限公司向银行借入一笔 1 400 000 元的借款，银行借款利率为 8%，借款期限为 4 年，采用单利方式计息。则宏远房地产有限公司每年应付的长期借款利息为：

每年的利息＝本金×利率×期数＝1 400 000×8%×1＝112 000（元）

四年利息总额＝112 000×4＝448 000（元）

4 年到期时，宏远房地产有限公司需偿还银行的资金总额为：

本利和＝1 400 000＋448 000＝1 848 000（元）

2. 复利

复利是指不仅对借款的本金计算利息，其前期所发生的利息也要加入本金重复计算利息，也就是根据本金和前期利息之和计算各期利息，俗称"利滚利"。

其计算公式为：

$$本利和＝本金×(1＋利率)^{期数}$$

$$利息＝本利和－本金$$

$$＝本金×〔(1＋利率)^{期数}－1〕$$

【例 11-2】房天下地产有限公司向银行借入一笔 160 000 元的借款，年利率为 10％，借款期限为 5 年，采用复利方式计息。则房天下地产有限公司每年应付的长期借款利息为：

第 1 年的利息＝160 000×10％＝16 000（元）

第 2 年的利息＝（160 000＋16 000）×10％＝17 600（元）

第 3 年的利息＝（160 000＋16 000＋17 600）×10％＝19 360（元）

第 4 年的利息＝（160 000＋16 000＋17 600＋19 360）×10％＝21 296（元）

第 5 年的利息＝（160 000＋16 000＋17 600＋19 360＋21 296）×10％＝23 425.60（元）

表 11-2　　　　　　　　　中国银行　借款凭证

日期：2016 年 1 月 1 日

借款人：房天下地产有限公司	贷款账号：
借款种类：一般企业流动性资金贷款	利率：10％
借款用途：材料款 借款合同科目代码：No45653 担保合同科目代码：No9436 借款日期：2016 年 1 月 1 日 金额：人民币壹拾陆万元整	 到期日：2020 年 12 月 31 日 存款账号
上述贷款已入借款人账户 中国银行天河市支行 2016.1.01 业务办讫章	

制单：　　　　　　复核：

表 11-3 　　　　　　　　　　借款利息计提表

序　号	贷款银行	借款金额	年利率	年利息金额
1	中国银行	160 000	10%	16 000
2			10%	17 600
3			10%	19 360
4			10%	21 296
5			10%	23 425.60
合计		160 000		97 681.60

审核　　　　　制单

5 年到期时房天下地产公司需偿还银行的资金总额为：

本利和＝160 000×（1＋10%）^{5}＝160 000×1.610 51＝257 681.60（元）

5 年利息总额＝257 681.60－160 000＝97 681.60（元）

　　　　　　　＝16 000 ＋17 600＋ 19 360＋ 21 296＋ 23 425.60

　　　　　　　＝97 681.60（元）

表 11-4 　　　　　　　　中国银行存（贷）款利息凭证

币种：人民币（本位币）　　　　　　××年×月×日　　　　　　　　单位：元

付款人	户　　名	房天下地产有限公司	收款人	户　　名	普通长期贷款利息收入			
	账　　号	62222001909234216734		账　　号	211565435678512341			
	金额	160 000		计息账号	211565435678517621			
借据科目代码				借据序号				
备注		起息日	止息日	积数		利率	利息	
		2016.1.1	2020.12.31			10%	97 681.60	
	调整利息：			冲正利息：				

银行章　　　　　　　经办人

11.2　长期应付款

长期应付款是企业除长期借款和应付债券以外的其他各种长期应付款项，包括应付融资租入固定资产的租赁费、以分期付款方式购入固定资产等发生的应付款项等。

企业应设置"长期应付款"科目，用以核算企业融资租入固定资产和以分期付款方式购入固定资产时应付的款项及偿还情况。

长期应付款科目的具体设置，见表11-5。

表 11-5   长期应付款会计科目编码的设置

科目代码	总分类科目（一级科目）	明细分类科目		是否辅助核算	辅助核算类别
		二级明细科目	三级明细科目		
2701	长期应付款				
270101	长期应付款	人民币	融资租入固定资产	是	债权人
270102	长期应付款	人民币	分期付款购入固定资产	是	债权人
270103	长期应付款	外币	融资租入固定资产	是	债权人
270104	长期应付款	外币	分期付款购入固定资产	是	债权人
270105	长期应付款	外币	补偿贸易	是	债权人

1. 应付融资租赁款的账务处理

应付融资租赁款是企业融资租入固定资产而发生的应付款，是在租赁开始日承租人应向出租人支付的最低租赁付款额。账务处理如图11-2所示。

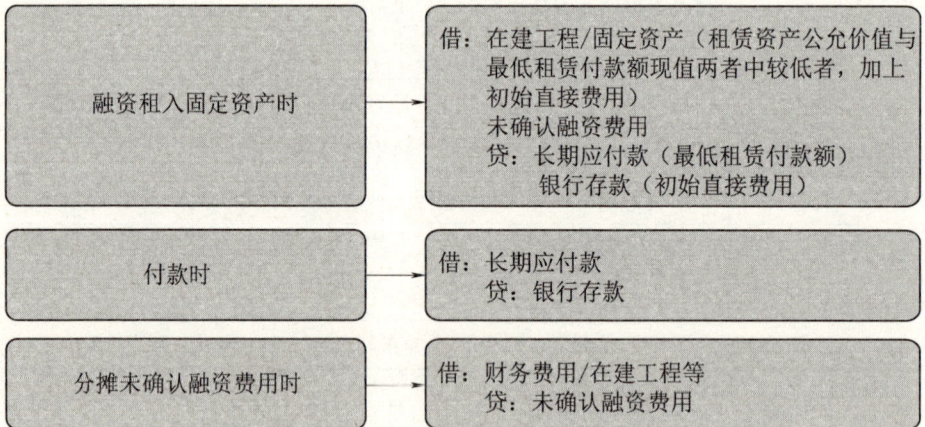

图 11-2   长期应付款的账务处理

2. 具有融资性质的延期付款

企业购买资产有可能延期支付有关价款。如果延期支付的购买价款超过正常信用条件，实质上具有融资性质的，所购资产的成本应当以延期支付购买价款的现值为基础确定，以实际支付的价款作为长期应付款的入账价值，两者之间的差额作为未确认融资费用，应当在信用期间内采用实际利率法进行摊销。计入相关资产成本或当期损益。账务处理如图11-3所示。

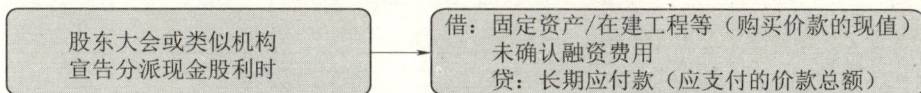

股东大会或类似机构
宣告分派现金股利时 → 借：固定资产/在建工程等（购买价款的现值）
　　未确认融资费用
　　贷：长期应付款（应支付的价款总额）

图11-3　具有融资性质的延期付款的账务处理

【**例11-3**】新世界公司从S租赁公司采用融资租赁方式租入一套不需安装的A设备，租赁期从2014年1月1日开始，租期3年，每年年末支付租金700 000元，到期归还该项租赁资产。合同约定的利率为6%，该资产的公允价值2 500 000元。该固定资产采用年限平均法计提折旧。

最低租赁付款额＝各期租金之和＋承租人担保的资产余值

＝700 000×3＋0＝2 100 000（元）

最低租赁付款额的现值＝700 000×（P/A，6%，3）

＝700 000×2.673 0＝1 871 100（元）

根据租赁准则规定的孰低原则，租赁资产的入账价值应为其折现值1 871 100元。

未确认融资费用＝最低租赁付款额－最低租赁付款额现值

＝2 100 000－1 871 100＝228 900（元）

借：固定资产——A设备　　　　　　　　　　1 871 100

　　未确认融资费用　　　　　　　　　　　　　228 900

　　贷：长期应付款——S租赁公司　　　　　　　　　2 100 000

在租赁期内采用实际利率法分摊未确认融资费用，见表11-6。

表11-6　　　　　　　　　　　　分摊未确认融资费用

日期	租金 （a）	确认的融资费用 （b）＝期初（d） ×6%	应付本金减少额 （c）＝（a）－ （b）	应付本金余额 （d）＝期初（d）－ （c）
2014年1月1日				1 871 100
2014年12月31日	700 000	112 266	587 734	1 283 366

日期	租金 (a)	确认的融资费用 (b) ＝期初（d）×6％	应付本金减少额 (c) ＝（a）－（b）	应付本金余额 (d) ＝期初（d）－（c）
2015 年 12 月 31 日	700 000	77 001.96	622 998.04	660 367.96
2016 年 12 月 31 日	700 000	39 632.04	660 367.96	0
合计	2 100 000	228 900	1 871 100	—

2014 年 12 月 31 日。

借：长期应付款——应付融资租赁款　　　　　　　　700 000

　　贷：银行存款　　　　　　　　　　　　　　　　　700 000

2014 年 12 月 31 日，每月分摊未确认融资费用时 112 266÷12＝9 355.50（元）

借：财务费用——融资费用　　　　　　　　　　　　9 355.50

　　贷：未确认融资费用　　　　　　　　　　　　　　9 355.50

2015 年 12 月 31 日，每月分摊未确认融资费用时，77 001.96÷12＝6 416.83（元）

借：财务费用——融资费用　　　　　　　　　　　　6 416.83

　　贷：未确认融资费用　　　　　　　　　　　　　　6 416.83

2016 年 12 月 31 日，每月分摊未确认融资费用＝39 632.04÷12＝3 302.67（元）。

借：财务费用——融资费用　　　　　　　　　　　　3 302.67

　　贷：未确认融资费用　　　　　　　　　　　　　　3 302.67

2014 年 12 月 31 日至 2016 年 12 月 31 日，每月计提折旧时＝1 871 100÷3÷12＝51 975（元）

借：制造费用　　　　　　　　　　　　　　　　　　51 975

　　贷：累计折旧　　　　　　　　　　　　　　　　　51 975

11.3　应付债券

应付债券是企业为筹集（长期）资金而发行的债券。债券发行有面值发行、溢价发行和折价发行三种情况。

11.3.1 应付债券的具体科目设置

企业应设置"应付债券"科目，并在该科目下设置"面值""利息调整""应计利息"等明细科目，核算应付债券发行、计提利息、还本付息等情况。见表 11-7。

表 11-7 应付债券会计科目编码的设置

科目代码	总分类科目（一级科目）	明细分类科目		是否辅助核算	辅助核算类别
		二级明细科目	三级明细科目		
2502	应付债券				
250201	应付债券	面值	种类	是	单位名称
250202	应付债券	利息调整	种类	是	单位名称
250203	应付债券	应计利息	种类	是	单位名称
250204	应付债券	其他	种类	是	单位名称

11.3.2 应付债券的核算

应付债券的账务处理，如图 11-4 所示。

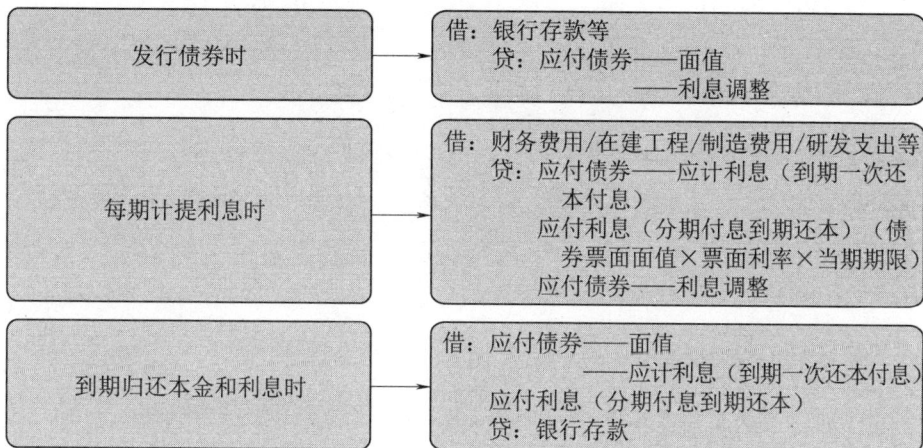

发行债券时	借：银行存款等 　　贷：应付债券——面值 　　　　　　　——利息调整
每期计提利息时	借：财务费用/在建工程/制造费用/研发支出等 　　贷：应付债券——应计利息（到期一次还本付息） 　　　　应付利息（分期付息到期还本）（债券票面面值×票面利率×当期期限） 　　　　应付债券——利息调整
到期归还本金和利息时	借：应付债券——面值 　　　　　　　——应计利息（到期一次还本付息） 　　　　应付利息（分期付息到期还本） 　　贷：银行存款

图 11-4　应付债券的账务处理

【**例 11-4**】昌隆公司于 2012 年 1 月 1 日发行 5 年期债券，面值 4 000 000 元，票面利率为 12%，假定市场利率为 10%。债券利息每年 12 月 31 日支付。

昌隆公司发行该批债券的实际发行价格＝4 000 000×（P/S，10%，5）＋4 000 000×12%×（P/A，10%，5）＝4 000 000×0.620 9＋480 000×

3.790 8＝2 483 600＋1 819 584＝4 303 184（元）

根据上述资料，昌隆公司采用实际利率法和摊余成本计算确定的利息费用，见表11-8。

表 11-8 应付债券核算表

日期	现金流出 (a)	实际利息费用 (b)＝期初 (d) ×10%	已偿还的本金 (c)＝(a)－ (b)	摊余成本余额 (d)＝期初 (d)－ (c)
2012 年 1 月 1 日				4 303 184
2012 年 12 月 31 日	480 000	430 318.40	49 681.60	4 253 502.40
2013 年 12 月 31 日	480 000	425 350.24	54 649.76	4 198 852.64
2014 年 12 月 31 日	480 000	419 885.26	60 114.74	4 138 737.90
2015 年 12 月 31 日	480 000	413 873.79	66 126.21	4 072 611.69
2016 年 12 月 31 日	480 000	407 388.31 *	72 611.69 *	4 000 000
小计	2 400 000	2 096 816	303 184	4 000 000
2017 年 1 月 10 日	4 000 000	—	4 000 000	0
合计	6 400 000	2 096 816	4 303 184	—

（1）2012 年 1 月 1 日，发行债券。

借：银行存款　　　　　　　　　　　　　　　4 303 184

贷：应付债券——面值　　　　　　　　　　　　　4 000 000

　　　——利息调整　　　　　　　　　　　　　　303 184

（2）2012 年 12 月 31 日，计提利息费用。

借：财务费用（或在建工程）　　　　　　　　430 318.40

应付债券——利息调整　　　　　　　　　　　49 681.60

贷：应付利息　　　　　　　　　　　　　　　　　480 000

（3）2013 年 1 月 10 日，支付利息。

借：应付利息　　　　　　　　　　　　　　　480 000

贷：银行存款　　　　　　　　　　　　　　　　　480 000

2013 年、2014 年、2015 年、2016 年确认利息费用的会计分录与 2012 年相同，金额与利息费用与表中的对应金额一致。在此不再赘述。

（4）2017 年 1 月 10 日，归还债券本金及最后一期利息费用。

借：财务费用（在建工程）　　　　　　　　　407 388.31

应付债券——面值　　　　　　　　　　　　4 000 000

　　　——利息调整　　　　　　　　　　　　72 611.69

贷：银行存款　　　　　　　　　　　　　　　4 480 000

CHAPTER
TWELVE

第 *12* 章
所有者权益

　　所有者权益，是指企业资产扣除负债后，由所有者享有的剩余权益。股份公司的所有者权益又称为股东权益。

　　所有者权益的来源包括：①所有者投入的资本；②直接计入所有者权益的利得和损失；③留存收益等，通常由股本（实收资本）、资本公积（含股本溢价或资本溢价、其他资本公积）、盈余公积和未分配利润等构成。

12.1 实收资本

实收资本是企业按照章程规定或合同、协议约定，接受投资者投入企业的资本。实收资本的构成比例或股东的股权比例，是确定所有者在企业所有者权益中份额的基础，也是企业进行利润或股利分配的主要依据。

12.1.1 实收资本的科目设置

一般企业应设置"实收资本"科目，核算投资者投入资本的增减变动情况。股份有限公司应设置"股本"科目核算公司实际发行股票的面值总额。

该科目的贷方登记实收资本的增加数额，借方登记实收资本的减少数额，期末贷方余额反映企业期末实收资本实有数额。

实际投入企业的资本明细科目应按照出资人名称设置，实收资本科目代码为 4001，见表 12-1。

表 12-1　　　　　　　　　　实收资本会计科目编码的设置

科目代码	总分类科目（一级科目）	明细分类科目	
		二级明细科目	三级明细科目
4001	实收资本		
400101	实收资本	国家资本	按股东名称设置
400102	实收资本	法人资本	按股东名称设置
400103	实收资本	集体资本	按股东名称设置
400104	实收资本	个人资本	按股东名称设置

12.1.2　实收资本的账务处理

1. 接受现金资产投资

接受现金资产投资的账务处理，如图 12-1 所示。

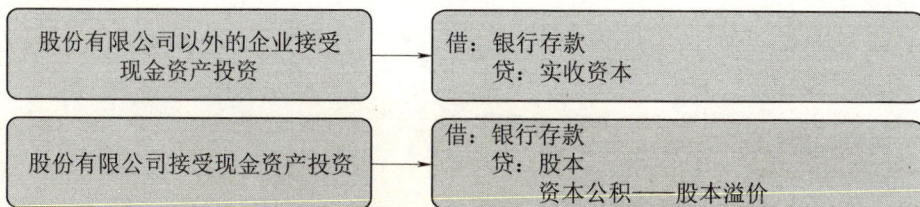

| 股份有限公司以外的企业接受现金资产投资 | → | 借：银行存款
　　贷：实收资本 |
| 股份有限公司接受现金资产投资 | → | 借：银行存款
　　贷：股本
　　　　资本公积——股本溢价 |

图 12-1　接受现金资产投资的账务处理

2. 接受非现金资产投资

企业接受固定资产、无形资产等非现金资产投资时，应按投资合同或协议约定的价值（不公允的除外）作为固定资产、无形资产的入账价值，按投资合同或协议约定的投资者在企业注册资本或股本中所占份额的部分作为实收资本或股本入账，投资合同或协议约定的价值（不公允的除外）超过投资者在企业注册资本或股本中所占份额的部分，计入资本公积。如图 12-2 所示。

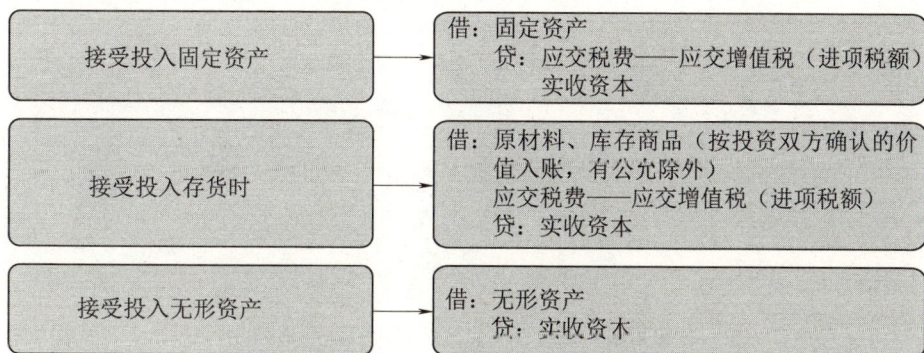

接受投入固定资产	→	借：固定资产 　　贷：应交税费——应交增值税（进项税额） 　　　　实收资本
接受投入存货时	→	借：原材料、库存商品（按投资双方确认的价值入账，有公允除外） 　　应交税费——应交增值税（进项税额） 　　贷：实收资本
接受投入无形资产	→	借：无形资产 　　贷：实收资木

图 12-2　接受非现金资产投资账务处理

【例 12-1】某一般纳税人企业注册资本为 2 000 000 元，为了扩大经营，先后接受了国家有关部门和外商的货币投资，分别作账务处理如下。

（1）收到主管部门拨款 800 000 元，存入银行。

借：银行存款 800 000

　　贷：实收资本——国家投资 800 000

（2）收到某外商作为联营投资资金 100 000 美元，存入银行，联营双方合同约定的折合比例为 1∶6.9。

借：银行存款——美元户 690 000

　　贷：实收资本——外商 690 000

3. 实收资本（或股本）变动

一般企业增加投资主要有三个途径，接受投资者追加投资、资本公积转增资本和盈余公积转增资本。

（1）实收资本或股本增加时，如图 12-3 所示。

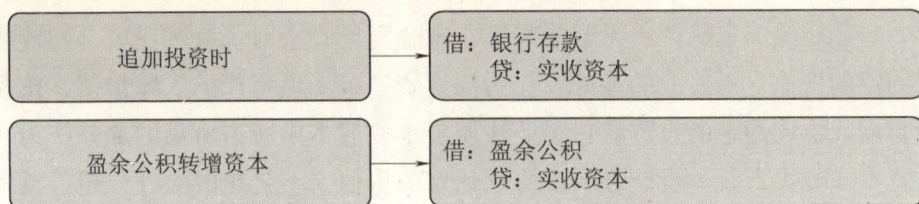

图 12-3　实收资本或股本增加的账务处理

（2）实收资本或股本减少，如图 12-4 所示。

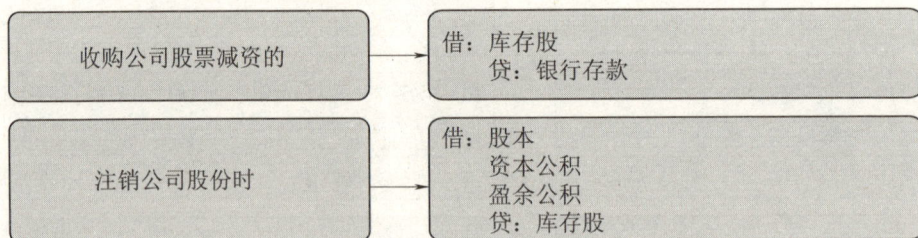

图 12-4　实收资本或股本减少的账务处理

如果购回股票支付的价款低于面值总额的，应按股票面值总额，借记"股本"科目，按所注销的库存股账面余额，贷记"库存股"科目，按其差额，贷记"资本公积——股本溢价"科目。

【例12-2】A股份有限公司截至2016年12月31日共发行股票4 000 000股，股票面值为1元，资本公积（股本溢价）2 000 000元，盈余公积2 000 000元。经股东大会批准，A公司以现金回购本公司股票4 000 000股并注销。假定A公司按照每股2元回购股票，不考虑其他因素。编制相关会计分录为：

库存股的成本＝4 000 000×2＝8 000 000（元）

借：库存股　　　　　　　　　　　　　　　　　8 000 000

　　贷：银行存款　　　　　　　　　　　　　　　　8 000 000

借：股本　　　　　　　　　　　　　　　　　　4 000 000

　　资本公积——股本溢价　　　　　　　　　　2 000 000

　　盈余公积　　　　　　　　　　　　　　　　2 000 000

　　贷：库存股　　　　　　　　　　　　　　　　　8 000 000

12.2　资本公积

资本公积是企业收到投资者出资额超出其在注册资本（或股本）中所占份额的部分，以及其他资本公积。

1. 资本公积的来源

形成资本溢价（或股本溢价）的原因有溢价发行股票、投资者超额缴入资本等。

其他资本公积是指除净损益、其他综合收益和利润分配以外所有者权益的其他变动。如企业的长期股权投资采用权益法核算时，因被投资单位除净损益、其他综合收益和利润分配以外所有者权益的其他变动，投资企业按应享有份额而增加或减少的资本公积。

此外，企业根据国家有关规定实行股权激励的，如果在等待期内取消了授予的权益工具，企业应在进行权益工具加速行权处理时，将剩余等待期内应确认的金额立即计入当期损益，并同时确认资本公积。

2. 资本公积的账务处理

资本公积科目代码为4002，见表12-2。

表 12-2　　　　　　　　　　　　资本公积会计科目编码的设置

科目代码	总分类科目（一级科目）	明细分类科目	
		二级明细科目	三级明细科目
4002	资本公积		
400201	资本公积	资本溢价	
400202	资本公积	股本溢价	
400203	资本公积	其他资本公积	接受捐赠
400204	资本公积	资产评估增值	

企业应通过"资本公积"科目核算资本公积的增减变动情况，分别在"资本溢价（股本溢价）""其他资本公积"两个二级科目进行明细核算。

股份公司设置的两个二级科目为"股本溢价""其他资本公积"，除股份公司外的其他公司设"资本溢价""其他资本公积"两个二级科目。

（1）资本溢价。

除股份公司外的其他类型的企业，投资者缴付的出资额大于注册资本产生的差额计入资本公积，如图 12-5 所示。

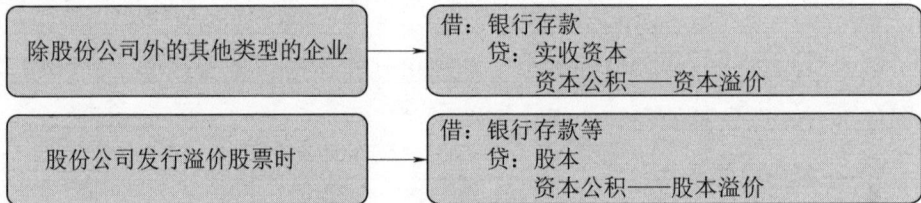

图 12-5　资本溢价的账务处理

（2）其他资本公积。

以因被投资单位除净损益、其他综合收益和利润分配以外的所有者权益的其他变动相关的资本公积核算，如图 12-6 所示。

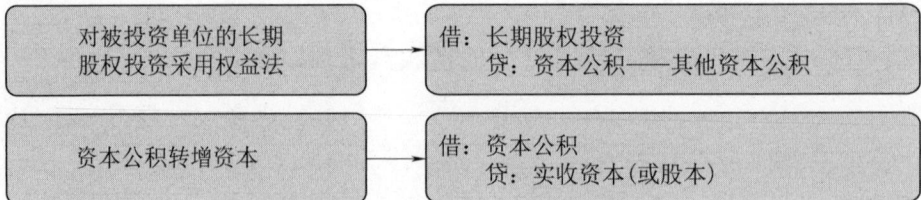

图 12-6　其他资本公积的账务处理

【例 12-3】 某一般纳税人企业向 A 公司投资转出一套设备，账面原值 92 000 元，累计折旧 21 000 元，重新评估确认的价值 72 000 元。企业转出固定资产时应编制如下会计分录。

借：长期投资——其他投资   72 000

  累计折旧   21 000

   贷：固定资产——防盗设备   92 000

     资本公积——法定资产重估增值   1 000

12.3 留存收益

留存收益是企业从历年实现的利润中提取或形成的留存于企业的内部积累，包括盈余公积和未分配利润两类。

1. 留存收益的组成

留存收益的内容包含：盈余公积和未分配利润。因盈余公积包括法定盈余公积和任意盈余公积，因此留存收益的内容也即是由法定盈余公积、任意盈余公积和未分配利润组成。主要内容见表 12-3。

表 12-3   留存收益的组成

盈余公积	法定盈余公积	是企业按照规定的比例从净利润中提取的盈余公积
	任意盈余公积	任意盈余公积是企业按照董事会或股东大会决议提取的盈余公积，企业提取的盈余公积可用于弥补亏损、扩大生产经营、转增资本或派送新股、分配股利等
未分配利润	是企业实现的净利润经过弥补亏损、提取盈余公积和向投资者分配利润后留存在企业的、历年结存的利润	

盈余公积科目的设置，见表 12-4。

表 12-4   盈余公积会计科目编码的设置

编号	会计科目名称	二级科目名称	明细科目名称
4101	盈余公积		
410101	盈余公积	法定公积金	弥补亏损
410102	盈余公积	任意公积金	转增资本
410103	盈余公积		归还利润
410104	盈余公积		分配股利

2. 留存收益的账务处理

（1）利润分配。

利润分配是企业根据国家有关规定和企业章程、投资者协议等，对企业当年可供分配的利润所进行的分配。

可供分配的利润＝企业当年实现的净利润（或净亏损）＋年初未分配利润（或年初未弥补亏损）＋其他转入

可供分配的利润，按下列顺序分配：①提取法定盈余公积；②提取任意盈余公积；③向投资者分配利润，如图 12-7 所示。

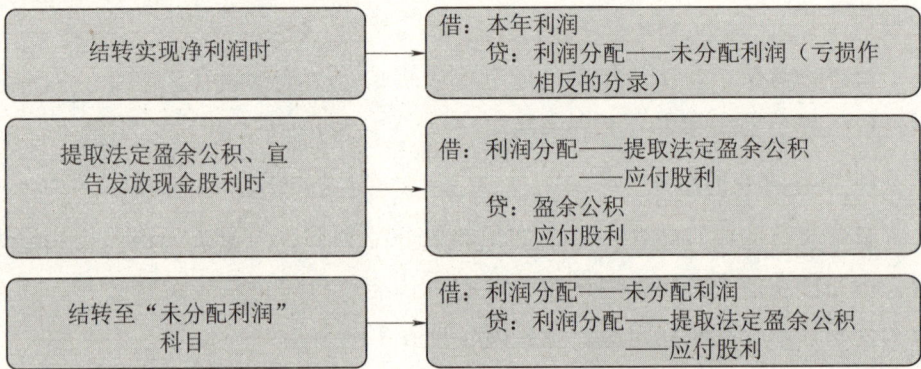

结转实现净利润时	→	借：本年利润 贷：利润分配——未分配利润（亏损作相反的分录）
提取法定盈余公积、宣告发放现金股利时	→	借：利润分配——提取法定盈余公积 　　　　　　——应付股利 贷：盈余公积 　　应付股利
结转至"未分配利润"科目	→	借：利润分配——未分配利润 贷：利润分配——提取法定盈余公积 　　　　　　——应付股利

图 12-7　利润分配的账务处理

（2）盈余公积。

企业应通过"盈余公积"科目，核算盈余公积提取、使用等情况，并分别"法定盈余公积""任意盈余公积"进行明细核算，如图 12-8 所示。

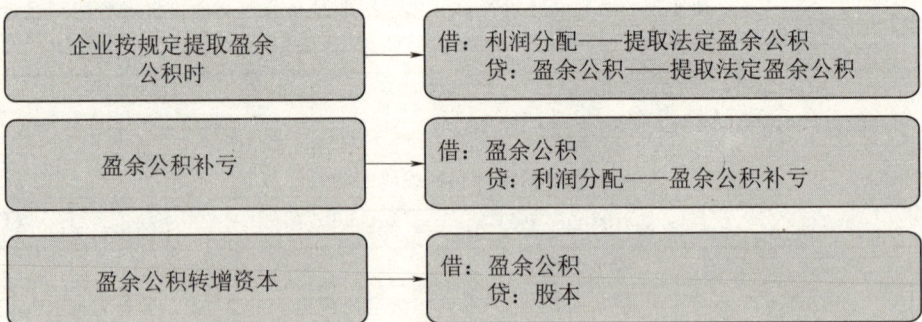

企业按规定提取盈余公积时	→	借：利润分配——提取法定盈余公积 贷：盈余公积——提取法定盈余公积
盈余公积补亏	→	借：盈余公积 贷：利润分配——盈余公积补亏
盈余公积转增资本	→	借：盈余公积 贷：股本

图 12-8　盈余公积的账务处理

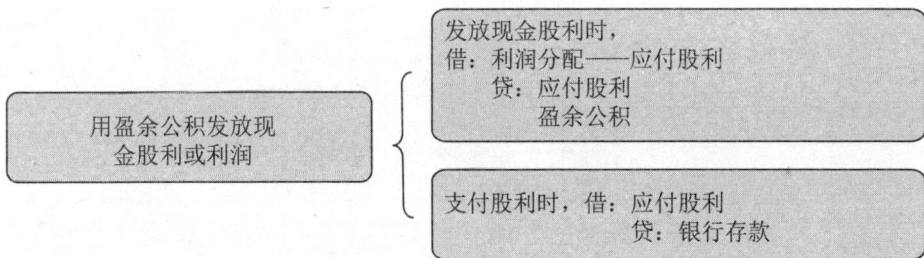

图 12-8 盈余公积的账务处理 （续）

年度终了，企业应将全年实现的净利润或发生的净亏损，自"本年利润"科目转入"利润分配——未分配利润"科目，并将"利润分配"科目所属其他明细科目的余额，转入"未分配利润"明细科目。结转后，"利润分配——未分配利润"科目如为贷方余额，表示累积未分配的利润数额；如为借方余额，则表示累积未弥补的亏损数额。

【例 12-4】 某一般纳税人企业 2016 年度的税后利润为 5 000 000 元，按规定 10％的比率提取法定公积金，按 5％的比率提取法定公益金，并根据股东大会决议按 2％的比率提取任意公积金。分录如下：

借：利润分配——提取公积金　　　　　　　　　　850 000
　　贷：盈余公积——法定公积金　　　　　　　　　500 000
　　　　　　　　——法定公益金　　　　　　　　　250 000
　　　　　　　　——任意盈余公积　　　　　　　　100 000

12.4　利润结转与分配

利润是企业在一定会计期间的经营成果。利润包括收入减去费用后的净额、直接计入当期利润的利得和损失等。

未计入当期利润的利得和损失扣除所得税影响后的净额计入其他综合收益项目。净利润与其他综合收益的合计金额为综合收益总额。

期末本年利润的结转，本年利润的会计分录有四个步骤，相关会计分录如图 12-9 所示。

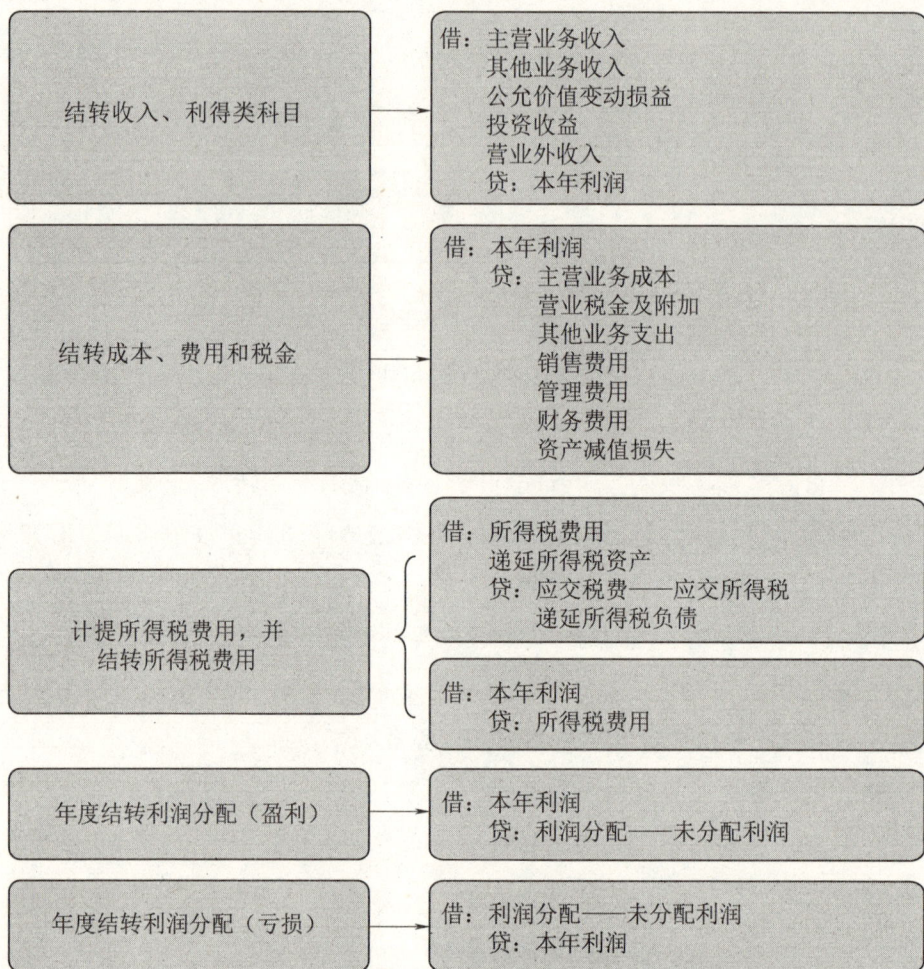

图 12-9　期末本年利润结转的会计处理

【例 12-5】2016 年 12 月 31 日，各损益类账户余额见表 12-5。

表 12-5　　　　　　　　　　损益类账户余额表

科目名称	余额方向	期末余额
主营业务收入	贷	1 760 000
主营业务成本	借	924 500
营业税金及附加	借	23 450
销售费用	借	28 620
管理费用	借	37 890
财务费用	借	12 730

（1）结转收入。

借：主营业务收入   1 760 000

  贷：本年利润   1 760 000

（2）结转成本费用。

借：本年利润   1 027 190

  贷：主营业务成本   924 500

    营业税金及附加   23 450

    销售费用   28 620

    管理费用   37 890

    财务费用   12 730

（3）转入利润分配。

借：本年利润   732 810

  贷：利润分配——未分配利润   732 810

（4）按 10% 提取法定盈余公积。

借：利润分配——提取法定盈余公积   73 281

  贷：盈余公积——法定盈余公积   73 281

（5）向投资者分配现金股利 350 000 元。

借：利润分配——未分配利润   350 000

  贷：应付股利   350 000

（6）结转"未分配利润"账户。

借：利润分配——未分配利润   423 281

  贷：利润分配——提取法定盈余公积   73 281

      ——应付股利   350 000

CHAPTER
THIRTEEN

第*13*章

房地产开发企业财务报告

　　财务报告是企业对外提供的反映企业某一特定日期的财务状况和某一会计期间的经营成果、现金流量等会计信息的文件。财务报告包括财务报表和其他应当在财务报告中披露的相关信息和资料。

　　一套完整的财务报表至少应当包括资产负债表、利润表、现金流量表、所有者权益（或股东权益）变动表以及附注。资产负债表、利润表和现金流量表分别从不同角度反映企业的财务状况、经营成果和现金流量。

13.1 资产负债表

13.1.1 资产负债表概述

资产负债表是反映企业在某一特定时期的财务状况的报表。资产负债表主要反映资产、负债和所有者权益三方面的内容，并满足"资产＝负债＋所有者权益"平衡式。

通过资产负债表，可以反映企业在某一特定日期所拥有或控制的经济资源、所承担的现时义务和所有者对净资产的要求权，帮助财务报表使用者全面了解企业的财务状况、分析企业的偿债能力等情况，从而为其作出经济决策提供依据。

资产负债表主要反映三个方面的内容，见表 13-1。

表 13-1 资产负债表项目

项目		内容
资产	流动资产	包括货币资金、交易性金融资产、应收票据、应收账款、预付款项、应收利息、应收股利、其他应收款、存货和一年内到期的非流动资产等
	非流动资产	包括长期股权投资、固定资产、在建工程、工程物资、固定资产清理、无形资产、开发支出、长期待摊费用以及其他非流动资产等

项　目		内　容
负债	流动负债	包括短期借款、应付票据、应付账款、预收款项、应付职工薪酬、应交税费、应付利息、应付股利、其他应付款、一年内到期的非流动负债等
	非流动负债	非流动负债是流动负债以外的负债，包括长期借款、应付债券和其他非流动负债等
所有者权益		一般按照实收资本、资本公积、其他综合收益、盈余公积和未分配利润分项列示

我国企业的资产负债表采用账户式结构。账户式资产负债表中的资产各项目的合计等于负债和所有者权益各项目的合计，即资产负债表左方和右方平衡。因此，通过账户式资产负债表，可以反映资产、负债、所有者权益之间的内在关系，即"资产＝负债＋所有者权益"。

我国企业资产负债表格式，见表 13-2。

表 13-2　　　　　　　　　　　　　　　资产负债表

编制单位：　　　　　　　　　　　年　月　日　　　　　　　　　　单位：元

资产	期末余额	年初余额	负债和所有者权益（或股东权益）	期末余额	年初余额
流动资产：			流动负债：		
货币资金			短期借款		
以公允价值计量且其变动计入当期损益的金融资产			以公允价值计量且其变动计入当期损益的金融负债		
应收票据			应付票据		
应收账款			应付账款		
预付款项			预收款项		
应收利息			应付职工薪酬		
应收股利			应交税费		
其他应收款			应付利息		
存货			应付股利		
一年内到期的非流动资产			其他应付款		

资产	期末余额	年初余额	负债和所有者权益（或股东权益）	期末余额	年初余额
其他流动资产			一年内到期的非流动负债		
流动资产合计			其他流动负债		
非流动资产：			流动负债合计		
可供出售金融资产			非流动负债：		
持有至到期投资			长期借款		
长期应收款			应付债券		
长期股权投资			长期应付款		
投资性房地产			专项应付款		
固定资产			预计负债		
在建工程			递延收益		
工程物资			递延所得税负债		
固定资产清理			其他非流动负债		
生产性生物资产			非流动负债合计		
油气资产			负债合计		
无形资产			所有者权益（或股东权益）：		
开发支出			实收资本（或股本）		
商誉			资本公积		
长期待摊费用			减：库存股		
递延所得税资产			其他综合收益		
其他非流动资产			盈余公积		
非流动资产合计			未分配利润		
			所有者权益（或股东权益）合计		
资产总计			负债和所有者权益（或股东权益）总计		

13.1.2　资产负债表的编制方法

资产负债表的各项目均需填列"年初余额"和"期末余额"两栏。

资产负债表"年初余额"栏内各项数字，应根据上年年末资产负债表的"期末余额"栏内所列数字填列。如果上年度资产负债表规定的各个项目的名称和内容与本年度不一致，应对上年年末资产负债表各项目的名称和数字按照本年度的规定进行调整，填入本表"年初余额"栏内。

资产负债表的"期末余额"栏内各项数字，其填列方法如下。

1. 根据总账科目的余额填列

资产负债表中的有些项目，可直接根据有关总账科目的余额填列，如"以公允价值计量且其变动计入当期损益的金融资产""短期借款""应付票据""应付职工薪酬"等项目；有些项目，则需根据几个总账科目的余额计算填列，如"货币资金"项目，需根据"库存现金""银行存款""其他货币资金"三个总账科目余额合计填列。

【例13-1】房天下地产有限公司2017年1月31日，科目余额表见表13-3。

表13-3   科目余额表

账户名称	期末借方余额（元）	账户名称	期末贷方余额（元）
库存现金	8 400	存货跌价准备	24 000
银行存款	6 500 000	累计折旧	168 000
其他货币资金	120 000	固定资产减值准备	32 000
原材料	450 000	累计摊销	42 000
周转材料	20 000	利润分配	150 000
固定资产	6 400 000	本年利润	3 400 000
无形资产	200 000		

根据表中资料，计算资产负债表时，期末余额栏按下列数值填列。

货币资金＝8 400＋6 500 000＋120 000＝6 628 400（元）

存货＝450 000＋20 000－24 000＝446 000（元）

固定资产＝6 400 000－168 000－32 000＝6 200 000（元）

无形资产＝200 000－42 000＝158 000（元）

未分配利润＝150 000＋3 400 000＝3 550 000（元）

2. 根据有关明细科目的余额计算填列

资产负债表中的有些项目，需要根据明细科目余额填列，如"应付账款"项目，需要分别根据"应付账款"和"预付账款"两科目所属明细科目的期末贷方余额计算填列。

【**例 13-2**】房天下地产有限公司 2017 年 1 月 31 日有关余额所属明细余额，见表 13-4。

表 13-4 明细账户余额表

账户名称	明细账户	借方余额（元）	贷方余额（元）
应收账款			
	亿鑫建筑公司	1 200 000	
	吉星工程公司	3 500 000	
	绿城水泥厂		180 000
预付账款			
	大宇水泥厂	580 000	
	力万钢材厂	210 000	
应付账款			
	亚达机械设备公司	436 000	
	理方塑钢厂		789 000
预收账款			
	立信压缩机厂		740 000
坏账准备			
	应收账款		32 000
	其他应收款		12 000

2017 年 1 月末，资产负债表中相关项目金额：

"应收账款"项目金额＝1 200 000＋3 500 000－32 000＝4 668 000（元）

"预收账款"项目金额＝180 000＋740 000＝920 000（元）

"预付账款"项目金额＝210 000＋580 000＋436 000＝1 226 000（元）

"应付账款"项目金额＝789 000（元）

3. 根据总账科目和明细账科目的余额分析计算填列

资产负债表的有些项目，需要依据总账科目和明细科目两者的余额分析填列，如"长期借款"项目，应根据"长期借款"总账科目余额扣除"长期借款"科目所属的明细科目中将在资产负债表日起一年内到期，且企业不能自主地将清偿义务展期的长期借款后的金额填列。

4. 根据有关科目余额减去其备抵科目余额后的净额填列

如资产负债表中的"应收账款""长期股权投资"等项目,应根据"应收账款""长期股权投资"等科目的期末余额减去"坏账准备""长期股权投资减值准备"等科目余额后的净额填列;"固定资产"项目,应根据"固定资产"科目期末余额减去"累计折旧";"固定资产减值准备"科目余额后的净额填列;"无形资产"项目,应根据"无形资产"科目期末余额减去"累计摊销""无形资产减值准备"科目余额后的净额填列。

5. 综合运用上述填列方法分析填列

如资产负债表中的"存货"项目,需根据"原材料""库存商品""委托加工物资""周转材料""材料采购""在途物资""发出商品""材料成本差异"等总账科目期末余额的分析汇总数,再减去"存货跌价准备"备抵科目余额后的金额填列。

"长期待摊费用"项目需要根据"长期待摊费用"总账科目余额扣除将在一年内摊销完毕的长期待摊费用后的金额计算填列。关于"未分配利润"项目,如果是在年末应该根据"利润分配——未分配利润"科目余额填列;如果是在非年末,则要根据"利润分配——未分配利润"和"本年利润"科目余额计算填列。

13.1.3 资产负债表的编制案例

1. 资产项目的填列说明,见表 13-5。

表 13-5   资产项目的填列说明

项目	填列说明
货币资金	本项目应根据"库存现金""银行存款""其他货币资金"科目期末余额的合计数填列
以公允价值计量且变动计入当期损益的金融资产	本项目应当根据"交易性金融资产"科目和在初始确认时指定为以公允价值计量且其变动计入当期损益的金融资产科目的期末余额填列
应收票据	本项目应根据"应收票据"科目的期末余额,减去"坏账准备"科目中有关应收票据计提的坏账准备期末余额后的净额填列

项　　目	填列说明
应收账款	本项目应根据"应收账款"和"预收账款"科目所属各明细科目的期末借方余额合计减去"坏账准备"科目中有关应收账款计提的坏账准备期末余额后的金额填列。如"应收账款"科目所属明细科目期末有贷方余额的，应在本表"预收款项"项目内填列
预付款项	本项目应根据"预付账款"和"应付账款"科目所属各明细科目的期末借方余额合计数，减去"坏账准备"科目中有关预付款项计提的坏账准备期末余额后的净额填列。如"预付账款"科目所属各明细科目期末有贷方余额的，应在资产负债表"应付账款"项目内填列
应收利息	本项目应根据"应收利息"科目的期末余额，减去"坏账准备"科目中有关应收利息计提的坏账准备期末余额后的净额填列
应收股利	本项目应根据"应收股利"科目的期末余额，减去"坏账准备"科目中有关应收股利计提的坏账准备期末余额后的净额填列
其他应收款	本项目应根据"其他应收款"科目的期末余额，减去"坏账准备"科目中有关其他应收款计提的坏账准备期末余额后的净额填列
存货	本项目应根据"材料采购""原材料""低值易耗品""库存商品""周转材料""委托加工物资""委托代销商品""生产成本"等科目的期末余额合计，减去"代销商品款""存货跌价准备"科目期末余额后的净额填列。材料采用计划成本核算，以及库存商品采用计划成本核算或售价核算的企业，还应按加或减材料成本差异、商品进销差价后的金额填列
一年内到期的非流动资产	本项目应根据有关科目的期末余额分析填列
长期股权投资	本项目应根据"长期股权投资"科目的期末余额，减去"长期股权投资减值准备"科目的期末余额后的净额填列
固定资产	本项目应根据"固定资产"科目的期末余额，减去"累计折旧"和"固定资产减值准备"科目期末余额后的净额填列
在建工程	本项目应根据"在建工程"科目的期末余额，减去"在建工程减值准备"科目期末余额后的净额填列
工程物资	本项目应根据"工程物资"科目的期末余额填列
固定资产清理	本项目应根据"固定资产清理"科目的期末借方余额填列，如"固定资产清理"科目期末为贷方余额，以"—"号填列
无形资产	本项目应根据"无形资产"的期末余额，减去"累计摊销"和"无形资产减值准备"科目期末余额后的金额填列

项　目	填列说明
开发支出	本项目应当根据"研发支出"科目中所属的"资本化支出"明细科目期末余额填列
长期待摊费用	本项目应根据"长期待摊费用"科目的期末余额减去将于一年内（含一年）摊销的数额后的金额分析填列
其他非流动资产	本项目应根据有关科目的期末余额填列

2. 负债项目的填列说明

（1）"短期借款"项目，反映企业向银行或其他金融机构等借入的期限在1年以下（含1年）的各种借款。本项目应根据"短期借款"科目的期末余额填列。

（2）"应付票据"项目，反映企业购买材料、商品和接受劳务供应等而开出、承兑的商业汇票，包括银行承兑汇票和商业承兑汇票。本项目应根据"应付票据"科目的期末余额填列。

（3）"应付账款"项目，反映企业因购买材料、商品和接受劳务供应等经营活动应支付的款项。本项目应根据"应付账款"和"预付账款"科目所属各明细科目的期末贷方余额合计数填列。如"应付账款"科目所属明细科目期末有借方余额的，应在资产负债表"预付款项"项目内填列。

（4）"预收款项"项目，反映企业按照销货合同规定预收供应单位的款项。本项目应根据"预收账款"和"应收账款"科目所属各明细科目的期末贷方余额合计数填列。如"预收账款"科目所属各明细科目期末有借方余额，应在资产负债表"应收账款"项目内填列。

（5）"应付职工薪酬"项目，反映企业根据有关规定应付给职工的工资、职工福利、社会保险费、住房公积金、工会经费、职工教育经费、非货币性福利、辞退福利等各种薪酬。外商投资企业按规定从净利润中提取的职工奖励及福利基金，也在本项目列示。

（6）"应交税费"项目，反映企业按照税法规定计算应交纳的各种税费，包括增值税、消费税、所得税、资源税、土地增值税、城市维护建设税、房产税、土地使用税、车船税、教育费附加、矿产资源补偿费等。企业代扣代缴的个人所得税，也通过本项目列示。企业所交纳的税金不需要预计应交数的，如印花税、耕地占用税等，不在本项目列示。本项目应根据"应交税费"

科目的期末贷方余额填列；如"应交税费"科目期末为借方余额，应以"—"号填列。

(7)"应付利息"项目，反映企业按照规定应当支付的利息，包括分期付息到期还本的长期借款应支付的利息、企业发行的企业债券应支付的利息等。本项目应当根据"应付利息"科目的期末余额填列。

(8)"应付股利"项目，反映企业应付的现金股利或利润，企业分配的股票股利，不通过本项目列示。本项目应根据"应付股利"科目的期末余额填列。

(9)"其他应付款"项目，反映企业除应付票据、应付账款、预收款项、应付职工薪酬、应付股利、应付利息、应交税费等经营活动以外的其他各项应付、暂收的款项。本项目应根据"其他应付款"科目的期末余额填列。

(10)"一年内到期的非流动负债"项目，反映企业非流动负债中将于资产负债表日后一年内到期部分的金额，如将于一年内偿还的长期借款。本项目应根据有关科目的期末余额分析填列。

(11)"长期借款"项目，反映企业向银行或其他金融机构借入的期限在1年以上（不含1年）的各项借款。本项目应根据"长期借款"科目的期末余额填列。

(12)"应付债券"项目，反映企业为筹集长期资金而发行的债券本金（和利息）。本项目应根据"应付债券"科目的期末余额填列。

(13)"其他非流动负债"项目，反映企业除长期借款、应付债券等项目以外的其他非流动负债。本项目应根据有关科目的期末余额填列。其他非流动负债项目应根据有关科目期末余额减去将于1年内（含1年）到期偿还数后的余额分析填列。非流动负债各项目中将于1年内（含1年）到期的非流动负债，应在"一年内到期的非流动负债"项目内反映。

3. 所有者权益项目的填列说明

(1)"实收资本（或股本）"项目，反映企业各投资者实际投入的资本（或股本）总额。本项目应根据"实收资本"（或"股本"）科目的期末余额填列。

(2)"资本公积"项目，反映企业资本公积的期末余额。本项目应根据"资本公积"科目的期末余额填列。

(3)"盈余公积"项目，反映企业盈余公积的期末余额。本项目应根据

"盈余公积"科目的期末余额填列。

（4）"未分配利润"项目，反映企业尚未分配的利润。本项目应根据"本年利润"科目和"利润分配"科目的余额计算填列。未弥补的亏损在本项目内以"—"号填列。

【例 13-3】2017 年 1 月 31 日，房天下地产有限公司总账及明细余额，见表 13-6。

表 13-6 总账及明细账期末余额表

资产账户	总账及明细账期末余额		负债及权益账户	总账及明细账期末余额	
	借方余额	贷方余额		借方余额	贷方余额
库存现金	6 400		短期借款		3 600 000
银行存款	4 736 000		应付票据		1 580 000
工商银行	3 450 000		应付账款		353 000
中国银行	1 286 000		亚达机械设备公司	436 000	
其他货币资金	1 790 000		理方塑钢厂		789 000
银行汇票	540 000		预收账款		740 000
信用证存款	1 250 000		立信压缩机厂		740 000
应收票据	340 000		应付职工薪酬		2 185 000
应收账款	4 520 000		应付税费		1 849 000
亿鑫建筑公司	1 200 000		长期借款		3 260 000
吉星工程公司	3 500 000		工程结算		9 865 300
绿城水泥厂		180 000	实收资本		10 000 000
预付账款	790 000		盈余公积		2 984 500
大宇水泥厂	580 000		利润分配		8 329 700
力万钢材厂	210 000		应付利息		39 000
坏账准备		32 000	其他应付款		11 800
其他应收款	23 800		长期应付款		840 000
		12 000			
工程施工	12 342 500				
原材料	942 300				
库存商品					

资产账户	总账及明细账期末余额		负债及权益账户	总账及明细账期末余额	
	借方余额	贷方余额		借方余额	贷方余额
周转材料	245 800				
固定资产	9 246 190				
累计折旧		3 295 000			
在建工程	459 700				
无形资产	486 532				
累计摊销		217 800			

（1）分析计算填列的项目如下：

"货币资金"项目期末金额＝6 400＋4 736 000＋1 790 000＝6 532 400（元）

"存货"项目期末金额＝942 300＋245 800＋（12 342 500－9 865 300）＝3 665 300（元）

"固定资产"项目期末金额＝9 246 190－3 295 000＝5 951 190（元）

"无形资产"项目期末金额＝486 532－217 800＝268 732（元）

"应收账款"项目金额＝1 200 000＋3 500 000－32 000＝4 668 000（元）

"预收账款"项目金额＝180 000＋740 000＝920 000（元）

"预付账款"项目金额＝210 000＋580 000＋436 000＝1 226 000（元）

"应付账款"项目金额＝789 000（元）

"其他应收款"项目期末金额＝23 800－12 000＝11 800（元）

（2）其他项目根据总账余额直接填列。

根据上述资料，编制资产负债表。见表13-7。

表13-7　　　　　　　　　　　　　资产负债表

编制单位：房天下地产有限公司　　　　2017年1月31日　　　　　　　单位：元

资　　　产	期末余额	年初余额	负债和所有者权益（或股东权益）	期末余额	年初余额
流动资产：			流动负债：		
货币资金	6 532 400	543 000	短期借款	3 400 000	4 000 000
以公允价值计量且其变动计入当期损益的金融资产			以公允价值计量且其变动计入当期损益的金融负债		

资　　　产	期末余额	年初余额	负债和所有者权益 （或股东权益）	期末余额	年初余额
应收票据	340 000	280 000	应付票据	1 580 000	1 386 000
应收账款	4 668 000	5 320 000	应付账款	789 000	942 300
预付款项	1 226 000	1 172 000	预收款项	920 000	1 020 000
应收利息			应付职工薪酬	2 185 000	3 126 000
应收股利			应交税费	1 849 000	1 235 890
其他应收款	11 800	123 000	应付利息	39 000	54 800
存货	3 665 300	4 237 900	应付股利		
一年内到期的非流动资产			其他应付款	11 800	25 700
其他流动资产			一年内到期的非流动负债		
流动资产合计	16 443 500	11 675 900	其他流动负债		
非流动资产：			流动负债合计	10 773 800	11 790 690
可供出售金融资产			非流动负债：		
持有至到期投资			长期借款	3 260 000	2 430 000
长期应收款	584 500	320 000	应付债券		
长期股权投资			长期应付款	840 000	562 800
投资性房地产			专项应付款		
固定资产	5 951 190	6 240 000	预计负债		
在建工程	8 960 000	9 386 201	递延收益		
工程物资	1 792 389	1 458 000	递延所得税负债		
固定资产清理			其他非流动负债		
生产性生物资产			非流动负债合计	4 100 000	2 992 800
油气资产			负债合计	14 873 800	14 783 490
无形资产	268 732	324 500	所有者权益（或股东权益）：		
开发支出	689 300	784 500	实收资本（或股本）	10 000 000	10 000 000

资　　产	期末余额	年初余额	负债和所有者权益（或股东权益）	期末余额	年初余额
商誉	1 498 389	1 498 389	资本公积		
长期待摊费用			减：库存股		
递延所得税资产			其他综合收益		
其他非流动资产			盈余公积	2 984 500	1 250 000
非流动资产合计	19 744 500	20 011 590	未分配利润	8 329 700	5 654 000
			所有者权益（或股东权益）合计	21 314 200	16 904 000
资产总计	36 188 000	31 687 490	负债和所有者权益（或股东权益）总计	36 188 000	31 687 490

13.2　利润表

13.2.1　利润表概述

利润表是反映企业在一定会计期间的经营成果的报表。

通过利润表，可以反映企业在一定会计期间收入、费用、利润（或亏损）、其他综合收益的数额、构成情况，帮助财务报表使用者全面了解企业的经营成果，分析企业的获利能力及盈利增长趋势，从而为其作出经济决策提供依据。

1. 利润表的结构

我国企业的利润表采用多步式格式，分以下五个步骤编制。

第一步，以营业收入为基础，减去营业成本、税金及附加、销售费用、管理费用、财务费用、资产减值损失，加上公允价值变动收益（减去公允价值变动损失）和投资收益（减去投资损失），计算出营业利润。

第二步，以营业利润为基础，加上营业外收入，减去营业外支出，计算出利润总额。

第三步，以利润总额为基础，减去所得税费用，计算出净利润（或净亏损）。

我国企业利润表格式，见表13-8。

表 13-8　　　　　　　　　　　　利润表

编制单位：　　　　　　　　　　年　月　　　　　　　　　　单位：元

项　　目	本期金额	上期金额
一、营业收入		
减：营业成本		
税金及附加		
销售费用		
管理费用		
财务费用		
资产减值损失		
加：公允价值变动收益（损失以"—"号填列）		
投资收益（损失以"—"号填列）		
其中：对联营企业和合营企业的投资收益		
二、营业利润（亏损以"—"号填列）		
加：营业外收入		
其中：非流动资产处置损失		
减：营业外支出		
其中：非流动资产处置损失		
三、利润总额（亏损总额以"—"号填列）		
减：所得税费用		
四、净利润（净亏损以"—"号填列）		
五、其他综合收益的税后净额		
（一）以后不能重分类进损益的其他综合收益		
1.重新计量设定受益计划负债或净资产的变动		
2.权益法下在被投资单位不能重分类的其他综合收益中享有的份额		

项　　目	本期金额	上期金额
……		
（二）以后将重分类进损益的其他综合收益		
1. 权益法下在被投资单位以后将重分类进损益的其他综合收益中享有的份额		
2. 可供出售金融资产公允价值变动损益		
3. 持有至到期投资重分类为可供出售金融资产损益		
4. 现金流量套期损益的有效部分		
5. 外币财务报表折算差额		
……		
六、综合收益总额		
七、每股收益		
（一）基本每股收益		
（二）稀释每股收益		

2. 利润表的编制

利润表各项目均需填列"本期金额"和"上期金额"两栏。利润表"本期金额""上期金额"栏内各项数字，应当按照相关科目的发生额分析填列。

利润表项目的填列说明，见表 13-9。

表 13-9　　　　　　　　　　　　利润表项目填列说明

营业收入	本项目应根据"主营业务收入"和"其他业务收入"科目的发生额分析填列
营业成本	本项目应根据"主营业务成本"和"其他业务成本"科目的发生额分析填列
税金及附加	本项目应根据"税金及附加"科目的发生额分析填列
销售费用	本项目应根据"销售费用"科目的发生额分析填列
管理费用	本项目应根据"管理费用"科目的发生额分析填列
财务费用	本项目应根据"财务费用"科目的发生额分析填列
资产减值损失	本项目应根据"资产减值损失"科目发生额分析填列
公允价值变动收益	本项目应根据"公允价值变动损益"科目的发生额分析填列，如为净损失，本项目以"一"号填列

投资收益	本项目应根据"投资收益"科目的发生额分析填列。如为投资损失，本项目用"—"号填列
营业利润	反映企业实现的营业利润。如为亏损，本项目以"—"号填列
营业外收入	本项目应根据"营业外收入"科目的发生额分析填列
营业外支出	本项目应根据"营业外支出"科目的发生额分析填列
利润总额	反映企业实现的利润。如为亏损，本项目以"—"号填列
所得税费用	本项目应根据"所得税费用"科目的发生额分析填列
净利润	反映企业实现的净利润。如为亏损，本项目以"—"号填列
每股收益	包括基本每股收益和稀释每股收益两项指标，反映普通股或潜在普通股已公开交易的企业，以及正在公开发行普通股或潜在普通股过程中的企业的每股收益信息
其他综合收益	反映企业根据企业会计准则规定未在损益中确认的各项利得和损失扣除所得税影响后的净额
综合收益总额	反映企业净利润与其他综合收益的合计金额

13.2.2 利润表编制案例

【例13-4】房天下地产有限公司2017年1月31日损益类账户发生额，见表13-10。

表13-10 账户发生额

账户名称	借方发生额（元）	贷方发生额（元）
主营业务收入		74 500 000
主营业务成本	41 280 000	
其他业务收入		2 540 000
其他业务成本	1 260 000	
税金及附加	74 580	
销售费用		
管理费用	869 320	
财务费用	125 600	
投资收益		
营业外收入		32 800
营业外支出	26 540	
资产减值损失	44 000	
所得税费用	8 028 212.5	

根据上述资料，编制 2017 年 1 月利润表，见表 13-11。

表 13-11　　　　　　　　　　　　　　　利润表

编制单位：房天下地产有限公司　　　　　2017 年 1 月　　　　　　　　　　单位：元

项　　目	本期金额	上期金额
一、营业收入	74 500 000	
减：营业成本	41 280 000	
税金及附加	74 580	
销售费用		
管理费用	869 320	
财务费用	125 600	
资产减值损失	44 000	
加：公允价值变动收益（损失以"－"号填列）		
投资收益（损失以"－"号填列）		
其中：对联营企业和合营企业的投资收益		
二、营业利润（亏损以"－"号填列）	32 146 500	
加：营业外收入	32 800	
其中：非流动资产处置损失		
减：营业外支出	26 540	
其中：非流动资产处置损失		
三、利润总额（亏损总额以"－"号填列）	32 152 760	
减：所得税费用	8 028 212.5	
四、净利润（净亏损以"－"号填列）	24 124 547.50	
五、其他综合收益的税后净额		
（一）以后不能重分类进损益的其他综合收益		
1. 重新计量设定受益计划负债或净资产的变动		
2. 权益法下在被投资单位不能重分类的其他综合收益中享有的份额		
……		
（二）以后将重分类进损益的其他综合收益		
1. 权益法下在被投资单位以后将重分类进损益的其他综合收益中享有的份额		

项　　目	本期金额	上期金额
2. 可供出售金融资产公允价值变动损益		
3. 持有至到期投资重分类为可供出售金融资产损益		
4. 现金流量套期损益的有效部分		
5. 外币财务报表折算差额		
……		
六、综合收益总额		
七、每股收益		
（一）基本每股收益		
（二）稀释每股收益		

13.3　现金流量表

现金流量表是反映企业在一定会计期间现金和现金等价物流入和流出的报表。

13.3.1　现金流量表概述

1. 现金流量表含义

现金流量是一定会计期间内企业现金和现金等价物的流入和流出。企业从银行提取现金、用现金购买短期到期的国库券等现金和现金等价物之间的转换不属于现金流量。

现金是企业库存现金以及可以随时用于支付的存款，包括库存现金、银行存款和其他货币资金（如外埠存款、银行汇票存款、银行本票存款）等。不能随时用于支付的存款不属于现金。

现金等价物是企业持有的期限短、流动性强、易于转换为已知金额现金、价值变动风险很小的投资。期限短，一般是指从购买日起三个月内到期。现金等价物通常包括三个月内到期的债券投资等。权益性投资变现的金额通常不确定，因而不属于现金等价物。企业应当根据具体情况，确定现金等价物的范围，一经确定不得随意变更。

企业产生的现金流量分为三类，主要内容见表 13-12。

表 13-12　　　　　　　　　　　企业产生的三类现金流量

经营活动产生的现金流量	经营活动是企业投资活动和筹资活动以外的所有交易和事项。经营活动主要包括销售商品或提供劳务、购买商品、接受劳务、支付工资和交纳税款等流入和流出现金及现金等价物的活动或事项
投资活动产生的现金流量	投资活动是企业长期资产的购建和不包括在现金等价物范围内的投资及其处置活动。投资活动主要包括购建固定资产、处置子公司及其他营业单位等流入和流出现金及现金等价物的活动或事项
筹资活动产生的现金流量	筹资活动是导致企业资本及债务规模和构成发生变化的活动。筹资活动主要包括吸收投资、发行股票、分配利润、发行债券、偿还债务等流入和流出现金及现金等价物的活动或事项。偿付应付账款、应付票据等商业应付款等属于经营活动，不属于筹资活动

2. 现金流量表的结构

我国企业现金流量表采用报告式结构，分类反映经营活动产生的现金流量、投资活动产生的现金流量和筹资活动产生的现金流量，最后汇总反映企业某一期间现金及现金等价物的净增加额。我国企业现金流量表的格式，见表 13-13。

表 13-13　　　　　　　　　　　现金流量表

编制单位：　　　　　　　　　　年　　月　　　　　　　　　　单位：元

项　　目	本期金额	上期金额
一、经营活动产生的现金流量		
销售商品、提供劳务收到的现金		
收到的税费返还		
收到其他与经营活动有关的现金		
经营活动现金流入小计		
购买商品、接受劳务支付的现金		
支付给职工以及为职工支付的现金		
支付的各项税费		

项　　目	本期金额	上期金额
支付其他与经营活动有关的现金		
经营活动现金流出小计		
经营活动产生的现金流量净额		
二、投资活动产生的现金流量		
收回投资收到的现金		
取得投资收益收到的现金		
处置固定资产、无形资产和其他长期资产收回的现金净额		
处置子公司及其他营业单位收到的现金净额		
收到其他与投资活动有关的现金		
投资活动现金流入小计		
购建固定资产、无形资产和其他长期资产支付的现金		
投资支付的现金		
取得子公司及其他营业单位支付的现金净额		
支付其他与投资活动有关的现金		
投资活动现金流出小计		
投资活动产生的现金流量净额		
三、筹资活动产生的现金流量		
吸收投资收到的现金		
取得借款收到的现金		
收到其他与筹资活动有关的现金		
筹资活动现金流入小计		
偿还债务支付的现金		
分配股利、利润或偿付利息支付的现金		
支付其他与筹资活动有关的现金		
筹资活动现金流出小计		
筹资活动产生的现金流量净额		
四、汇率变动对现金及现金等价物的影响		
五、现金及现金等价物净增加额		
加：期初现金及现金等价物余额		
六、期末现金及现金等价物余额		

13.3.2 现金流量各项目计算方法

1. 经营活动产生的现金流量项目计算

经营活动产生的现金流量净额计算。经营活动产生的现金流量净额的各个子项目计算方法具体见表 13-14。

（1）销售商品、提供劳务收到的现金。

表 13-14   **经营活动产生的现金流量净额计算**

项　目	计算公式
销售商品、提供劳务收到的现金	利润表中主营业务收入×（1＋17%）＋利润表中其他业务收入＋（应收票据期初余额－应收票据期末余额）＋（应收账款期初余额－应收账款期末余额）＋（预收账款期末余额－预收账款期初余额）－计提的应收账款坏账准备期末余额
收到的税费返还	（应收补贴款期初余额－应收补贴款期末余额）＋补贴收入＋所得税本期贷方发生额累计数
收到的其他与经营活动有关的现金	营业外收入相关明细本期贷方发生额＋其他业务收入相关明细本期贷方发生额＋其他应收账款相关明细本期贷方发生额＋其他应付账款相关明细本期贷方发生额＋银行存款利息收入
购买商品、接受劳务支付的现金	［利润表中主营业务成本＋（存货期末余额－存货期初余额）］×（1＋17%）＋其他业务支出（剔除税金）＋（应付票据期初余额－应付票据期末余额）＋（应付账款期初余额－应付账款期末余额）＋（预付账款期末余额－预付账款期初余额）
支付给职工以及为职工支付的现金	"应付职工薪酬"科目本期借方发生额累计数
支付的各项税费	"应交税费"各明细账户本期借方发生额累计数＋"其他应交款"各明细账户借方数
支付的其他与经营活动有关的现金	营业外支出（剔除固定资产处置损失）＋管理费用（剔除工资、福利费、劳动保险金、待业保险金、住房公积金、养老保险、医疗保险、折旧、坏账准备或坏账损失、列入的各项税金等）＋销售费用、成本及制造费用（剔除工资、福利费、劳动保险金、待业保险金、住房公积金、养老保险、医疗保险等）＋其他应收款本期借方发生额＋其他应付款本期借方发生额＋银行手续费

【例13-5】2016 年 12 月，房天下地产有限公司增值税专用发票上注明的不含税金额为 1 180 000 元，租金收入 240 000 元，应收票据期初余额为 320 000元，期末余额为 210 000 元；应收账款期初余额为 8 950 000 元，期末余额为 4 359 000 元；本月核销坏账损失为 32 000 元。

本期销售商品提供劳务收到的现金（1 180 000＋240 000）1 420 000

加：本期收到前期的应收票据（320 000－210 000）110 000

本期收到前期的应收账款（8 950 000－4 359 000－32 000）4 559 000

本期销售商品、提供劳务收到的现金 6 089 000

（2）收到的税费返回。

"收到的税费返还"项目，反映企业收到返还的各种税费，如收到的增值税、所得税、消费税、关税和教育费附加返还款等。本项目可以根据有关科目的记录分析填列。

【例13-6】2016 年 12 月，房天下地产有限公司扣缴所得税 8 028 212.5 元，本月应交所得税款 6 324 390 元，月末收到所得税返还款 1 703 822.5，已存入银行。

本期收到的税费返还　1 703 822.5

（3）收到的其他与经营有关的现金。

"收到的其他与经营活动有关的现金"项目，反映企业除上述各项目外，收到的其他与经营活动有关的现金，如罚款收入、经营租赁固定资产收到的现金、投资性房地产收到的租金收入、流动资产损失中由个人赔偿的现金收入、除税费返还外的其他政府补助收入等。其他现金流入如价值较大的，应单列项目反映。

本项目可以根据"库存现金""银行存款""营业外收入""管理费用""销售费用"等科目的记录分析填列。

【例13-7】房天下地产有限公司收到出租设备收入 53 400 元。

收到的其他与经营活动有关的现金为 53 400 元。

（4）购买商品、接受劳务支付的现金。

"购买商品、接受劳务支付的现金"项目，反映企业购买材料、商品、接受劳务实际支付的现金，包括支付的货款以及与货款同时支付的增值税进项税额，具体包括：本期购买商品、接受劳务支付的现金，以及本期支付前期购买商品、接受劳务的未付款项和本期预付款项，减去本期发生的购货退回收到的现金。为购置存货而发生的借款利息资本化部分，应在"分配股利、利润或偿付利息支付的现金"项目中反映。企业购买材料和代购代销业务支付的现金，也在本项目反映。

本项目可以根据"库存现金""银行存款""应付票据""应付账款""预付账款""主营业务成本""其他业务支出"等科目的记录分析填列。

【例13-8】房天下地产有限公司本期购买砂石及水泥，收到的专用发票上注明价款为 1 250 000 元；应付账款月初余额为 640 000 元，月末余额为 780 000 元；应付票据月初余额为 380 000 元，月末余额为 450 000 元；预付账款期初余额为 269 000 元，期末余额为 378 000 元；购买工程用物资 230 000 元，货款已通过银行转账支付。

本期购买商品、接受劳务支付的现金计算如下：

本期购买砂石及水泥支付的价款　1 250 000

加：本期支付的前期应付账款：(640 000－780 000)　－140 000

本期支付的前期应付票据 (380 000－450 000)　－70 000

本期预付货款 (378 000－269 000)　109 000

本期购买商品、接受劳务支付的现金　1 149 000

(5) 支付给职工以及为职工支付的现金。

"支付给职工以及为职工支付的现金"项目，反映企业实际支付给职工的现金以及为职工支付的现金，包括企业为获得职工提供的服务，本期实际给予各种形式的报酬以及其他相关支出，如支付给职工的工资、奖金、各种津贴和补贴，为职工支付的医疗、养老、失业、工伤、生育等社会保险基金、补充养老保险、住房公积金，为职工交纳的商业保险金，因解除与职工劳动关系给予的补偿，现金结算的股份支付，以及支付给职工或为职工支付的其他福利费用等，不包括支付给在建工程人员的工资。支付的在建工程人员的工资，在"购建固定资产、无形资产和其他长期资产所支付的现金"项目中反映。应根据职工的工作性质和服务对象，分别在"购建固定资产、无形资产和其他长期资产所支付的现金"和"支付给职工以及为职工支付的现金"项目中反映。

本项目可以根据"库存现金""银行存款""应付职工薪酬"等科目的记录分析填列。

【例13-9】房天下地产有限公司本期实际支付工资840 000元，其中工程施工人员工资 350 000 元，管理人员工资 450 000 元。本公司职工宿舍楼施工人员工资 40 000 元；按工资总额的 10％缴纳保险费；按照工资总额 1％支付误餐费。

支付给职工的工资（350 000＋450 000）   800 000

加：支付的保险费（800 000×10％）   80 000

支付的误餐费用（800 000×1％）   8 000

支付给职工以及为职工支付的现金   888 000

（6）支付的各项税费。

"支付的各项税费"项目，反映企业按规定支付的各项税费，包括本期发生并支付的税费，以及本期支付以前各期发生的税费和预交的税金，如支付的增值税、消费税、所得税、教育费附加、印花税、房产税、土地增值税、车船使用税等。不包括本期退回的增值税、所得税。本期退回的增值税、所得税等，在"收到的税费返还"项目中反映。本项目可以根据"应交税费""库存现金""银行存款"等科目的记录分析填列。

【例 13-10】12 月，房天下地产有限公司支付的增值税、城建税、教育费附加、所得税、印花税、车船税等税款共计 423 400 元，本期向税务机关缴纳上月补缴所得税 76 000 元。

本期支付的各项税费计算如下：

本期发生并缴纳的税款   423 400

前期发生本期补缴的所得税额   76 000

本期支付的各项税费   499 400

2. 投资活动产生的现金流量项目计算

投资活动产生的现金流量净额计算。投资活动产生的现金流量净额各个子项目计算方法具体见表 13-15。

表 13-15   投资活动产生的现金流量净额计算

项 目	计算公式
收回投资所收到的现金	（短期投资期初数－短期投资期末数）＋（长期股权投资期初数－长期股权投资期末数）＋（长期债权投资期初数－长期债权投资期末数）
取得投资收益所收到的现金	利润表投资收益－（应收利息期末数－应收利息期初数）－（应收股利期末数－应收股利期初数）

项　目	计算公式
处置固定资产、无形资产和其他长期资产所收回的现金净额	"固定资产清理"的贷方余额＋（无形资产期末数－无形资产期初数）＋（其他长期资产期末数－其他长期资产期初数）
收到的其他与投资活动有关的现金	如收回融资租赁设备本金等
购建固定资产、无形资产和其他长期资产所支付的现金	（在建工程期末数－在建工程期初数）（剔除利息）＋（固定资产期末数－固定资产期初数）＋（无形资产期末数－无形资产期初数）＋（其他长期资产期末数－其他长期资产期初数）
投资所支付的现金	（短期投资期末数－短期投资期初数）＋（长期股权投资期末数－长期股权投资期初数）（剔除投资收益或损失）＋（长期债权投资期末数－长期债权投资期初数）（剔除投资收益或损失）
支付的其他与投资活动有关的现金	如投资未按期到位罚款

(1)"收回投资收到的现金"项目，反映企业出售、转让或到期收回除现金等价物以外的交易性金融资产、持有至到期投资、可供出售金融资产、长期股权投资等而收到的现金。不包括债权性投资收回的利息、收回的非现金资产，以及处置子公司及其他营业单位收到的现金净额。债权性投资收回的本金，在本项目反映，债权性投资收回的利息，不在本项目中反映，而在"取得投资收益所收到的现金"项目中反映。处置子公司及其他营业单位收到的现金净额单设项目反映。

本项目可以根据"交易性金融资产""持有至到期投资""可供出售金融资产""长期股权投资""库存现金""银行存款"等科目的记录分析填列。

【例 13-11】房天下地产有限公司出售明珠公司的股票，收到的金额为126 800元；出售用过的碎石机，收到价款43 200 元。

本期收回投资所收到的现金　126 800

(2) 取得投资收益收到的现金。

"取得投资收益收到的现金"项目，反映企业因股权性投资而分得的现金股利，因债权性投资而取得的现金利息收入。

本项目可以根据"应收股利""应收利息""投资收益""库存现金""银

行存款"等科目的记录分析填列。

（3）"处置固定资产、无形资产和其他长期资产收回的现金净额"项目，反映企业出售固定资产、无形资产和其他长期资产（如投资性房地产）所取得的现金，减去为处置这些资产而支付的有关税费后的净额。

本项目可以根据"固定资产清理""库存现金""银行存款"等科目的记录分析填列。

（4）购建固定资产、无形资产和其他长期资产支付的现金。

"购建固定资产、无形资产和其他长期资产支付的现金"项目，反映企业购买、建造固定资产，取得无形资产和其他长期资产（如投资性房地产）支付的现金（含增值税款），以及用现金支付的应由在建工程和无形资产负担的职工薪酬。

本项目可以根据"固定资产""在建工程""工程物资""无形资产""库存现金""银行存款"等科目的记录分析填列。

【例 13-12】2016 年 12 月，购入五台挖掘机，价款共计 1 500 000 元，货款已付。购买工程物资 450 000 元；在建工程工人工资 53 400 元。

本期购建固定资产、无形资产和其他长期资产支付的现金计算如下：

购买挖掘机支付的现金　1 500 000

加：为在建工程购买材料支付的现金　450 000

在建工程人员工资及费用　53 400

本期购建固定资产、无形资产和其他长期资产支付的现金　2 003 400

（5）投资支付的现金。

"投资支付的现金"项目，反映企业进行权益性投资和债权性投资所支付的现金，包括企业取得的除现金等价物以外的交易性金融资产、持有至到期投资、可供出售金融资产而支付的现金，以及支付的佣金、手续费等交易费用。

本项目可根据"交易性金融资产""持有至到期投资""可供出售金融资产""投资性房地产""长期股权投资""库存现金""银行存款"等科目的记录分析填列。

（6）支付的其他与投资活动有关的现金。

"支付的其他与投资活动有关的现金"项目，反映企业除上述各项目外，支付的其他与投资活动有关的现金流出。其他与投资活动有关的现金，如果价值较大的，应单列项目反映。

3. 筹资活动产生的现金流量有关项目的计算

融资活动产生的现金流量净额计算。融资活动产生的现金流量净额各个子项目计算方法具体见表 13-16。

表 13-16　　　　　　　　融资活动产生的现金流量净额计算

项　　目	计算公式
吸收投资所收到的现金	（实收资本或股本期末数－实收资本或股本期初数）＋（应付债券期末数－应付债券期初数）
借款收到的现金	（短期借款期末数－短期借款期初数）＋（长期借款期末数－长期借款期初数）
收到的其他与融资活动有关的现金	如投资人未按期缴纳股权的罚款现金收入等
偿还债务所支付的现金	（短期借款期初数－短期借款期末数）＋（长期借款期初数－长期借款期末数）（剔除利息）＋（应付债券期初数－应付债券期末数）（剔除利息）
分配股利、利润或偿付利息所支付的现金	应付股利借方发生额＋利息支出＋长期借款利息＋在建工程利息＋应付债券利息－预提费用中"计提利息"贷方余额－票据贴现利息支出
支付的其他与融资活动有关的现金	如发生融资费用所支付的现金、融资租赁所支付的现金、减少注册资本所支付的现金（收购本公司股票，退还联营单位的联营投资等）、企业以分期付款方式购建固定资产，除首期付款支付的现金以外的其他各期所支付的现金等

（1）"吸收投资收到的现金"项目，反映企业以发行股票、债券等方式筹集资金实际收到的款项净额（发行收入减去支付的佣金等发行费用后的净额）。

本项目可以根据"实收资本（或股本）""资本公积""库存现金""银行存款"等科目的记录分析填列。

（2）借款收到的现金。

"取得借款收到的现金"项目，反映企业举借各种短期、长期借款而收到的现金。

本项目可以根据"短期借款""长期借款""交易性金融资产""应付债券""库存现金""银行存款"等科目的记录分析填列。

【例 13-13】本期借入长期借款 1 580 000 元，短期借款 320 000 元。

借款收到的现金　1 900 000

（3）"收到的其他与筹资活动有关的现金"项目，反映企业除上述各项目外，收到的其他与筹资活动有关的现金流入，如接受现金捐赠等。其他与筹资活动有关的现金，如果价值较大的，应单列项目反映。本项目可以根据有关科目的记录分析填列。

（4）"偿还债务所支付的现金"项目，反映企业以现金偿还债务的本金。

本项目可以根据"短期借款""长期借款""交易性金融资产""应付债券""库存现金""银行存款"等科目的记录分析填列。

【例 13-14】本期偿还短期借款 350 000 元，长期借款 1 280 000 元。

偿还债务所支付的现金　1 630 000

（5）"分配股利、利润或偿付利息所支付的现金"项目，反映企业实际支付的现金股利，支付给其他投资单位的利润或用现金支付的借款利息，债券利息。

本项目可根据"应付股利""应付利息""利润分配""财务费用""在建工程""制造费用""研发支出""库存现金""银行存款"等科目的记录分析填列。

【例 13-15】本月向投资者支付利润 689 000，支付利息 210 000 元。

本期分配股利、利润或偿付利息所支付的现金计算如下：

支付投资者利润　689 000

加：支付贷款利息　210 000

分配股利、利润或偿付利息所支付的现金　899 000

4. 汇率变动对现金及现金等价物的影响

企业外币现金流量折算成记账本位币时，所采用的是现金流量发生日的汇率或即期汇率的近似汇率，而现金流量表"现金及现金等价物净增加额"项目中外币现金净增加额是按资产负债表日的即期汇率折算。这两者的差额即为汇率变动对现金的影响。

【例 13-16】根据上述资料，编制房天下地产有限公司 2016 年 12 月现金流量表。见表 13-17。

表 13-17　　　　　　　　　　　　　　**现金流量表**

编制单位：房天下地产有限公司　　　2016 年 12 月　　　　　　　　　　单位：元

项　目	本期金额	上期金额
一、经营活动产生的现金流量		
销售商品、提供劳务收到的现金	6 089 000	（略）
收到的税费返还	1 703 822.5	
收到其他与经营活动有关的现金	53 400	
经营活动现金流入小计	7 846 222.5	
购买商品、接受劳务支付的现金	1 149 000	
支付给职工以及为职工支付的现金	888 000	
支付的各项税费	499 400	
支付其他与经营活动有关的现金		
经营活动现金流出小计	2 536 400	
经营活动产生的现金流量净额	5 309 822.5	
二、投资活动产生的现金流量		
收回投资收到的现金	126 800	
取得投资收益收到的现金		
处置固定资产、无形资产和其他长期资产收回的现金净额		
处置子公司及其他营业单位收到的现金净额		
收到其他与投资活动有关的现金		
投资活动现金流入小计	126 800	
购建固定资产、无形资产和其他长期资产支付的现金	2 003 400	
投资支付的现金	1 876 600	
取得子公司及其他营业单位支付的现金净额		
支付其他与投资活动有关的现金		
投资活动现金流出小计	2 003 400	
投资活动产生的现金流量净额	−1 876 600	
三、筹资活动产生的现金流量		
吸收投资收到的现金		
取得借款收到的现金	1 900 000	
收到其他与筹资活动有关的现金		

项　　目	本期金额	上期金额
筹资活动现金流入小计	1 900 000	
偿还债务支付的现金	1 630 000	
分配股利、利润或偿付利息支付的现金	899 000	
支付其他与筹资活动有关的现金		
筹资活动现金流出小计	2 529 000	
筹资活动产生的现金流量净额	−629 000	
四、汇率变动对现金及现金等价物的影响		
五、现金及现金等价物净增加额		
加：期初现金及现金等价物余额		
六、期末现金及现金等价物余额		

13.4　所有者权益变动表

所有者权益变动表是指反映构成所有者权益各组成部分当期增减变动情况的报表。

13.4.1　所有者权益变动表结构

通过所有者权益变动表，既可以为报表使用者提供所有者权益总量增减变动的信息，也能为其提供所有者权益增减变动的结构性信息，特别是能够让报表使用者理解所有者权益增减变动的根源。

所有者权益变动表在一定程度上体现企业的综合收益。

综合收益＝净利润＋直接计入当期所有者权益的利得和损失

净利润＝收入－费用＋直接计入当期损益的利得和损失

在所有者权益变动表上，企业全少应当单独列示反映下列信息的项目：①综合收益总额；②会计政策变更和差错更正的累积影响金额；③所有者投入资本和向所有者分配利润等；④提取的盈余公积；⑤实收资本或资本公积、盈余公积、未分配利润的期初和期末余额及其调节情况。

所有者权益变动表以矩阵的形式列示：一方面，列示导致所有者权益变动的交易或事项，即所有者权益变动的来源对一定时期所有者权益的变动情况进行全面反映；另一方面，按照所有者权益各组成部分（即实收资本、资本公积、盈余公积、未分配利润和库存股）列示交易或事项对所有者权益各部分的影响。

我国企业所有者权益变动表的格式，见表 13-18。

表 13-18　　　　　　　　　　　　　　　所有者权益变动表

编制单位：　　　　　　　　　　　年度　　　　　　　　　　单位：元

项　　目	本年金额							上年金额						
	实收资本或股本	资本公积	减：库存股	其他综合收益	盈余公积	未分配利润	所有者权益合计	实收资本或股本	资本公积	减：库存股	其他综合收益	盈余公积	未分配利润	所有者权益合计
一、上年年末余额													
加：会计政策变更													
前期差错更正													
二、本年年初余额													
三、本年增减变动金额（减少以"—"号填列）													
（一）综合收益总额													
（二）所有者投入和减少资本													
1. 所有者投入和减少资本													
2. 股份支付计入所有者权益的金额													
3. 其他													
（三）利润分配													
1. 提取盈余公积													
2. 对所有者（或股东）的分配													

续上表

项　目	本年金额							上年金额						
	实收资本或股本	资本公积	减：库存股	其他综合收益	盈余公积	未分配利润	所有者权益合计	实收资本或股本	资本公积	减：库存股	其他综合收益	盈余公积	未分配利润	所有者权益合计
3. 其他														
（四）所有者权益内部结转														
1. 资本公积转增资本（或股本）														
2. 盈余公积转增资本（或股本）														
3. 盈余公积弥补亏损														
4. 其他														
四、本年年末余额														

13.4.2　所有者权益变动表的编制

所有者权益变动表各项目均需填列“本年金额”和“上年金额”两栏。

所有者权益变动表各项目的列报说明

1.“上年年末余额”项目

反映企业上年资产负债表中实收资本（或股本）、资本公积、盈余公积、未分配利润的年末余额。

2.“会计政策变更”和“前期差错更正”项目

分别反映企业采用追溯调整法处理会计政策重要的累计影响金额和采用追溯重述法处理会计差错更正的累积影响金额。

3.“本年增减变动额”项目

（1）“综合收益总额”项目，反映净利润和其他综合收益扣除所得税影响后的净额相加后的金额。

（2）"所有者投入和减少资本"项目，反映企业接受投资者投入形成的实收资本（或股本）和资本溢价（或股本溢价）。

（3）"利润分配"项目，反映企业当年的利润分配金额。

（4）"所有者权益内部结转"下各项目，反映企业构成所有者权益各组成部分之间的增减变动情况。

其中：①"资本公积转增资本（或股本）"项目，反映企业以资本公积转增资本或股本的金额。

②"盈余公积转增资本（或股本）"项目，反映企业以盈余公积转增资本或股本的金额。

③"盈余公积弥补亏损"项目，反映企业以盈余公积弥补亏损的金额。

CHAPTER
FOURTEEN

第 *14* 章

财务报表分析

14.1　财务报表分析方法

1. 比较分析法

比较分析法是指对两个或两个以上的可比数据进行对比，找出企业财务状况、经营成果中差异与问题。

①趋势分析法：比较的对象是本企业的历史；②横向比较法：比较的对象是同类企业；③预算差异分析法：比较的对象是预算数据；

重要财务指标的比较，不同时期财务指标的比较主要有两种方式：定基动态比率和环比动态比率。

$$定基动态比率＝（分析期数额／固定基期数额）\times 100\%$$

$$环比动态比率＝（分析期数额／前期数额）\times 100\%$$

采用比较分析法，应当注意以下问题：

（1）计算口径必须保持一致；

（2）应剔除偶发性项目的影响，使分析所利用的数据能反映正常的生产经营状况；

（3）应运用例外原则对某项有显著变动的指标作重点分析。

2. 比率分析法

比率分析法是通过计算各种比率指标来确定财务活动变动程度的方法。具体内容见表 14-1。

表 14-1　　　　　　　　　　　　　　比率分析法

方　　法	相关内容
构成比率	$构成比率＝\dfrac{某个组成部分数值}{总体数值}\times 100\%$

方　法	相关内容
效率比率	是某项财务活动中所费与所得的比率，反映投入与产出的关系
相关比率	是以某个项目和与其有关但又不同的项目加以对比所得的比率，反映有关经济活动的相互关系
应注意的问题	(1) 对比项目的相关性； (2) 对比口径的一致性； (3) 衡量标准的科学性。

3. 因素分析法

因素分析法是依据分析指标与其影响因素的关系，从数量上确定各因素对分析指标影响方向和影响程度的一种方法。

因素分析法具体有两种：连环替代法和差额分析法。

（1）连环替代法

连环替代法，是将分析指标分解为各个可以计量的因素，并根据各个因素之间的依存关系，顺次用各因素的比较值（通常为实际值）替代基准值（通常为标准值或计划值），据以测定各因素对分析指标的影响。

（2）差额分析法

差额分析法是连环替代法的一种简化形式，是利用各个因素的比较值与基准值之间的差额，来计算各因素对分析指标的影响。

采用因素分析法时，必须注意以下问题：①因素分解的关联性。②因素替代的顺序性。③顺序替代的顺序性。④计算结果的假定性。

14.2　基本的财务报表分析

14.2.1　偿债能力分析

偿债能力分析是指企业偿还本身所欠债务的能力。对偿债能力进行分析有利于债权人进行正确的借贷决策；有利于投资者进行正确的投资决策；有利于企业经营者进行正确的经营决策；有利于正确评价企业的财务状况。

短期偿债能力分析与长期偿债能力分析见表14-2。

表 14-2   **短期偿债能力分析与长期偿债能力分析**

项目	指标	公　式	分　析
短期偿债能力分析	营运资金	＝流动资产－流动负债	数据可直接取自资产负债表。当流动资产大于流动负债时，营运资金为正，说明企业财务状况稳定，反之，则相反
	流动比率	＝流动资产/流动负债	（1）比率越高，说明企业偿还流动负债的能力越强，流动负债得到保障越大。 （2）过高的流动比率也并非好现象，因为流动比率过高，可能是企业滞留在流动资产上的资金过多，可能会影响企业的获利能力
	速动比率	＝速动资产/流动负债	（1）速动资产：流动资产扣除存货后的资产。一般包括货币资金、交易性金融资产、应收账款、应收票据等，一般不包括存货、预付账款、非流动资产。 （2）比率越高说明偿还流动负债的能力越强，比率越低则反之
	现金比率	＝（货币资金＋交易性金融资产）/流动负债	（1）反映企业的直接支付能力； （2）比率高说明企业有较好的支付能力；比率太高也并非好现象，可能影响获利能力
长期偿债能力分析	资产负债率	＝负债总额/资产总额×100％	（1）反映企业偿还债务的综合能力； （2）比率越高，企业偿还债务的能力越差；反之则偿还债务能力越强
	股东权益比率	＝股东权益总额/资产总额	（1）股东权益比率越大，负债比率就越小，企业的财务风险也越小，偿还长期债务的能力就越强。 （2）权益乘数：股东权益比率的倒数，即资产总额是股东权益的多少倍数。该乘数越大，说明股东投入的资本在资产中所占比重越小。 注意：股东权益比率＋资产负债率＝1； 股东权益比率×权益乘数＝1
	产权比率	＝负债总额/所有者权益总额×100％	（1）可以揭示企业财务风险以及股东权益对债务的保障程度； （2）比率越低说明企业长期财务状况越好、企业财务风险越小，债权人的债务越安全
	权益乘数	权益乘数＝总资产/股东权益	在企业存在负债的情况下，权益乘数大于1。企业负债比例越高，权益乘数越大
	利息保障倍数	＝息税前利润/全部利息费用 ＝（净利润＋利息费用＋所得税费用）/全部利息费用	（1）反映企业经营所得支付利息的能力；若比率太低说明企业难以用经营所得按时支付利息； （2）一般来说，从长期来说，企业的利息保障倍数至少大于1，即息税前利润至少要大于利息费用，企业才具有负债的可能

14.2.2 营运能力分析

营运能力主要指资产运用、循环的效率高低。营运能力指标是通过投入与产出（主要指收入）之间的关系反映。企业营运能力分析主要包括：流动资产营运能力分析、固定资产营运能力分析和总资产营运能力分析三个方面。

1. 流动资产营运能力分析

反映流动资产营运能力的指标主要有应收账款周转率、存货周转率和流动资产周转率。见表 14-3。

表 14-3 营运能力分析

指 标	计 算 公 式	说 明
应收账款周转率	＝销售收入净额÷应收账款平均余额 ＝销售收入净额÷〔（期初应收账款＋期末应收账款）÷2〕 应收账款周转天数＝计算期天数÷应收账款周转天数 应收账款周转次数＝计算期天数×应收账款平均余额÷销售收入净额	通常，应收账款周转率越高、周转天数越短表明应收账款管理效率越高
存货周转率	存货周转次数＝销售成本÷存货平均余额 存货平均余额＝（期初存货＋期末存货）÷2 存货周转天数是指存货周转一次（即存货取得到存货销售）所需要的时间。计算公式为： 存货周转天数＝计算期天数÷存货周转次数＝计算期天数×存货平均余额÷销售收入	存货周转率（次数）是衡量和评价企业购入存货、投入生产、销售收回等各环节管理效率的综合性指标
流动资产周转率	流动资产周转率（次）＝主营业务收入净额/流动资产平均余额 流动资产平均余额是指企业流动资产总额的年初数与年末数的平均值。 流动资产平均余额＝（流动资产年初数＋流动资产年末数）/2	在一定时期内，流动资产周转次数越多，流动资产利用效果较好。流动资产周转天数越少，表明流动资产在经历生产销售各阶段所占用时间越短，可相对节约流动资产，增强企业盈利能力

2. 固定资产营运能力分析

固定资产周转率是指企业年销售收入净额与固定资产平均净额的比率。它是反映企业固定资产周转情况，从而衡量固定资产利用效率的一项指标。

其计算公式为：

固定资产周转率＝销售收入净额÷固定资产平均净值

式中：固定资产平均净值＝（期初固定资产净值＋期末固定资产净值）÷2

固定资产周转率高，说明企业固定资产投资得当，结构合理，利用效率高；反之，如果固定资产周转率不高，则表明固定资产利用效率不高，提供的生产成果不多，企业的营运能力不强。

3. 总资产营运能力分析

总资产周转率是企业销售收入净额与企业资产平均总额的比率。计算公式为：

总资产周转率＝销售收入净额÷平均资产总额

如果企业各期资产总额比较稳定，波动不大，则：

平均总资产＝（期初总资产＋期末总资产）÷2

这一比率用来衡量企业资产整体的使用效率。总资产由各项资产组成，在销售收入既定的情况下，总资产周转率的驱动因素是各项资产。因此，对总资产周转情况的分析应结合各项资产的周转情况，以发现影响企业资产周转的主要因素。

14.2.3　盈利能力分析

盈利能力指标主要通过收入与利润之间的关系、资产与利润之间的关系反映。反映企业盈利能力的指标主要有销售毛利率、销售净利率、总资产净利率和净资产收益率。见表14-4。

表 14-4　　　　　　　　　　　盈利能力分析

指　　标	计算公式	作　　用
销售毛利率	＝销售毛利÷销售收入 其中，销售毛利＝销售收入－销售成本	销售毛利率反映产品每销售1元所包含的毛利润是多少，即销售收入扣除销售成本后还有多少剩余可用于各期费用和形成利润。销售毛利率越高，表明产品的盈利能力越强
销售净利率	销售净利率＝净利润÷销售收入	销售净利率反映每1元销售收入最终赚取了多少利润，用于反映产品最终的盈利能力

指　标	计算公式	作　用
总资产净利率	总资产净利率＝（净利润÷平均总资产）×100% 或＝净利润/平均总资产＝净利润/销售收入×销售收入/平均总资产＝销售净利率×总资产周转率	总资产净利率衡量的是企业的盈利能力。总资产净利率越高，表明企业资产的利用效果越好。因此，企业可以通过提高销售净利率、加速资产周转来提高总资产净利率
净资产收益率	＝（净利润÷平均所有者权益）×100% 或＝净利润/平均总资产＝（净利润/平均总资产）×（平均总资产/平均净资产）＝资产净利率×权益乘数	净资产收益率越高，股东和债权人的利益保障程度越高。但净资产收益率不是一个越高越好的概念，分析时要注意企业的财务风险

14.2.4　发展能力分析

发展能力分析的指标主要有：销售收入增长率、总资产增长率、营业利润增长率、资本保值增值率。主要内容见表14-5。

表 14-5　　　　　　　　　　　发展能力分析

指　标	计算公式	作　用
销售收入增长率	＝本年销售收入增长额/上年销售收入×100% 其中，本年销售收入增长额＝本年销售收入－上年销售收入	分析时，应考虑企业历年的销售水平、市场占有情况、行业未来发展及其他影响企业发展的潜在因素，或结合企业前三年的销售收入增长率进行趋势性分析判断
总资产增长率	＝本年资产增长额/年初资产总额×100% 其中，本年资产增长额＝年末资产总额－年初资产总额	总资产增长率越高，表明企业一定时期内资产经营规模扩张的速度越快。但在分析时，需要关注资产规模扩张的质和量的关系，以及企业的后续发展能力，避免盲目扩张
营业利润增长率	＝本年营业利润增长额/上年营业利润×100% 其中，本年营业利润增长额＝本年营业利润－上年营业利润	营业利润增长率是企业本年营业利润增长额与上年营业利润总额的比率，反映企业营业利润的增减变动情况

指　标	计算公式	作　用
资本保值增值率	＝期末所有者权益/期初所有者权益×100％	如果企业盈利能力提高，利润增加，必然会使期末所有者权益大于期初所有者权益，所以该指标也是衡量企业盈利能力的重要指标，除了受经营成果影响外，也受企业利润分配政策和投入资本的影响
资本积累率	＝本年所有者权益增长额/年初所有者权益×100％ 其中，本年所有者权益增长额＝年末所有者权益－年初所有者权益	越高表明企业的资本积累越多，应对风险、持续发展的能力越强

14.2.5　现金流量分析

现金流量分析一般包括现金流量的结构分析、流动性分析、获取现金能力分析、财务弹性分析及收益质量分析。这里主要从获取现金能力及收益质量方面介绍现金流量比率。见表14-6。

表 14-6　　　　　　　　　　　　　　现金流量分析

指　标	分　类	计算公式	作　用
获取现金能力的分析	销售现金比率	＝经营活动现金流量净额/销售收入	销售现金比率是指企业经营活动现金流量净额与销售收入的比值
	每股营业现金净流量	＝经营活动现金流量净额/普通股股数	每股营业现金净流量是通过企业经营活动现金流量净额与普通股股数之比来反映的
	全部资产现金回收率	＝经营活动现金流量净额/平均总资产×100％	全部资产现金回收率是通过企业经营活动现金流量净额与企业平均资产总额之比来反映的，它说明企业全部资产产生现金的能力
收益质量分析	净收益营运指数分析	＝经营净收益/净利润 其中，经营净收益＝净利润－非经营净收益	净收益营运指数越小，非经营收益所占比重越大，收益质量越差
	现金营运指数	＝经营活动现金流量净额/经营所得现金 其中：经营所得现金＝经营活动净收益＋非付现费用	现金营运指数<1，说明： （1）一部分收益尚未取得现金，停留在实物或债权形态，收益质量不好； （2）营运资金增加，反映企业为取得同样的收益占用了更多的营运资金，取得收益的代价增加

14.3 上市公司财务分析

1. 每股收益

每股收益（Earnings per share，简称 EPS）是综合反映企业盈利能力的重要指标，可以用来判断和评价管理层的经营业绩。每股收益概念包括基本每股收益和稀释每股收益。

（1）基本每股收益。

基本每股收益的计算公式为：

基本每股收益＝归属于公司普通股股东的净利润/发行在外的普通股加权
平均数

其中：发行在外普通股的加权平均数＝期初发行在外普通股股数＋当期
新发普通股股数×已发行时间÷报告期时间－当期回购普通股股
数×已回购时间÷报告期时间

（2）稀释每股收益。

企业存在稀释性潜在普通股的，应当计算稀释每股收益。稀释性潜在普通股指假设当期转换为普通股会减少每股收益的潜在普通股。潜在普通股主要包括：可转换公司债券、认股权证和股份期权等。见表 14-7。

表 14-7　　　　　　　　　　稀释每股收益的计算

类　　型	分子调整	分母调整
可转换公司债券	可转换债券当期已确认为费用的利息等的税后影响额	增加的潜在普通股数：假定可转换公司债券当期期初或发行日转换为普通股的股数加权平均数
认股权证、股份期权	不调整	分母的调整项目为增加的普通股股数，同时还应考虑时间权数。 【提示】当行权价格低于当期普通股平均市场价格时，应当考虑其稀释性

2. 每股股利

每股股利是企业股利总额与企业流通股数的比值。见表 14-8。

表 14-8   每股股利

计算公式	影响因素	关联指标
每股股利＝现金股利总额/期末发行在外的普通股股数	上市公司每股股利发放多少，除了受上市公司盈利能力大小影响以外，还取决于企业的股利分配政策和投资机会	股利发放率（股利支付率）＝每股股利/每股收益

　　股利发放率反映每 1 元净利润有多少用于普通股股东的现金股利发放，反映普通股股东的当期收益水平。借助于该指标，投资者可以了解一家上市公司的股利发放政策。

3. 市盈率

　　市盈率（P/E ratio）是股票每股市价与每股收益的比率，反映普通股股东为获取 1 元净利润所愿意支付的股票价格。见表 14-9。

表 14-9   市　盈　率

计算公式	分　析	影响因素
市盈率＝每股市价/每股收益	反映了市场上投资者对股票投资收益和投资风险的预期。 　一方面，市盈率越高，意味着投资者对该股票的收益预期越看好，投资价值越大。另一方面，市盈率越高，说明投资于该股票的风险越大	（1）上市公司盈利能力的成长性。 （2）投资者所获报酬率的稳定性。 （3）市盈率也受到利率水平变动的影响

4. 每股净资产

　　每股净资产，又称每股账面价值，是指企业净资产与发行在外的普通股股数之间的比率。见表 14-10。

表 14-10   每股净资产

计　算	分　析
每股净资产＝期末净资产/期末发行在外的普通股股数	利用该指标进行横向和纵向对比，可以衡量上市公司股票的投资价值。如在企业性质相同、股票市价相近的条件下，某一企业股票的每股净资产越高，则企业发展潜力与其股票的投资价值越大，投资者所承担的投资风险越小。但是，也不能一概而论，在市场投机气氛较浓的情况下，每股净资产指标往往不太受重视。短线投资者认为市价高于账面价值的公司前景好有潜力

5. 市净率

市净率是每股市价与每股净资产的比率，是投资者用以衡量、分析个股是否具有投资价值的工具之一。见表 14-11。

表 14-11   市 净 率

计　算	分　析
市净率＝每股市价/每股净资产	市净率是每股市价与每股净资产的比率，是投资者用以衡量、分析个股是否具有投资价值的工具之一。 一般来说，市净率较低的股票，投资价值较高；反之，则投资价值较低。但有时较低市净率反映的可能是投资者对公司前景的不良预期，而较高市净率则相反

参 考 文 献

[1] 尹桂杰. 房地产. 建筑企业会计从入门到精通. 北京：化学工业出版社，2016.

[2] 代义国. 房地产会计实战步步通图解版. 广州：广东经济出版社，2009.

[3] 张霞，王莹. 房地产开发企业会计. 北京：化学工业出版社，2009.

[4] 张霞，徐彦夫. 房地产会计. 北京：化学工业出版社，2005.

[5] 李曙亮. 房地产开发企业会计与纳税实务. 大连：大连出版社，2010.

[6] 杨晶. 房地产企业会计图解版. 北京：中华工商联合会出版社，2009.

[7] 周龙腾. 房地产开发企业会计. 北京：中国宇航出版社，2010.

[8] 侯颖. 房地产企业会计. 北京：电子工业出版社，2008.

[9] 贺志东. 怎样在房地产企业做会计. 长沙：湖南人民出版社，2010.

[10] 徐文锋，徐源. 房地产开发企业会计实务. 广州：广东经济出版社，2009.

[11] 徐秋生. 房地产企业会计. 北京：化学工业出版社，2010.

[12] 高红波. 轻松做房地产会计. 广州：广东经济出版社，2005.

[13] 李曙亮. 房地产开发企业会计与纳税实务. 大连：大连出版社，2016.

[14] 佚名. 土地估价师辅导：会计要素的含义及其划分. [EB/OL]. [2009-03-25]. http：//www. 51edu. com/zhiye/2009/0325/article_282565. html.

[15] 佚名. 会计记账方法.. [EB/OL]. [2009-12-26 -]. baike. baidu. com/view/648299. htm.

[16] 佚名. 会计对账的主要内容. [EB/OL]. [2009-5-15]. 365et. online. sh. cn/shownews. asp? idx＝33458.

[17] 佚名. 会计差错改错的技巧. [EB/OL]. [2009-3-23 10：28.] www. chinaacc. com/new/403/404/411/2007/9/1.

[18] 佚名. 库存现金的核算. [EB/OL]. [2009-12-25]. baike. baidu. com/view/1378084. htm.

[19] 佚名. 银行存款的管理. [EB/OL]. [2010-2-26]. www. ck100. com/kjcy/201002/81858. html.

[20] 佚名. 应收票据. [EB/OL] [2010-4-16]. www. 51edu. com/guanli/2008/0912/article_90.

[21] 佚名. 企业应收票据. [EB/OL]. [2010-4-3]. www. cnnsr. com. cn/jtym/swk/20060210/200602.

[22] 佚名. 坏账准备的核算. [EB/OL]. [2010-4-16]. www. cnnsr. com. cn/jtym/swk/20060420/200604.

[23] 佚名. 存货. [EB/OL]. [2010-3-18]. baike. baidu. com/view/81545. htm.

[24] 佚名. 原材料计划成本核算法. [EB/OL]. [2007-11-4]. www. lwdown. com/article/article _ 9391 _ 1. html 2010-1-21.

[25] 佚名. 房地产会计业务的一些处理分录. [EB/OL]. [2009-10-2].

[26] 引用地址：http：//www. xici. net/d112739657. htm.

[27] 佚名. 委托加工物资. [EB/OL]. [2010-4-10]. wiki. mbalib. com/wiki/.

[28] 佚名. 低值易耗品. [EB/OL]. [2010-4-16]. www. chinaacc. com/new/635 _ 712 _ /2009 _ 3 _ 26 _ h.

[29] 佚名. 低值易耗品摊销. [EB/OL]. [2009-12-26]. baike. baidu. com/view/494633. htm.

[30] 佚名. 实地盘存制. [EB/OL]. [2005-8-31]. zy. swust. net. cn/10/1/... /2-5-3. htm.

[31] 佚名. 固定资产的定义和确认条件 [EB/OL]. [2009-08-05]. blog. sina. com. cn/s/blog _ 612a25ba0100e281. html.

[32] 佚名. 什么是固定资产. [EB/OL]. [2010-4-19]. blog. sina. com. cn/s/blog _ 612a25ba0100e281. html.

[33] 佚名. 固定资产计价. [EB/OL]. [2010-4-16]. baike. china. alibaba. com/doc/view-d347914. html.

[34] 佚名. 融资租入固定资产. [EB/OL]. [2010-3-22]. edu. 21cn. com/pinggu/g _ 190 _ 178399-1. htm.

[35] 孙茂竹. 固定资产折旧核算. [EB/OL]. [2002-4-238：34]. www. chinaacc. com/new/15/17/2002 _ 4/2081617.

[36] 佚名. 房地产开发业固定资产清理的核算. [EB/OL]. [2008-11-12]. www. chinaacc. com/new/490/493/514/2007/8/z.

[37] 佚名. 固定资产的清理. [EB/OL]. [2010-3-6]. baike. baidu. com/view/666599. htm.

[38] 佚名. 房地产开发企业无形资产的确认和计价. [EB/OL]. [2007-3-20]. http：//www. chinaacc. com/new/403％2F404％2F411％2F2007％2F3％2Fli202402446102370025040-0. htm.

[39] 佚名. 无形资产的定义与特征. [EB/OL]. [2009-09-18]. http：//www. aikuaiji. com/accountant/3416. html.

[40] 佚名. 房地产开发企业无形资产的特征和内容. [EB/OL]. [2010-4-24]. 365et. online. sh. cn/shownews. asp? idx＝66692.

[41] 佚名. 资产评估师：无形资产的定义和特征. [EB/OL]. [2009-8-28]. http：//www. exam8. com/kuaiji/pinggu/fudao/200908/256832. html.

[42] 佚名. 资产评估师：无形资产的定义和特征来源 [EB/OL]. [2009-8-28]. http：//www. exam8. com/kuaiji/pinggu/fudao/200908/256832.

[43] 佚名. 无形资产的计量. [EB/OL]. [2005-8-31]. zy. swust. net. cn/10/1.

[44] 佚名. 无形资产的初始计量. [EB/OL]. [2010-4-29]. www. chinaacc. com/new/635 _ 649 _ /2009 _ 10 _ 8 _ s.

[45] 佚名. 投资者投入的无形资产如何记账 [EB/OL]. [2007-12]. http：//www. 4oa. com/office/749/957/1021/200712/167808. html.

[46] 佚名. 无形资产后续计量的原则. [EB/OL]. [2010-4-24]. www. chinaacc. com/new/ 635 _ 649 _ /2009 _ 10 _ 14 _ .

[47] 佚名. 房地产开发企业无形资产摊销的核算. [EB/OL]. [2008/7/7]. http：//www. examda. com/cy/zhidao/shiwu/20080707/085657212.

[48] 佚名. 应付票据的核算. [EB/OL]. [2008-11-12]. www. chinaacc. com/new/403/ 404/410/2007/1/1.

[49] 佚名. 应付账款. [EB/OL]. [2008-11-12]. www. chinaacc. com/new/403/404/410/ 2007/1/1.

[50] 佚名. 应付工资的核算. [EB/OL]. [2010-4-16]. www. ctax. org. cn/qy.

[51] 佚名. 长期借款的核算. [EB/OL]. [2010-3-26]. hy/ssfd/nsfd/t20060516 _ .

[52] 冯永中，冯秀玲. 浅谈借款费用资本化的会计处理. [EB/OL]. [2010-4-24]. finance. ifeng. com/stock/rol.

[53] 佚名. 应付债券的核算. [EB/OL]. [2010-2-4]. www. ck100. com/cta/200906/ 60560. html .

[54] 佚名. 长期借款和长期应付款. [EB/OL]. [2006-9-24]. www. fjtu. com. cn/fjnu/ courseware/ 0421/cour.

[55] 佚名. 什么是所有者权益. [EB/OL]. [2010-4-28]. ks. cn. yahoo. com/question/ 1508032401631. htm.

[56] 佚名. 什么是资本公积金. [EB/OL]. [2009-12-2]. china. findlaw. cn/gongsifa/ gongsizhili/cai.

[57] 佚名. 2010-4-24. [EB/OL]. [资本公积] www. chinaacc. com/new/635 _ 712 _ /2009 _ 3 _ 27 _ h.

[58] 佚名. 资本公积. [EB/OL]. [2010-3-20]. baike. baidu. com/view/56288. htm.

[59] 佚名. 盈余公积金的核算. [EB/OL]. [2010-4-24]. www. hdnsr. cn/web _ hdfz/ News. aspx? artId＝1967.

[60] 佚名. 房地产开发企业本年利润的核算. [EB/OL]. [2010-4-29]. www. fzti. com/ht-ml/xingyehuiji/shigongfang.

[61] 佚名. 2008-6-9. [EB/OL]. [收入的定义]. http：//zhidao. baidu. com/question/56017591.

[62] 佚名. 房地产开发企业收入的核算 [EB/OL]. [2010-04-05]. http：//blog. sina. com. cn/s/blog _ 63740efa0100hqbt. html.